Ludovica von Pröpper

Häusliche Konditorei

SALZWASSER
VERLAG

Ludovica von Pröpper

Häusliche Konditorei

1. Auflage 2011 | ISBN: 978-3-86195-762-1

Erscheinungsort: Paderborn, Deutschland

Salzwasser Verlag GmbH, Paderborn. Alle Rechte beim Verlag.

Reprint des Originals von 1895.

Häusliche Conditorei.

680 erprobte Recepte

zur Bereitung von Torten, Kuchen und Backwerk

von

L. von Pröpper.

Frankfurt a. d. Oder.

Druck der Königlichen Hofbuchdruckerei Trowitzsch u. Sohn.

1895.

Vorwort.

Man hat in letzter Zeit vielfach abgerathen, im Hause zu backen, denn man erhalte das Backwerk vom Conditor besser, wohlfeiler und — allerdings — bequemer, aber wenn wir dies Alles für die Stadt gelten lassen wollten, so doch nicht für das Land, sintemalen und allbieweilen es dort keine Conditoren giebt, und was das Bessere und Wohlfeilere anbelangt, so hat man jetzt in Verbindung mit dem „Wohlfeileren" so viele Neuerungen, Backpulver, welches, weil Alaun enthaltend, noch obendrein schädlich sein soll, Sacharin — bald hätte ich „Zacherlin" gesagt — Ammoniak u. s. w., womit man doch kaum so gutes, kräftiges Backwerk hervorbringen wird, als nach den alterprobten Recepten. In einer Reisebeschreibung sagt eine Dame „Die englische Küche habe sich selbst die Wissenschaft dienstbar gemacht und auch gelehrt die Eier zu entbehren, eine Biscuittorte mit Soda zu lockern und andere Spitzfindigkeiten der Art, die für die Rechnungsbücher der Hausfrau Gewinn sind." Ja wohl, aber es kommt bei dem Backwerk doch nicht allein auf die Lockerheit an. In Deutschland „lockert" man es häufig, indem man, statt der ganzen Eier, nur Eiweiß verwendet, aber das giebt einen faden Geschmack, den die kundige Hausfrau gleich heraus findet und es gemahnen mich diese Experimente an die sparsamen Hausfrauen, bezw. Mütter, welche sich berühmen, in welch' wohlfeiler Weise sie ihre Kinder sättigen, die man aber bei Mittheilung der Menus fragen muß, auch ernähren, auch kräftigen?! —

So hoffe ich denn, daß noch viele Hausfrauen, besonders auf dem Lande, das Backwerk in eigener Küche bereiten, bezw. werden bereiten lassen und habe hier, als Seitenstück zu meinem Werkchen „Das Einmachen der Früchte", eine Anzahl selbst erprobter Recepte zusammengestellt, alte und neue, feine und einfache und im Interesse der Hausfrauen auf dem Lande, zu denen ich selbst gehöre, noch besonders Bedacht auf „Haltbares Backwerk" genommen und dasselbe mit * bezeichnet.

1*

Einleitung.

Selbstverständlich sollte es sein, daß man zum Backwerk nur die besten Zuthaten nehme, aber dem ist sehr oft nicht also, und wenn es dann, auch selbstverständlich, nicht geräth, so muß das Recept die Schuld tragen. Man sei mithin darin recht sorgsam und wähle lieber ein einfacheres Backwerk, wenn man die Zuthaten für feineres nicht in vollkommener Güte anwenden will oder kann.

Ein anderer Fehler ist, daß man die gegebene Anweisung nicht gehörig befolgt und denkt „Ach, so genau wird es wohl nicht zu nehmen sein" und auch hier wird dann das, vielleicht seit hundert Jahren erprobte Recept, dafür verantwortlich gemacht. So gab ich einer Dame, noch kürzlich, auf ihre Bitte, das Recept eines Kirschenkuchens (Nr. 156) und hernach sagte sie mir mit großer Entrüstung er sei total mißrathen, und als ich, in meiner culinarischen Ehre schwer gekränkt, der Sache nun nachforschte, so ergab sich, daß man trotz der ausdrücklichen und motivirten Verordnung, der Kuchen sei sofort in den Ofen zu bringen, denselben eine lange Strecke weit zum Bäcker geschickt hatte, wo er dann wahrscheinlich — man kennt die Bäcker — noch eine gute Weile gestanden hat!

Inhalts-Verzeichniß.

Vorbereitungs-Regeln.

Das Mehl muß vor dem Backen immer noch einmal durchgesiebt werden, weil es dadurch Luft einzieht und das Backwerk lockerer wird.

Auch den **Zucker** sollte man immer durchsieben und es ist besser ihn auf einem Reibeisen zu reiben, als ihn zu stoßen.

Mandeln werden ebenfalls am besten auf einer Mandelreibe gerieben oder auf einer Mandelmühle gemahlen; will man sie aber stoßen, so muß man etwas Wasser oder Eiweiß beifügen, weil sie sonst ölig werden. Um sie abzuziehen, gießt man kochendes Wasser darüber, wo sich die Schalen dann leicht abstreifen lassen, giebt sie hierauf in kaltes Wasser, schwenkt sie ab und schüttet sie auf ein Sieb. Bei den folgenden Recepten sind, um Wiederholungen zu vermeiden, die Mandeln, wo es nicht anders angegeben ist, stets als a b g e z o g e n angenommen.

Pistazien. Man stelle sie, mit kaltem Wasser bedeckt, aufs Feuer und thue sie, wenn sie bis zum Kochen gekommen sind, rasch in kaltes Wasser, wonach sie sich leicht abziehen lassen.

Citrone. Sie muß glatt, dünnschalig, wohlriechend und gelb sein und, wenn man die Schale gebraucht, mit einem dünnen scharfen Messer so fein ge=schält werden, daß die in der gelben Schale befindlichen Augen mitten durchge=schnitten werden. Will man sie auspressen, so schneide man sie der Länge nach durch, sonst werden die Saftzellen nicht gehörig durchschnitten und lassen den Saft nicht ganz los.

Rosinen. Man verlese sie sehr sorgfältig, wasche sie in lauwarmem Wasser und lasse sie dann auf einem Sieb abtrocknen.

Kleine Rosinen (Korinthen). Man reibe sie in reichlich warmem Wasser mit beiden Händen gegeneinander, lasse sie auf einem Sieb ablaufen und übergieße sie mit kaltem Wasser, wonach man sie auf ein reines Tuch schüttet und mit dem andern Ende desselben recht rein abreibt.

Muskatnuß. Um sie zu reiben, fange man nicht am Stiel an, sonst wird sie hohl, weil die innern Fasern vom Stiel gehalten werden und ausfallen, wenn der Stiel abgerieben wird.

An den **Gewürznelken** muß man die Köpfchen ausbrechen.

Zimmet nehme man nie pulverisirt, denn er ist dann häufig mit Cigarren-kistchenholz, Mandelschalen und dergl. vermischt.

Reis zu blanschiren. Man wasche ihn, nachdem er sorgsam verlesen ist, mehrmals aus kaltem Wasser, stelle ihn dann, mit frischem Wasser bedeckt, aufs Feuer, bis er dicht vor dem Kochen ist und gebe ihn zum Abtropfen auf ein Sieb.

Ostindischen Sago zu blanschiren. Man behandle ihn wie den Reis, lasse ihn aber nur lauwarm werden und thue ihn dann gleich in das Wasser und hierauf in das Sieb.

Butter. Am besten ist, wenn man ungesalzene Butter verwenden kann, wo nicht, so muß man sie mehrmals in frischem Wasser auswaschen und dieses dann wieder sorgfältig herausdrücken oder sie abklären, indem man sie auf der heißen Platte so lange langsam kochen läßt, bis die Feuchtigkeit sich gesondert und Salz und Milch sich gesetzt hat, wonach man sie eine Minute lang ruhen läßt und die klare Butter langsam abgießt.

Butter zu Schaum rühren. Man stelle sie in der zum Einrühren be-stimmten Schüssel auf kochendes Wasser oder an einen heißen Ofen, damit sie erweiche aber nicht schmelze, nehme sie dann weg und rühre sie bis sie weiß und schaumig ist, wo sie dann auch gleich verwendet werden muß, weil sie sonst wieder hart würde.

Eiweiß zu Schnee schlagen. Um festen Schnee zu erhalten, ist die erste Bedingung, nur frische Eier zu nehmen und beim Aufschlagen derselben Sorge zu tragen, daß nicht das Mindeste von dem Gelben zum Weißen komme. Dieses thut man auf eine flache Schüssel und schlägt mit dem Schneeschläger oder einer großen Gabel zuerst ganz langsam und dann immer schneller, wobei man das Eiweiß so kurz wie möglich zusammenhalten, luftig in die Höhe treiben und den Schläger stets in der Mitte halten muß. So wird nun fortgefahren, bis der Schnee ganz steif ist und nun sofort gebraucht werden muß, da er sonst zusammenfällt.

Das Untermengen des Eierschnee's. Man ziehe den vierten Theil davon unter die Masse, um diese erst etwas flüssig zu machen und dann das Uebrige, mit dem Löffel langsam darunter — nicht rühren. — Bei allen

Speisen, die mit Eierschnee bereitet sind, kommt Alles darauf an, daß er sehr fest geschlagen, nicht geronnen sei und langsam unter die Masse gezogen werde, welche man nun gleich einfüllen muß, sonst wird sie wässerig.

Rahm zu Schnee schlagen (Rahmschnee, Schlagsahne). Man muß dazu sehr guten Rahm, von einem Tag nur, haben, ihn sehr vorsichtig abnehmen, damit keine Milch darunter komme und in einer irdenen Schüssel eine Stunde lang auf Eis oder in den Keller stellen, worauf man ihn mit einer Ruthe aus dünnen Reisern zu einem feinen Schaum schlägt und dann auf einem Haarsieb abtropfen läßt. Sollte der Rahm nicht ganz nach Wunsch sein, so kann man eine Prise pulverisirten Tragantgummi hinzufügen und dadurch das Schlagen erleichtern.

Teig rühren. Das Rühren muß stets nach einer Richtung ununter=brochen und rasch in gleichem Tempo geschehen. Man nehme dazu einen kleinen Rührlöffel, der am besten statt der Höhlung eine Fläche und einen langen Stiel hat, lege nun ein nasses Tuch auf den Backtisch und stelle die Schüssel darauf, welche dadurch feststeht, halte den Löffel mit der linken Hand oben leicht an, fasse ihn mit der rechten Hand mehr nach unten hin fest und lasse, die offene oder flache Seite desselben nach sich haltend, immer von der linken nach der rechten Seite zu, die Runde machen.

Teig schlagen. Man halte die Schüssel mit der linken Hand und fahre mit der rechten, vermittelst eines starken Holzlöffels (Rührlöffel), am besten mit inwendig flacher Scheibe, in den Teig und schlage ihn rasch und lang in die Höhe, sodaß der ganze Teig in steter Bewegung bleibt, bis er Blasen wirft.

Teig werfen. Man nehme den vierten Theil ab, hebe ihn mit beiden Armen hoch in die Höhe und werfe ihn mit möglichster Gewalt auf das Back=brett, ebenso den zweiten, den man auf den ersten wirft und so fort, bis Alles geworfen ist, welches man dann wiederholt und zwar in der Weise, daß man den Teig der Quere nach abnimmt, damit man von jedem Wurf einen Theil mit erfaßt und verfährt so noch zwei Mal. Besonders bei festem Teig sehr zu empfehlen.

Teig abnehmen. Wenn ein Kuchen nach dem Auftreiben an dem Back=brett anhängt, so nehme man einen langen Faden dicken Zwirn, ziehe ihn durch Mehl und dann, ihn an beiden Seiten haltend, unter dem Kuchen weg.

Rand aufbiegen. Man rolle einen kleinen Rand von dem Teige um, presse ihn mit Zeigefinger und Daumen in die Höhe, sodaß der Daumen aus=wendig und der Zeigefinger inwendig drückt und rings herum so fortfahrend, der Kuchen einen, in kleinen Bogen geformten Rand bekommt, welcher den Beleg des Kuchens einschließt.

Die Teige.

1. Hefenteig muß in einem warmen, zugfreien Raum und mit erwärmten Ingredienzen bereitet werden und man stelle daher schon Abends vor dem Gebrauche sämmtliche Zuthaten, auch die kleinsten — außer der Hefe — und das zu gebrauchende Geräthe an eine warme Stelle, sodaß alles lauwarm werde.

Man bedient sich jetzt fast nur der trockenen Hefe, die man zum Auflösen mit drei bis vier Eßlöffeln kaltem Wasser übergießt, dann etwas Milch daran thut und soviel Mehl, daß es so dick wie ein Milchmus ist, wonach man noch einen Eßlöffel Zucker hinzufügt und das Töpfchen, welches nur halb gefüllt sein darf, zugedeckt an eine warme Stelle setzt, bis das Töpfchen gefüllt ist, etwa eine Viertelstunde lang. Nun macht man eine Vertiefung in das Mehl, giebt das Hefenstück und die zu dem betreffenden Kuchen bestimmten Ingredienzen dazu hinein, mischt alles mit dem Mehl zu einem dicken aber elastischem Teige und schlägt ihn (S. Teig schlagen) bis er Blasen wirft, kann ihn aber auch mit den Händen langsam aber lange, wohl zehn Minuten lang, durchkneten. Das Hefenstück kann jedoch auch gleich in dem zum Kuchen bestimmten Mehl bereitet werden und macht man zu dem Ende eine Grube in dasselbe, giebt einen Eßlöffel Zucker und die aufgelöste und mit etwas lauwarmer Milch klargerührte Hefe hinein und rührt dies nun mit einem breiten Messer, wobei man immer etwas von dem nächstliegenden Mehl dazu zieht, zu einem recht weichen, glatten Teig, bestreut ihn leicht mit Mehl, bedeckt das Ganze mit einem erwärmten Tuch und stellt es an einen warmen Ort, bis es noch einmal so hoch aufgegangen ist.

2. Blätterteig I. 500 Gramm sehr frische, feste Butter, 500 Gramm feinstes Mehl, noch 30 Gramm Butter, $1/4$ Liter Wasser, eine Messerspitze Salz, ein Ei.

Man wasche die Butter in kaltem Wasser gut aus, forme davon eine runde fingerdicke Scheibe und lege sie in kaltes Wasser. Siebe dann das Mehl auf das Backbrett und mache in der Mitte eine Grube, gebe die 30 Gramm Butter, Ei, Salz und Wasser hinein und wirke es zu einem Teig, den man einige Minuten lang recht zart und fein wie einen Weißbrotteig abknetet und der weder zu weich, noch zu fest sein darf, sondern Sommer und Winter dieselbe Consistenz wie die Butter haben muß, worauf man ihn mit einem Tuch zudeckt und eine Viertelstunde ruhen läßt.

Nach dieser Zeit wird die Butter in einer reinen Serviette fest abgetrocknet und der Teig zu einer nochmal so großen Platte als die Butter ausgerollt, wozu man beim Ober= und Unterstreuen nur wenig Mehl nehmen darf, legt nun die Butter darauf, schlägt den Teig rechts und links darüber und ebenso auch die andern Seiten, um die Butter ganz einzuhüllen und läßt den Teig im Kalten eine Viertelstunde lang ruhen; stäubt dann das Mehl mit einem Handbesen, der natürlich eigens dazu bewahrt werden muß, ab, rollt ihn aus und schlägt ihn zum zweiten Mal in angegebener Weise zusammen, läßt ihn wieder eine Viertelstunde lang ruhen und verfährt so noch zwei Mal, wobei man immer das Mehl abkehrt.

Noch ist zu bemerken, daß aus Blätterteig bereitetes Backwerk sofort in den Ofen kommen und bei starker Hitze gebacken werden muß, bis es hoch aufgegangen ist und schöne Farbe genommen hat und daß man beim Bestreichen mit Ei nichts an den Seiten herunterlaufen lasse, weil sonst der Teig nicht aufgehen würde.

3. Blätterteig II.   500 Gramm Butter, 500 Gramm Mehl, ein halber Eßlöffel Salz, drei Eßlöffel weißer Wein, $^1/_8$ Liter Wasser, ein Ei.

Man verknete die Butter mit 125 Gramm Mehl, drücke es in der Größe eines Tellers auseinander und stelle es an einen kühlen Ort. Bereite dann aus den übrigen Ingredienzen, indem man das Wasser nach und nach dazu thut, einen Teig in der Steife, daß, wenn man mit dem Finger darauf drückt, das Grübchen gleich wieder vergeht und verarbeite ihn kräftig. Bestäube das Backbrett so fein wie möglich mit Mehl und rolle den Teig in Größe einer gewöhnlichen Schüssel aus, lege die Butter darauf, schlage den Teig darüber, und rolle ihn so fein wie möglich aus, schlage ihn abermals zusammen, rolle ihn abermals aus und wiederhole dies Zusammenschlagen und Ausrollen noch zwei Mal, lasse ihn aber zwischen jedem Schlagen, wie man es in der Küchensprache nennt, fünf Minuten lang ruhen. Es ist auch gut, wenn man ihn den Abend vor dem Gebrauche machen kann und recht kalt stellt, wiewohl dieser vortreffliche Blätterteig sich wegen der mit Mehl durchkneteten Butter, leichter als andere bereiten läßt.

4. Blätterteig mit Wein.   250 Gramm Butter, 250 Gramm Mehl, $^1/_8$ Liter weißer Wein, $^1/_8$ Liter Wasser, eine Prise Salz, ein Ei, ein Eidotter.

Man häufe das Mehl auf das Backbrett und thue alles Uebrige, mit Ausnahme der Butter, in die Mitte, vermische es gut und verarbeite es kräftig, indem man den Teig mit den Handflächen zerdrückt und wieder zusammenarbeitet, bis er sich glatt anfühlt und ganz fein ist, wonach man ihn einige Stunden ruhen läßt. Dann rollt man ihn von sich abwärts fingerdick aus, legt auf die Hälfte seiner Oberfläche ganz dünn geschnittene Scheibchen der Butter, schlägt die andere Hälfte darüber und legt ihn nun noch einmal zusammen, rollt ihn wieder aus, belegt die halbe Oberfläche abermals mit Butter und so fort bis sämmtliche Butter hinein gearbeitet ist.

5. Süßer Blätterteig.   180 Gramm Mehl, 125 Gramm Butter, 60 Gramm Zucker, ein Eßlöffel weißer Wein, ein Eidotter.

Man hacke dies gut untereinander, verarbeite es leicht und rolle den Teig einfach aus. — Besonders gut zu Guß- und Obstkuchen.

6. Butterteig.   500 Gramm feines Mehl, 500 Gramm Butter, 125 Gramm Zucker, die abgeriebene Schale einer Citrone und so viel Eier, daß man daraus einen etwas festen Teig kneten kann, der besonders passend für feine Obstkuchen ist und, meistens mit einem Gitter aus Teigstreifen versehen, bei starker Hitze gebacken wird.

7. Weinbackteig.   Feines Mehl, eine Hand voll Zucker, $^3/_{16}$ Liter weißer Wein, sechs Eidotter, 500 Gramm Butter.

Man gebe die Eidotter in eine Schüssel und Zucker, Wein und soviel Mehl dazu, daß es ein Teig zum Ausrollen wird, den man zuerst mit dem Kochlöffel schlägt und dann noch mit den Händen auf dem Backbrett knetet, jedoch nicht lange, damit er nicht warm wird. Rolle ihn nun halbfingerdick aus, schneide auf die Hälfte die Butter, schlage die andere Hälfte darüber und rolle ihn so dünn wie möglich aus, wonach man ihn wie Blätterteig zusammenschlägt, ausrollt und dies noch einmal wiederholt. — Eignet sich auch zu kleinem Backwerk, ausgestochen, mit Ei bestrichen und mit Zucker und Mandeln bestreut, zu Kräpfchen und dergleichen.

8. Bröselteig. 560 Gramm Mehl, 315 Gramm Butter, 70 Gramm Zucker, ein halber Theelöffel Zimmet, ein wenig Salz, eine kleine Obertasse Wasser, vier Eier.

Man siebe das Mehl auf das Backbrett zu einem Häufchen und mache in die Mitte eine Grube, gebe die fein gebröckelte Butter und die übrigen Zuthaten hinein und mache den Teig leicht zusammen, durchreibe ihn zwei Mal mit den Ballen der Hände, schlage ihn in ein feuchtes Tuch und lege ihn kalt.

9. Sahneteig. 375 Gramm feines Mehl, 250 Gramm ausgewaschene Butter, 45 Gramm Zucker, ein halber Theelöffel Salz, $^1/_4$ Liter säuerliche, nicht saure Sahne (Rahm), ein Ei.

Man vermische die in Stückchen zerpflückte Butter mit dem Mehl, mache in die Mitte eine Vertiefung und gebe die übrigen Ingredienzen hinein, ziehe mit einem Messer das Mehl nach der Mitte, rühre es so lange, bis man den Teig mit der Hand verarbeiten kann und lege ihn über Nacht oder doch einige Stunden lang in den Keller, da er sich sonst nicht rollen läßt.

10. Mürbteig I. 500 Gramm feines Mehl, 400 Gramm Butter, zwei Eßlöffel gestoßener Zucker, eine Messerspitze Salz, 1 Deciliter kaltes Wasser, zwei Eidotter.

Man gebe das Mehl durch ein Haarsieb hügelartig auf das Backbrett, mache eine Grube und thue die übrigen Zuthaten hinein, verarbeite dies, von der Mitte aus beginnend, indem man nach und nach das Mehl mit hineinwirkt, leicht und schnell zu einem sammetweichen Teig, forme ihn zu einer Kugel und lasse ihn, in ein Tuch geschlagen, vor der Verwendung, wenigstens eine halbe Stunde lang, an einem kalten Orte ruhen.

11. Mürbteig II. 180 Gramm Mehl, 125 Gramm Butter, 60 Gramm Zucker, ein Ei.

Man thue das Mehl auf das Backbrett und, in eine leicht eingedrückte Grube, Butter, Zucker und Ei, arbeite es mit den Fingerspitzen der rechten Hand durcheinander, schiebe nach und nach das Mehl dazu und menge es rasch zum Teige, der sich ungebacken wochenlang hält, wenn man ihn rund zusammen ballt und zugedeckt an einem kühlen, trockenen Orte verwahrt. — Sehr zu empfehlen.

12. Mürbteig III. 500 Gramm Mehl, 500 Gramm Butter, zwei Eßlöffel fein gestoßener Zucker, sechs hart gekochte, vier rohe Eidotter.

Man nehme dies auf das Backbrett und verarbeite es zu einem Teige. — Ungarn.

13. Brandteig. Man rühre in ³/₈ Liter kochende Milch soviel feines Mehl, bis es ein fester glatter Teig ist, setze ihn ab, gebe eigroß Butter dazu und verarbeite ihn mit dem Kochlöffel so lange, bis er sich von der Casserole löst, thue ihn nun in eine Schüssel und rühre, wenn er abgekühlt ist, nach und nach sechs Eier hinein.

Die Formen.

Für Torten und Kuchen sind besonders die Springformen mit abnehmbarem Rande zu empfehlen, sonst auch solche mit flachem Rande, und fehlt einmal eine Form, so kann man sich in verschiedener Weise mit Papier helfen, indem man z. B. Papierstreifen schneidet, der Länge nach bricht und mit zerlassener Butter dünn bestreicht, rund dreht, befestigt und auf das Backblech legt, wonach man den Teig mit einem Löffel glatt über den untern Einbug des Papieres streicht und der andere Theil den Rand bildet. Oder man lege einen Bogen Papier über eine etwa 25 Centimeter weite umgedrehte Casserole, umbinde ihn fest mit Bindfaden und streiche ihn glatt an, hebe die Form ab, schneide das Papier bis auf einen querfingerhohen Rand ab und bestreiche sie mit zerlassener Butter. Diese Formen sind besonders für die Auflegetorten geeignet, welche, wie z. B. Wiener Torte, oft aus fünf übereinander gesetzten Kuchen bestehen, wo man doch öfters die nöthigen, ganz gleiche Formen, nicht immer zur Hand hat.

Die Formen für Backwerk werden im Allgemeinen mittelst eines Pinsels mit ungesalzener, ausgewaschener oder abgeklärter Butter, die man darin ver= laufen lassen, bestrichen und mit soviel fein gesiebtem Weißbrod oder Zwieback bestreut, als daran hängen bleibt und müssen für Hefenbackwerk lauwarm, für anderes Gebäck aber kalt sein. Abweichungen sind bei den betreffenden Recepten dann bemerkt.

Die Backeisen für Hohlhippen, Oblaten und dergleichen. Zum Backen mit den Backeisen bedient man sich am besten der Holzkohlen, die man in dem sogenannten Casserole=Loch des Heerdes über dem darin befindlichen Rost locker aufhäuft, anzündet und einen Rost darüber stellt, damit das Eisen nicht un= mittelbar auf die Kohlen kommt, sondern ein etwa handbreiter Raum zwischen Kohlen und Eisen frei bleibt. Auch müssen die Kohlen schon durchglüht sein, wenn man zu backen beginnt, weil sonst Kohlendunst in das Backwerk ziehen möchte.

Man lasse nun das Eisen warm, aber nicht zu heiß werden, nehme es ab, klappe es auf und bestreiche es mit einer Speckschwarte, reibe es mit Papier sorgfältig aus und so ist es zum Backen bereit.

**Reinigen und Aufbewahren der Formen, Backbleche und Back=
eisen.** Diese dürfen nie gespült, sondern müssen vor und nach dem Gebrauche
nur mit Papier oder einem reinen Tuch abgerieben werden und man bewahrt sie
an einem trockenen, luftigen Orte.

Die Röhre.

Um die verschiedenen Hitzgrade zu erproben, lege man einen weißen Papier=
streifen in die Röhre, schließe sie, und wenn das Papier dann nach fünf Minuten
braun geworden, so ist dies der **erste Grad** und für **Blätter=** und **Hefenteig**
passend, wird es langsam hellbraun und krümmt sich ein wenig — **zweiter
Grad** — so paßt es für die **meisten Bäckereien** und namentlich für **Biscuit**
und hat es sich nun hellgelb gefärbt — **dritter Grad** — für **Gebäck**, welches
mehr trocknen soll.

Während des Backens darf die Röhre nur ein — höchstens zwei Mal —
und nur auf Augenblicke geöffnet werden und kein Zug von Thür oder Fenster
darauf wirken können; auch gieße man ja kein kaltes Wasser in den Sprungheerd=
kessel, weil durch das Abkühlen der Röhre das Backwerk unfehlbar mißrathen würde.

Ist ein Umsetzen der Kuchen erforderlich, so muß es recht behutsam ge=
schehen, ohne im geringsten daran zu stoßen.

Wenn, wie dies häufig vorkommt, die untere Hitze zu stark ist, so wird
die Form auf einen Dreifuß gestellt.

Natürlich können die Bäckereien auch in einem Backofen oder, falls sie
nicht gleich in den Ofen müssen und, eventuell etliches Stehen vertragen können,
beim Bäcker gebacken werden.

Erproben des Garseins. Man durchsteche Torten, Kuchen oder der=
gleichen, wenn man annehmen kann, daß sie gar seien, an zwei bis drei Stellen,
mit einem spitzigen, sehr dünnen Hölzchen und wenn dieses beim Herausziehen
ganz trocken ist und kein weicher Teig daran hängt, so ist das Backwerk gar,
wo nicht, so muß es noch einige Minuten in der Röhre bleiben.

Abnehmen des Backwerks. Die auf Backblechen gebackenen Torten
und Kuchen, müssen gleich nach dem Backen vom Blech heruntergenommen und
auf ein Kuchenbrett gethan werden und es geschieht am besten, indem man ein
sehr dünnes Blech, sobald das Backwerk aus der Röhre genommen ist, zwischen
Backwerk und Backblech schiebt und so auf das Brett gleiten läßt.

Auf die in flachen Formen mit festem Rand gebackenen Torten oder Kuchen
legt man, wenn sie, über einen Dreifuß gestellt, ganz kalt geworden sind, ein
etwas größeres Blech (Kuchenblech) und wendet sie so um.

Kleines Backwerk löse man so heiß wie möglich mit einem langen dünnen
Messer ab und sollte es durch Versehen kalt geworden sein und fest halten, so
lasse man das Backblech nur wieder warm werden.

Ist das Gebäck über Papier aufgesetzt, so befeuchte man dieses auf der Rückseite.

Aufbewahren des Backwerks. Es muß dies an einem trockenen, kühlen, luftigen Orte geschehen, und, meiner Erfahrung gemäß, am besten in geschlossenen Steinguttöpfen, die man in einer Vorrathskammer aufstellt, nicht in Kästen einschließt, doch sind auch Porzellangefäße zu empfehlen, und Tortenreste halten sich vorzüglich unter einer Glasglocke.

Glasuren.

Weiße Glasur. Man rühre 125 Gramm aufs feinste gesiebten Zucker, (Staubzucker) mit zwei Eiweiß eine Viertelstunde lang und presse während des Rührens etwas Citronensaft dazu, damit die Glasur recht weiß wird, denn sie muß schneeweiß sein und dicklich vom Löffel fließen.

Um farbige Glasuren zu bereiten, mische man für roth etwas Cochenille-Farbe, die man beim Conditor erhält oder Alkermessaft darunter, bis dieselbe eine schöne, rosenrothe Farbe hat, zu braun 60 Gramm warm vollständig erweichte feine Vanille-Chocolade, zu grün Spinatsaft, zu gelb Safran.

Auch können alle diese Glasuren, die von Chocolade ausgenommen, mit beliebigem Geruchzucker bereitet werden.

Citronenglasur. Man rühre 500 Gramm Staubzucker mit dem Safte von 2 Citronen so lange, bis es weiß ist, kann auch nur den Saft von einer Citrone und einen Eßlöffel Rum nehmen.

Punschglasur. Man rühre 125 Gramm Staubzucker mit einem Eiweiß und dem Safte einer Citrone so lange, bis der Zucker weiß wird und füge dann einen Theelöffel Rum und noch 15 Gramm Zucker hinzu.

Marasquino-Glasur. Man rühre 250 Gramm Staubzucker mit einer halben Obertasse (1/16 Liter) geläutertem Zucker, der dickfließend und kalt sein muß und zwei Eßlöffeln Marasquino so lange, bis man eine schön glänzende mattweiße Glasur erhalten hat.

Liqueur-Glasur. Wie die vorige, mit feinem Liqueur, besonders Vanille.

Himbeer-Glasur. Man verrühre 400 Gramm Staubzucker mit zwei Eßlöffeln Himbeersaft zu einer dicken Masse, bringe sie auf gelindes Feuer und lasse sie unter beständigem Rühren und während man nach und nach noch zwei Eßlöffel Saft hineinträufelt, flüssig werden.

Wasser-Glasur. Man rühre drei Eßlöffel Staubzucker mit einem großen Eßlöffel frischen Wassers so lange, bis es wie eine dickliche Crème ist.

Ungerührte Glasur. Man bestreiche den Kuchen, bevor man ihn in den Ofen giebt, mit geschlagenem Eiweiß, bestreue ihn recht dick mit fein gesiebtem Zucker, bespritze ihn mit ganz wenig Wasser und schiebe ihn nun in den

Ofen, wo er dann nach dem Backen schön glacirt sein wird, doch muß man, falls die Ofenhitze zu stark wäre, sowie die Glasur trocken ist, einen Bogen Papier darüber legen, damit sie weiß bleibt.

Alle Glasuren müssen gleich nach dem Rühren, recht glatt und in gleicher Dicke, aufgestrichen werden, wozu man sich am besten eines weichen Pinsels bedient und dann im lauwarmen Ofen (Röhre) einige Minuten lang antrocknen.

Unschädliche Farbstoffe.

Roth=Alkermessaft. Man pflücke diese rothe Beeren zu Anfang Oktobers, zerdrücke sie in einer Schüssel und presse sie durch ein leinenes Tuch. Filtrire dann den Saft, koche ihn, wenn es $^1/_4$ Liter ist, mit 180 Gramm Zucker bis zur Hälfte ein und bewahre ihn in einem gut verpfropften Glasfläschchen. Ein Theelöffel davon, färbt eine große Masse und mit etwas Milch vermischt, giebt er ein schönes Rosa.

Cochenille=Farbe muß man, da ja beim Backen im Hause so wenig davon gebraucht wird, vom Conditor entnehmen, denn sie wird durch Stehen grau.

Blau. Man gebe in Alkermessaft etwas Citronensaft.

Gelb. Man übergieße 10 Gramm indischen Safran mit $^1/_8$ Liter kochendem Wasser und lasse es zur Hälfte einkochen, presse es durch ein Tuch und koche es mit 90 Gramm Zucker auf.

Grün. Man stoße jungen, recht grünen Spinat, nachdem er gewaschen und gut abgetropft ist, in einem Mörser zu feinem Brei und presse ihn durch ein leinenes Tuch.

Auf andere Art gebe man Tags vorher zwanzig ungebrannte Kaffeebohnen auf einen Teller und ein Eiweiß darüber, welches dann die schönste grüne Farbe annimmt.

Verschiedener Zucker.

Vanillezucker. Man schneide eine Stange Vanille in Stückchen, trockene sie langsam auf einem halben Bogen weißen Papier und stoße es dann mit 60 Gramm Zucker, siebe es, stoße das Zurückgebliebene nochmals mit 30 Gramm Zucker, siebe auch dieses und bewahre es, gut zugepfropft, in einem Glasfläschchen.

Orangenzucker. Man reibe das Gelbe von zwei Orangen auf einem Stück Zucker ab, schabe es herunter und lasse es langsam trocknen; stoße es dann mit noch 125 Gramm Zucker, siebe es fein und bewahre es wie den Vanillezucker.

Citronenzucker. Wie Orangenzucker.

Zimmtzucker. Man stoße 30 Gramm Ceylon=Zimmet mit 125 Gramm Zucker, siebe es fein und bewahre es wie die andern.

Weißer Hagelzucker. Man zerschlage 500 Gramm weißen Zucker in kleine Stücke, zerdrücke sie mit einem Hammer und gebe sie durch ein Sieb, sodaß sie grobem Streusand gleichen. Die zurückbleibenden Stückchen werden wieder zerdrückt und durchgesiebt und man bewahrt den Hagelzucker dann in einem Glase.

Rother Hagelzucker. Man gebe den weißen Hagelzucker auf einen Porzellanteller, bespritze ihn mit einem feinen, in Cochenille=Farbe getauchten Haarpinsel, mache ihn mit den Fingern leicht durcheinander, bis der Zucker eine gleiche Farbe, rosa oder dunkler, angenommen hat und lasse ihn langsam trocknen, während dessen man ihn öfters durcheinanderrühren muß.

Auf dieselbe Weise färbt man mit Spinat grün, mit Safran gelb und mit aufgelöster Chocolade braun.

Streuzucker. Man thue 125 Gramm Mohnsamen in eine flache Schüssel und koche 125 Gramm in Wasser getauchten Zucker, gebe, wenn er nicht mehr heiß ist, einen Löffel davon auf den Mohnsamen, rühre ihn mit der flachen Hand so lange, bis er anfängt kalt zu werden und wiederhole dies sechs bis acht Mal, wo der Zucker dann zu Ende sein wird und man ihn, nach Belieben wie den Hagelzucker färbt.

Zuckersyrup. Man lasse 1 Kilo guten Zucker mit 1/2 Liter Wasser aufkochen, gebe es noch heiß durch ein Tuch und bewahre es in einer Flasche. Ein Weinglas Zuckersyrup (150 Gramm) ist gleich 100 Gramm Zucker.

Serviette auf Schüssel zu legen.

Man legt die vier Ecken in der Mitte zusammen und wenn die Schüssel nicht sehr groß ist, noch einmal; dann dreht man sie um, indem man sie mit einer Hand unten, mit der anderen oben anfaßt und sie auf eine flache Schüssel thut. Nun legt man die vier Spitzen ganz oben in der Mitte zusammen und steckt die noch über die Schüssel hinausragenden Ecken, gegen unten gebrochen ein, wodurch es achteckig wird und läßt es so, wenn man Backwerk darauf oder Kastanien oder Kartoffeln zwischen die Serviette geben will. Giebt man aber Kuchen oder Torten darauf, so biegt man die Spitzen von der Mitte gegen den Rand zurück

Dies ist für runde Schüssel. Für ovale schlägt man die beiden Endseiten gegen die Mitte zusammen, kehrt sie um und legt wieder die langen Seiten in die Mitte; biegt dann die Serviette an beiden Seiten nach Länge der Schüssel gegen unten ein und steckt nun die Ecken ebenfalls unten ein, wodurch sie sich der ovalen Schüssel anpaßt.

Bitte, nicht zu übersehen.

Um die so lästigen, Zeit und Raum verschwendenden Wiederholungen zu ver-meiden, bemerke ich hier nochmals und ein- für allemal, daß im Allgemeinen über Bestreichen und Bestreuen der Formen, bei den einzelnen Recepten, nur dann etwas angegeben ist, wenn sie anders als mit Butter bestrichen und mit Zwieback oder Weißbrot bestreut werden sollen und wiederhole aus demselben Grunde, daß, wo es nicht anders angegeben ist, man die Mandeln immer abziehen muß.

A.

*1. Aniskuchen. 625 Gramm Mehl, 315 Gramm Zucker, 50 Gramm ausgesuchten Anissamen, 10 Eier.

Man verrühre die Eidotter kräftig und gebe dann nach und nach den Zucker dazu, hierauf die zu steifem Schnee geschlagenen Eiweiß und zuletzt das Mehl, rühre es noch eine Weile — im Ganzen eine halbe Stunde — thue es in die Form und lasse eine Stunde backen, kann auch statt Anissamen eine Stange fein gestoßene und gesiebte Vanille nehmen. — Sehr gut und haltbar.

Ueber Behandlung der Formen s. Einleitung und besonders den Schluß derselben.

2. Aniskranz. 500 Gramm Mehl, 90 Gramm Zucker, 125 Gramm frische zerlassene oder auch nur weich gemachte Butter, 30 Gramm Succade, 30 Gramm candirte Pomeranzenschale, Schale einer Citrone, Alles fein länglich geschnitten, einen Theelöffel Anis, 30 Gramm Hefe, $\frac{1}{8}$ Liter lauwarme Milch, 1 Ei, 2 Eidotter.

Man nehme das Mehl in eine Schüssel, mache in der Mitte desselben mit Milch und Hefe einen Vorteig und lasse ihn bei gelinder Wärme gehen. Ver-rühre inzwischen Zucker, Butter, Ei und Eidotter mit ein wenig Milch recht kräftig, füge das Uebrige hinzu und gebe das Ganze zu dem Mehl, arbeite den Teig mit einem Löffel gut durch und thue ihn dann auf das Backbrett, wo man ihn so lange knetet, bis er sich von der Hand losschält. Mache nun drei gleiche Rollen daraus, flechte sie zu einem Zopf und forme ihn zum Kranze, den man auf ein mit Butter bestrichenes Backblech legt, bei gelinder Wärme noch einmal gehen läßt und mit einem verklopften Ei bestreicht; vermische eine Handvoll klein gehackte Mandeln mit einer kleinen Handvoll Zucker und etwas Zimmet, bestreue den Kranz damit und backe ihn bei Mittelhitze.

3. Anisbrot. 250 Gramm Mehl, 250 Gramm Zucker, 30 Gramm Anis, fein geschnittene Schale einer halben Citrone, 5 Eier.

Man rühre Zucker und Eier eine halbe Stunde, gebe Anis, Citronenschale und Mehl dazu und verarbeite es gut. Forme lange, schmale Brote daraus, schneide sie nach dem Backen, noch heiß, zu Scheiben und lasse sie noch ein wenig rösten.

4. Wiener Anisbrot zum Thee. 280 Gramm feinstes Mehl, 210 Gramm Zucker, 35 Gramm fein gestoßener gesiebter Anis, 5 Eier.

Man schlage den Zucker mit den Eiern über dem Feuer heiß und dick und dann wieder kalt und gebe hierauf Anis und Mehl hinzu. Mache daraus auf dem Backbrett eine runde dicke Rolle, lege sie auf das mit Mehl bestäubte Backblech und drücke sie mit der Hand drei Finger breit auseinander, bestreiche sie mit Ei und backe sie bei Mittelhitze lichtbraun. Nehme sie nun ab, schneide sie, erkaltet, der Quere noch in federkieldicke Streifen und röste sie, über ein Backblech gelegt, im Ofen blaßgelb.

5. Aprikosenkuchen I. Blätter- oder Mürbteig, 20 bis 30 Aprikosen, je nach Größe, 250 Gramm Zucker, fein geschnittene Schale einer halben Citrone.

Zum Bestreuen: 125 Gramm gröblich gestoßene Mandeln, 60 Gramm Zucker, ein Theelöffel Zimmet, ein geriebenes Milchbrötchen, etwas frische Butter. Man spalte die Aprikosen, klopfe die Steine auf und schäle und stoße die Kerne wie Mandeln: läutere den Zucker mit etwas Wasser, gebe Citrone und Aprikosen hinein und lasse kochen, bis die Aprikosen weich sind, worauf man es zum Erkalten auf eine Schüssel thut. Nun rolle man den Teig zwei Messerrücken dick aus, belege eine Tortenform damit, fülle die Aprikosen hinein und gebe das Streußel darüber, welches man noch mit etwas Butter in kleinen Flöckchen belegt und den Kuchen in nicht zu heißem Ofen backt. — Sehr gut.

6. Aprikosenkuchen II. 250 Gramm geriebene Mandeln, worunter einige bittere, 250 Gramm Zucker, 100 Gramm geriebenes Schwarzbrot — darf nicht frisch sein — 300 Gramm Chokolade, 1 Liqueurglas Rum oder Arak 9 Eier, halbirte, entsteinte und gut eingezuckerte Aprikosen.

Man rühre aus den oben angegebenen Ingredienzen einen Teig und fülle die Hälfte davon in eine gut gebutterte Tortenform, belege ihn dicht mit den Aprikosen und gebe den übrigen Teig darauf, backe den Kuchen in ganz mäßig warmen Ofen anderthalb Stunden und servire am besten warm, jedoch etwas abgekühlt, kann ihn auch mit Scheibchen von feinen mürben Aepfeln oder recht reifen Zwetschen bereiten.

7. Aprikosenkuchen auf sächsische Art.

Man rolle Blätter oder Mürbteig stark messerrückendick aus und belege eine flache Tortenform, am besten Springform, damit. Schäle und entsteine die Früchte, theile sie aber nicht, sondern lege sie ganz und recht dicht auf den Teig.

Klopfe die Steine auf, schäle sie, schneide sie klein und vermenge sie mit 125 Gramm Zucker, streue dies über die Aprikosen, gieße ein kleines Gläschen Pomeranzengeist (Rosoli) dazwischen und lasse in frischer Hitze backen.

Ebenso von **Pfirsichen, Weichseln** und **Erdbeeren.** In den Weich= seln bleiben die Steine und sie werden nur reichlich mit Zucker bestreut und über die Erdbeeren gießt man statt des Liqueurs einige Eßlöffel süßen Rahm, ehe man sie mit Zucker bestreut und backt den Kuchen in nicht zu heißem Ofen

8. Apfelsinentorte I. Teig. 200 Gramm geriebene Mandeln,
250 Gramm Zucker, 70 Gramm Mehl, 2 Eßlöffel Arak, 12 Eier, das Weiße zu Schnee geschlagen.

Fülle. 250 Gramm geriebener Zucker, 5 Apfelsinen, 2 Citronen, 4 Eier, 2 Eidotter.

Guß. 125 Gramm fein gesiebter Zucker, Saft einer Apfelsine, 1 Eß= löffel Wasser.

Man bereite den Teig in gewöhnlicher Weise und backe zwei Böden daraus; schlage dann aus Zucker, Eiern, Eidottern, dem Safte der Apfelsinen und Citronen und der auf Zucker abgeriebenen Schale einer Apfelsine, über dem Feuer eine dickliche Crême und gebe sie auf einen der Böden, lege den andern darauf und überziehe ihn mit dem gut verrührten Guß, den man nach Belieben mit ein bis zwei Theelöffeln Himbeersaft schön rosa färben kann, dann aber das Wasser weg= lassen muß.

9. Apfelsinentorte II. Teig. 375 Gramm Mehl, 250 Gramm
Butter, 40 Gramm Zucker, 3 Eier.

Crême. 125 Gramm Zucker, 2 Apfelsinen, 1 Citrone, $^3/_{16}$ Liter weißer Wein, 8 Eier. Noch eingezuckerte Apfelsinenschnitze und 1 Ei zum Bestreichen.

Man rolle den Teig messerrückendick aus und schneide ihn zu einer länglichen Platte; mache aus dem übrigen Teig eine fingerdicke Rolle, bestreiche den Rand der Platte mit Eiweiß und lege die Rolle als Rand darum, bestreiche sie, nachdem man die Enden mit Eiweiß aneinander geklebt hat, mit Eigelb und backe die Torte in mäßiger Wärme zu schöner Farbe. Verklopfe nun acht Eidotter mit dem Zucker, an dem man die Schale einer Apfelsine abgerieben hat, Saft von Apfelsinen und Citronen und dem Wein, auf dem Feuer zu einer steifen Crême, die man noch heiß mit dem Schnee von vier Eiweiß vermischt, gieße diese Crême über die Torte, stelle sie noch fünf Minuten in den Ofen und belege sie, wenn sie erkaltet ist, dicht und immer rund herum, mit eingezuckerten Apfelsinen=Achteln.

10. Apfelkuchen. 500 Gramm Mehl, 500 Gramm Butter, $^1/_4$ Liter
süßer dicker Rahm, Zucker, gestoßener und gesiebter Zwieback, gut eingezuckerte Apfelstückchen, 1 Ei.

Man verknete Mehl, Butter und Rahm und stelle es über Nacht recht kalt. Rolle andern Tags den größern Theil des Teigs zu einer runden Platte, lege sie auf ein Backblech und streue Zwieback darüber, mache einen Rand von Teig darum und gebe die Aepfel darauf. Rolle nun den übrigen Teig zu einer Platte wie die erste, aber dünner und schneide mit einem feinen Messerchen Zierathen hinein, jedoch nicht durch und befestige sie gut an den Rand, bestreiche das Ganze mit Ei und backe bei guter Hitze.

2*

11. Italienischer Apfelkuchen. Teig. Mehl, Zucker, Mandeln, Butter, von jedem 280 Gramm, 1 Citrone, 1 Theelöffel Zimmet, 1 Messer= spitze Gewürznelken, ein wenig Salz, 4 Eier.

Fülle. Aepfel, am besten Borsdorfer, dazu 280 Gramm Zucker und 1 Citrone; dann 210 Gramm Reis, 140 Gramm Zucker, 1 Liter süßer Rahm oder Milch, 1 Gläschen Marasquino, Aprikosen=Marmelade, eingemachte Kirschen.

Man siebe die nicht abgezogenen, trocken gestoßenen Mandeln durch einen Seiher, vermische sie auf dem Backbrett mit Zucker und Mehl, mache es zu einem Häufchen und gebe die gebröckelte Butter, Eier, abgeriebene Schale der Citrone, Gewürz und Salz hinein, vermenge es zum Teige, schlage ihn in ein Tuch und lege ihn eine Weile an einen kalten Ort.

Aus diesem Teig nun backe man einen flachen Kuchen mit 2½ Centimeter hohem Rand lichtgelb und schneide die Aepfel in sechs Theile, schäle sie und koche sie in einem flachen Geschirr mit dem Zucker, Saft der Citrone und dem nöthigen frischen Wasser weich, lasse sie in ihrem Safte erkalten und auf einem Sieb abtropfen. Unterdessen hat man den Reis lauwarm gewaschen, mit Zucker und Milch weich und dick gekocht und mit dem Marasquino vermengt. Jetzt thut man den Kuchen auf eine Tortenschüssel, bestreicht den Boden mit Aprikosen=Marmelade und über dieser mit dem Reis und legt dann die Aepfel pünktlich ein, giebt den zu Gelee eingekochten Apfelsaft darüber und garnirt den Kuchen noch mit ein= gemachten Kirschen, kann diesen ausgezeichneten Kuchen aber auch aus Bröselteig bereiten.

12. Englischer Apfelkuchen. Teig. 250 Gramm Mehl, 250 Gramm Zucker, 125 Gramm Butter, 1 Citrone, 8 Eier.

Fülle. 6 Borsdorfer oder sonst gute Aepfel, 100 Gramm Zucker, Saft einer Citrone und ⅛ Liter Punscheffenz.

Man rühre die Butter zu Schaum und nach und nach Eidotter und Zucker dazu, ziehe dann den Schnee der Eiweiß, das Mehl und die abgeriebene Schale der Citrone darunter und rolle den Teig aus, schneide zwei runde Böden daraus und backe sie auf einem Backblech zu schöner gelber Farbe. Reibe während dessen die Aepfel auf dem Reibeisen, vermische sie mit Zucker, Citronensaft und Essenz, streiche dies zwischen die abgekühlten Böden und eine Citronenglasur darüber.

13. Mannheimer Apfelkuchen. Blätterteig. 125 Gramm Makronen, 125 Gramm Zucker, ½ Liter guter süßer Rahm, 6 Eier, feine Aepfel, am besten Borsdorfer, Zucker zum Bestreuen.

Man belege eine Tortenform mit dem Teige, fülle sie mit den geschälten und zu Vierteln geschnittenen Aepfeln, bestreue sie mit Zucker und backe den Kuchen in mäßig heißem Ofen zur Hälfte gar. Stoße die Makronen fein, rühre sie mit Zucker und Eiern eine Viertelstunde, gebe den Rahm dazu und gieße die leicht umgerührte Masse über die Aepfel; lasse den Kuchen nun vollends ausbacken und besiebe ihn mit Zucker.

14. Elberfelder Apfelkuchen. 250 Gramm Mehl, 125 Gramm Butter in Stückchen, 1 Eßlöffel Zucker, 2 kleine Tassen süßer Rahm, 3 Eier, Aepfel, Zucker und Zimmet.

Man vermische Mehl, Butter, Zucker und eine Tasse Rahm und knete es zu einem Teig, rolle ihn aus und belege eine flache Form damit. Gebe dann, zu ziemlich großen Stücken geschnittene, geschälte und mit Zucker und Zimmet ver=

mischte Aepfel darauf und lasse halb gar backen, wonach man einen Guß aus einer Tasse Rahm darüber giebt, den man mit drei Eidottern verklopft und hierauf den steifen Schnee von drei Eiweiß leicht darunter gezogen hat und den Kuchen nun vollends gar bäckt.

15. Apfelkuchen mit Citronen. Blätterteig. 6 bis 8 schöne Borsdorfer Aepfel, 2 Citronen, 375 Gramm gesiebter Zucker, ein Ei.

Man theile den Teig in zwei Theile, einen größeren und einen kleineren, rolle den kleineren zu einem runden, kleinfingerdicken Blatt aus und den größeren ebenfalls zu einem runden Blatt, welches aber um zwei Strohhalm breiter als das erste sein muß und habe nun folgende Fülle schon bereit. Man schneide die ganz fein abgelöste Schale der Citronen in haarfeine Streifchen und dünste sie mit zwei Eßlöffeln Wasser weich, löse das Mark der Citronen mittels eines Theelöffels aus den Fasern, zerlege es in Stückchen und entferne die Kerne. Reibe nun die Aepfel auf dem Reibeisen und lasse sie auf einem Sieb ablaufen, vermische sie mit Zucker, Citronenschale und Mark und streiche es schnell auf das kleinere Teigblatt, wobei aber ein daumenbreiter Rand frei bleiben muß, den man mit ein wenig Ei bestreicht, das größere Blatt darüber legt und fest drückt. Der Rand wird dann mit Zeigefinger und Daumen etwas nach oben gebogen, der Kuchen leicht mit verklopftem Ei bestrichen und sogleich in sehr gut geheiztem Ofen eine halbe Stunde gebacken.

16. Apfelkuchen mit Apfelsinen. Mürbteig. $\frac{1}{2}$ Liter Aepfel, 6 Apfelsinen, 1 Citrone, 400 Gramm Zucker, etwas weißer Wein.

Man rolle den Teig federkieldick aus und forme ihn zu einem runden Kuchen, biege einen Rand und backe ihn nicht ganz gar, sondern nur hellgelb. Die Aepfel hat man geschält, zu Vierteln geschnitten, Kernhaus ausgenommen und mit 200 Gramm Zucker, Wein und Citronenschale gedämpft, doch so, daß sie ihre Form behalten. Auch die Apfelsinen hat man geschält, alles Weiße und die Kerne entfernt und in feine Scheiben geschnitten, dann in, aus 200 Gramm Zucker mit etwas Wasser dünn gekochtem Syrup durchgeschwenkt, wonach man diesen Saft abgießt und mit dem ebenfalls abgegossenen Safte der Aepfel dick einkocht. Jetzt belegt man den Kuchen ganz dicht mit den erkalteten Aepfeln und stellt ihn noch, etwa 12 Minuten, in den Ofen, legt nun auch die Apfelsinen darauf und gießt den eingekochten Saft darüber.

17. Apfelkuchen mit Quitten. Mürbteig. Apfelschnitzel, 5 in Wasser weich gekochte, erkaltete und geschälte Quitten, 90 Gramm Zucker, etwas fein geschnittene Citronenschale, $\frac{1}{4}$ Liter süßer Rahm, 5 Eier.

Man belege eine Tortenform mit dem Teige und gebe eine dichte Lage Apfelschnitze darauf, verrühre die auf dem Reibeisen geriebene Quitten mit Eiern, Zucker, Citronenschale und Rahm, gieße es über die Aepfel und backe in frischer Hitze.

18. Apfelkuchen mit Streußel. Mürbteig Nr. 11, II. Gute säuerliche Aepfel, 60 Gramm Korinthen, einige Eßlöffel Rum oder guter Wein, etwas Butter.

Streußel. 60 Gramm Zucker, 60 Gramm ganz feingewiegte Mandeln, 1 Eßlöffel fein gesiebtes Weißbrot.

Man rolle den Teig zu einer viereckigen Platte aus und kneife rings umher einen Rand; schneide die geschälten Aepfel in dünne Scheibchen und belege damit reihenweise, wie dicht übereinander gezähltes Geld, die Platte, überspritze sie mit Rum oder Wein und bestreue sie mit den Korinthen, lege reichlich Butterflöckchen darauf, gebe das Streußel darüber und backe in frischer Hitze.

19. Apfelkuchen mit Guß. Mürbteig Nr. 10. Guß. 140 Gramm Zucker, 105 Gramm gestoßenes Biscuit, ½ Theelöffel Zimmet, ½ Liter süßer Rahm, 8 Eidotter. Aepfel, Zucker und Zimmet zum Bestreuen, etwas Butter.

Man rolle den Teig federkieldick aus, schneide ihn rund und biege einen 2½ Centimeter hohen Rand, durchsteche den Boden mehrmals und belege ihn dicht mit geschälten und in sechs Theile geschnittenen Aepfeln, pflücke etwas frische Butter darüber, bestreue die Aepfel mit Zucker und backe den Kuchen halb gar. Zu dem Guß rührt man Eidotter und Zucker schaumig, giebt Biscuit und Zimmet dazu, rührt es mit dem Rahm an und gießt es über den halb gebackenen Kuchen, backt ihn zu schöner, lichtgelber Farbe und bestäubt ihn nochmals mit Zucker und Zimmet.

20. Apfelkuchen mit Gelee. Bröselteig. 250 Gramm Zucker, 1 Citrone, 24 feine, geschälte und in 6 Theile geschnittene Aepfel, Aprikosen-Marmelade, noch ein Stück Zucker (20 Gramm).

Man lege eine Tortenform mit dem Teig aus und backe ihn lichtbraun. Koche die Aepfel mit Zucker, Citronensaft und etwas Wasser langsam weich und lasse sie in ihrem Safte erkalten. Bestreiche nun den Kuchen mit der Aprikosenmarmelade, welche am besten dazu ist, doch können auch andere gebraucht werden und lege die aus ihrem Saft gehobenen und gut abgelaufenen Aepfel darauf, koche den Saft mit dem Stück Zucker, bis er Faden zieht und gieße ihn warm über die Aepfel, streiche ihn gleichmäßig glatt und stelle den Kuchen noch zehn Minuten in den Ofen.

21. Apfelkuchen mit Brot.

Man bestreiche eine Form mit Butter, bestreue sie mit Zwieback und fülle sie schichtweise mit geriebenem Weiß- oder Schwarzbrot, welches nicht frisch sein darf und Apfelscheiben, belege jede Schicht mit einigen Butterflöckchen — die letzte Schicht muß aus Brot sein — backe den Kuchen bei guter Hitze und wenn er halb gar ist, so gebe man einen Guß darüber aus ¼ Liter sauren Rahm, 110 Gramm Zucker, 50 Gramm geriebenen Mandeln und vier Eidottern, lasse vollends gar backen und verziere den Kuchen mit Häufchen von eingemachten Johannisbeeren.

22. Apfelkuchen mit Compot. Blätterteig von 250 Gramm Butter, 6 saure Aepfel, 60 Gramm Sultanini, 60 Gramm Korinthen, 60 Gramm Zucker, 60 Gramm fein geschnittene Mandeln, fein geschnittene Schale einer halben Citrone, ³⁄₁₆ Liter weißer Wein, halb soviel Wasser.

Man schneidet die geschälten Aepfel zu dünnen Scheiben und läßt sie, gut zugedeckt, mit den angegebenen Ingredienzen schnell kochen, giebt sie zum Erkalten auf eine Schüssel und verrührt sie mit etwas Zimmet und Gewürznelken. Rollt nun die Hälfte des Teigs zu einem runden, messerrückendicken Boden, legt ihn auf ein mit Mehl bestreutes Backblech und breitet die Aepfel gleichmäßig darüber aus, wobei aber rund herum ein daumenbreiter Rand frei bleiben muß; rolle auch aus der andern Hälfte solchen Boden, steche oder schneide ihn schön aus und decke ihn über die Aepfel; drücke ihn fest an, schneide ihn neben herum ein wenig aus, bestreiche ihn mit verklopftem Ei und lasse ihn bei ziemlich frischer Hitze backen.

33. Apfelkuchen ohne Teig I.

Achtzehn feine Aepfel mittlerer Größe, die man schält und das Kernhaus ausbohrt, mit Korinthen, klein geschnittener Succade, Zucker und Zimmet füllt, auf jeden ein Flöckchen sehr frische Butter giebt und sie dann neben einander in eine gebutterte und mit gesiebtem Zwieback bestreute Form stellt. Nun rühre man sechs Eidotter mit 125 Gramm Zucker, 125 Gramm geriebenen Mandeln und einem halben Theelöffel Muskatblüthe, eine Viertelstunde recht kräftig, ziehe den festen Schnee der Eiweiß darunter, vertheile es über die Aepfel und backe den Kuchen eine bis fünf Viertelstunden.

24. Apfelkuchen ohne Teig II. 180 Gramm Mehl, 180 Gramm Zucker, 125 Gramm zerlassene Butter, fein geschnittene Schale einer Citrone, 4 Eier, Aepfel.

Man verrühre Eier und Zucker gehörig, gebe dann Butter, Citronenschale und Mehl dazu, fülle es in die mit Butter bestrichene und mit gesiebtem Zwieback bestreute Form und belege es mit geschälten und zu Schnitten getheilten Aepfeln. Vermische nun 125 Gramm Zucker mit 90 Gramm gestoßenen Mandeln und 4 Gramm Zimmet, streue dies über den Kuchen und backe ihn bei frischer Hitze.

25. Ananastorte I.

Man nehme eine recht schöne große Ananas, der man einen 5 Centimeter langen Stengel läßt und oben einen 3 Centimeter dicken Deckel mit der Krone abschneidet und dann von oben anfangend, das Innere vorsichtig, um die Schale nicht zu verletzen, in feinen Scheibchen herauslöst, aus dem man eine Sulz verfertigt, indem man es in eine kleine Casserole thut, 1/4 Liter kochendes Wasser darüber gießt, eine Stunde ziehen läßt und diese Infusion durch ein feines Haarsieb giebt. Hierauf koche man 60 Gramm Hausenblase oder in deren Ermangelung beste Galatine in Wasser und ein wenig geläuterten Zucker, schäume es wohl, gebe es durch ein feines Haarsieb und lasse es erkalten. Koche auch 375 Gramm geläuterten Zucker zur kleinen Perle und wenn auch dieser erkaltet ist, so vermische man ihn mit der Hausenblase bezw. Galatine, der Ananas-Infusion und dem Safte von zwei Citronen, fülle es in die Ananas und stelle sie recht kalt, am besten in Eis, worin dann aber kein Salz sein darf, bis die Sulz steif geworden ist. Dann habe man auch eine, etwa 7 Centimeter hohe Biscuit- oder Sandtorte, mache beim Serviren in die Mitte eine Oeffnung, setze die mit Deckel und Krone wieder versehene Ananas hinein und schneide beim Zertheilen der Torte die Stücke rund herum ab, so daß die Ananas ihren Halt nicht verliert und lege auf jedes Stück etwas von der Sulz. — Paris.

26. Ananastorte II.

Man bedarf dazu einer etwa 5 Centimeter hohen Ringform von 20 bis 30 Centimeter Durchmesser und backt darin aus Biscuit- oder Sandtortenmasse einen Kranz, den man stürzt und auskühlen läßt, auf eine Schüssel legt und in schräg laufende Scheiben theilt, zwischen die man dann je eine Ananasscheibe schiebt, meistens von in Büchse eingemachter Ananas, doch kann man auch und zwar vorzugsweise frische, vorher ein paar Stunden stark eingezuckerte Ananas benutzen, beide Arten müssen aber gut abgetropft und gleichmäßig zugeschnitten sein und etwas über die Tortenscheiben hervorragen.

27. Allianztorte I. 375 Gramm feinstes Weizenmehl, 250 Gramm Kartoffelmehl, 500 Gramm gesiebter Zucker, 500 Gramm Butter, 1/4 Liter dicker süßer Rahm, 5 Eier, 4 Eidotter.

Man rühre die Butter zu Schaum und dann, nach und nach, zuerst die Eidotter und hierauf die ganzen Eier dazu und zwar so, daß Ei oder Dotter immer recht glatt verrührt sein muß, ehe man ein anderes hinein giebt und thue hernach ebenso den Zucker und beiderlei Mehl löffelweise daran und wenn nun alles zu einem feinen Teig verrührt ist, gießt man unter fortwährendem Rühren tropfenweise den Rahm hinzu. Vorher schon hat man große weiße Papierbogen genau nach einem glatten runden Tortenblech geformt, indem man das vorstehende Papier nach innen rund um sich selbst zu einem Rand aufwickelt und so fünf gleich große, mit einem Rand umgebene runde Papierboden erhält, die man mit Butter bepinselt und auf jeden kleinfingerdick von dem Teig streicht, sie dann auf ein Backblech zieht und die Kuchen in mäßig heißem Ofen zu hochgelber Farbe backt. Nach dem Erkalten schneidet man sie recht glatt und rund, legt sie übereinander und bestreicht jeden, mit Ausnahme des oberen, welcher mit einer Zuckerglasur überzogen worden, mit einer dicken Crême, am besten Vanille=Crême oder Liqueur=Crême, kann aber auch statt Crême Gelee oder Marmelade nehmen.

Vanille=Crême. ½ Liter süßer Rahm, 125 Gramm gesiebter Zucker, ½ Schote Vanille, 20 Gramm aufgelöste Gelatine, 6 Eidotter.

Man koche die Vanille einige Minuten in dem Rahm, decke ihn dann fest zu und stelle ihn kalt. Verrühre nun Eidotter und Zucker recht schaumig, gieße hierauf den Rahm durch eine Serviette unter kräftigem Schlagen dazu, bringe das Ganze aufs Feuer, schlage es, bis es zu steigen beginnt und mische jetzt die Gelatine darunter.

Liqueur=Crême. ½ Liter heißer süßer Rahm, 150 Gramm gesiebter Zucker, 20 Gramm aufgelöste Gelatine, 6 Eidotter, ½ Deciliter süßer Liqueur, am besten Marasquino oder Vanille = Liqueur oder für Herren = Diners auch Punschextrakt.

Man rühre Zucker und Eidotter zu Schaum, gebe den heißen Rahm dazu und schlage es auf dem Feuer bis zum Steigen; nehme es nun vom Feuer, ziehe sogleich die Gelatine darunter, fahre mit dem Schlagen fort, bis die Crême sich verdickt und füge dann den Liqueur hinzu. — Ausgezeichnet.

28. Allianztorte II. 500 Gramm Mehl, 375 Gramm Butter, 10 Eßlöffel süßer Rahm, 3 Eßlöffel Franzbranntwein, 4 Eidotter.

Man bereite daraus einen Teig und schneide, nachdem er ausgerollt ist, drei runde Kuchen daraus, backe sie schön bräunlich und lege sie übereinander, indem man den ersten mit Confitüren, den zweiten mit Vanille = Crême und den dritten mit Citronenglasur bestreicht.

Vanille=Crême. ½ Liter Milch, 8 Gramm Vanille, 75 Gramm Zucker, 60 Gramm feinstes Mehl, 2 Eier, 2 Eidotter.

Man lasse die Milch mit der Vanille aufkochen und dann, zugedeckt erkalten, füge Mehl, Zucker, Eier und Eidotter hinzu, rühre es über dem Feuer zu einer dicken Crême und gebe zuletzt den Schnee der zwei Eiweiß dazu.

29. Allianztorte aus Blätterteig. Teig. 500 Gramm feinstes Mehl, 500 Gramm Butter, ¼ Liter Wasser, 1 Ei.

Man siebe das Mehl auf das Backbrett, mache in die Mitte eine Vertiefung und gebe das Ei und nach und nach das Wasser hinein, knete das Ganze zum Teige und verfahre übrigens nach Blätterteig Nr. 2 (S. Teige), rolle ihn dann halbfingerdick aus und schneide ihn zu zwei runden Platten, lege sie auf ein angefeuchtetes Backblech, durchsteche sie hie und da mit einer Messerspitze, damit sie beim Backen keine Blasen bekommen und backe sie in gut geheiztem Ofen zu schöner Farbe; bestäube sie mit gesiebtem Zucker und stelle sie noch einmal in den Ofen, bis sie glänzend glasirt sind. Bestreiche nun die eine Platte mit einer be= liebigen Crême (S. Nr. 27), thue die andern darüber und gebe eine Glasur da= rauf. Besonders zu empfehlen ist folgende Crême: Man presse 500 Gramm gut reife Himbeeren durch ein Haarsieb, verrühre sie mit 100 Gramm gesiebtem Zucker und stelle sie zugedeckt bei Seite. Rühre dann 100 Gramm gesiebten Zucker mit sechs Eidottern zu Schaum, füge nach und nach ½ Liter süßen Rahm hinzu und schlage die Masse über gelindem Feuer gut ab, bis sie zu steigen anfängt. Nehme sie nun vom Feuer und ziehe sogleich 20 Gramm aufgelöste Gelatine darunter, schlage weiter, bis die Crême dicklich wird und mische dann die Himbeeren dazu, kann statt derselben auch Walderdbeeren benutzen.

30. Amerikanischer Kuchen (Sponge-Cake).
500 Gramm feines Mehl, 500 Gramm fein geriebener Zucker, fein gehackte Schale einer Citrone, 12 Eier.

Man gebe Zucker und Eier in einen ziemlich großen Topf, stelle diesen ins Bain-Marie und schlage die Masse mit der Schneeruthe, bis sie warm und recht dick geworden ist; nehme den Topf dann aus dem Wasser und fahre mit dem Schlagen bis zum Erkalten fort, worauf man das Mehl und die Citronenschale, mittels eines Holzlöffels leicht darunter rührt, die Masse in eine mit Butter leicht bestrichene und mit Mehl leicht bestäubte Form füllt und in einem mäßig heißen Ofen, eine Stunde backt, auf ein Sieb stürzt und erkalten läßt.

*31. Auflegekuchen (Quatre-Quarts).
250 Gramm Mehl, 250 Gramm Zucker, woran eine halbe Citrone abgerieben worden, 250 Gramm Butter, 4 Eier.

Man lasse die Butter schmelzen, gieße sie dann ab, damit das Unreine zurück bleibe und gebe, wenn sie abgekühlt ist, Zucker, Mehl und Eier dazu, verrühre es gut und backe, bei mittler Hitze, drei hellgelbe Kuchen daraus. Bestreiche, nachdem sie erkaltet sind, zwei derselben mit Gelee oder Marmelade, lege sie aufeinander und besiebe den obern mit Zucker. — Sehr gut und haltbar.

32. Apostelkuchen (Brioche).
1½ Kilo Mehl, 250 Gramm frische Butter, 80 Gramm Zucker, eine Messerspitze Salz, 100 Gramm Hefe, ¼ Liter Milch, 16 Eier.

Man rühre von 250 Gramm Mehl, Hefe und Milch, ein Hefenstück an und lasse es, nachdem man es mit Mehl unterstreut und überstäubt hat, an einem warmen Orte aufgehen. Dann pflücke man in das übrige Mehl die Butter in kleinen Stückchen, gebe es auf das Backbrett und mache in die Mitte eine Grube, schlage die Eier hinein, füge Zucker und Salz hinzu und verarbeite nun Alles, von der Mitte aus beginnend, mit den Händen zu einem glatten Teig und zwar so lange, bis er sich hoch in die Höhe ziehen läßt. Hierauf thut man das gut aufgegangene Hefenstück dazu, wirkt Beides, indem man ein wenig zurück gelassenes Mehl zur Hülfe nimmt, gut durch und formt es zu einem halbrunden Brot, bestäubt es ringsum mit Mehl, thut es in eine mit Mehl bestäubte Serviette und bindet diese darüber zusammen, doch muß dabei Raum zum Aufgehen bleiben, legt sie mit dem Knoten unten, in eine Schüssel, stellt sie an einen warmen Ort und läßt den Teig, zwölf Stunden lang, unberührt zum Aufgehen stehen. Danach knetet man ihn auf dem Backbrett nochmals leicht durch, schneidet ein Drittel davon ab und wirkt von dem Reste ein rundes Brot aus, legt dies über fett gebuttertes Papier auf ein Backblech, macht oben eine Vertiefung und bestreicht sie mit verklopftem Ei. Den übrigen Teig formt man in der Gestalt eines Eies und stellt es, mit der Spitze nach oben in die Vertiefung des Brotes, drückt es gut passend hinein und bestreicht den ganzen Kuchen mit verklopften Eiern, schiebt ihn sogleich in den Ofen und backt ihn anderthalb Stunden, zu schöner, brauner Farbe. — Dieser ganz vorzügliche Kuchen, muß äußerst locker sein.

3. Blätterteigtor te.

Man rolle Blätterteig halbfingerdick aus und schneide ihn zu einer runden Platte von etwa 30 Centimeter Durchmesser und aus der Mitte dieser Platte, eine von 27 Centimeter Durchmesser, die man dann wieder auf 30 Centimeter ausrollt, halbfingerdick mit eingemachten Früchten, besonders Marmelade, belegt, jedoch nicht ganz bis zum Rande hin, wegen des dort aufzulegenden, von der Platte abgeschnittenen Reifs und nun ein Gitter darüber macht. Dazu rollt man von dem übrig gebliebenen Teig aus, rädelt ihn mit dem Backrädchen zu schmalen Streifen und legt davon zuerst in die Mitte zwei Streifen über Kreuz, dann an jede Seite des ersten Streifens einen Streifen und an jede Seite des zweiten Streifens auch einen Streifen und fährt so abwechselnd fort, bis die Torte ganz überflochten ist, stutzt die Streifen, wo sie überstehen, ab, legt den Reif auf, bestreicht sämmtlichen Teig mit verklopftem Ei und backt die Torte bei nicht zu starker Hitze.

Statt eingemachter Früchte kann man als Fülle auch Aepfel nehmen, ganz fein geschnitzelt und mit Zucker, Zimmet, Korinthen, Mandeln und Citronenschale vermischt und auch kann die Torte ohne Fülle, nur mit dem Reif versehen, gebacken und hernach Confitüre, feines Compot oder eine Crème darauf gegeben werden, dann aber muß man die Platte mit der Messerspitze leicht stupfen, damit sie beim Backen keine Blasen bekomme.

34. Blätterteigtorte mit Rahmschnee und Erdbeeren. Teig. 500 Gramm Mehl, 375 Gramm ungesalzene Butter, 1 Eßlöffel Wasser, 1 Eßlöffel Rum.

Man gebe die Hälfte der sehr kalten und eine Stunde vorher geschmeidig gearbeiteten, gut abgetrockneten Butter in die Mitte von drei Vierteln des Mehls — der vierte Theil bleibt zum Ausrollen —, gieße Wasser und Rum dazu und verknete Alles gut zu einem sammetartigen Teig, den man zusammen macht und über Nacht recht kalt stellt. Am andern Tag rollt man den Teig von sich abwärts zu einem länglichen, vereckigen Kuchen aus und bestreicht ihn von der zurückbehaltenen Butter wie ein fettes Butterbrot, schlägt ihn einfach zusammen, rollt ihn wieder aus, bestreicht ihn wieder, schlägt ihn wieder vierfach zusammen und fährt so fort, bis die Butter verbraucht ist, worauf man ihn eine Stunde ruhen läßt. Dann wird er ausgerollt und indem man die Tortenschüssel darauf legt, zu einem runden Kuchen ausgeschnitten, dessen Rand man mit ein wenig Wasser anfeuchtet und einen stark fingerbreiten Teigstreifen darauf legt, den man ebenfalls mit Wasser bestreicht und darüber einen zweiten Streifen legt, den man mit verklopftem Ei bestreicht, das Innere der Torte mit ½ Liter trockenen Erbsen füllt und sie eine halbe Stunde, auf einen Dreifuß gestellt, in wohl durchheiztem Ofen backt. Nach dem Herausnehmen lasse man sie ein wenig auskühlen, nehme die Erbsen vorsichtig heraus, setze die Torte auf Spitzenpapier und wenn sie gänzlich erkaltet ist und servirt werden soll, so fülle man ¾ Liter Rahmschnee (Schlagsahne) mit 125 Gramm Vanillezucker — 125 Gramm Zucker, eine Stange Vanille — gewürzt und mit 1 Liter schönen, trockenen, hochrothen Erdbeeren vermengt hinein und lasse sofort auftragen. — Sehr zu empfehlen.

35. Bröseltorte I. 280 Gramm Zucker, 280 Gramm fein geriebene Mandeln, 140 Gramm geriebene und durchgesiebte Milchbrötchen, abgeriebene Schale einer Citrone, 12 Eier.

Man rühre Mandeln und Zucker mit den Eidottern gut ab, füge dann Milchbrötchen und Citronenschale hinzu und wenn dies abermals gut verrührt ist, so ziehe man den Schnee der Eiweiß darunter und gebe die Masse in eine gebutterte und mit gestoßenen Mandeln ausgestreute Form, backe sie langsam gar und gelb, bestreiche sie, erkaltet, mit einer beliebigen Marmelade und siebe Zucker darüber.

36. Bröseltorte II.
180 Gramm Mehl, 125 Gramm feine Butter, 90 Gramm geriebenen Zucker, 90 Gramm geriebene Mandeln, fein gehackte Schale einer halben Citrone, 3 Eier.

Man thue das Mehl auf das Backbrett, arbeite es mit allen Ingredienzen gut zusammen und theile den Teig in zwei Stücke. Treibe den einen zu einem runden Kuchen auf, kneipe ringsherum einen kleinen Rand und schneide oder rädele den andern zu querfingerbreiten Streifen. Belege den Kuchen nun mit einem feinen Compot, ohne Saft, z. B. in Zucker mit Citronenschale gedämpften Apfelscheibchen oder dergleichen, mache von den Streifen ein Gitter darüber, bestreiche es mit Ei und lasse langsam backen.

37. Bandtorte.
500 Gramm feinstes Mehl, 500 Gramm fein gesiebter Zucker, 500 Gramm frische Butter, abgeriebene Schale einer Citrone, 16 Eier.

Man zerlasse die Butter, gieße sie in eine tiefe Schüssel ab, damit alles Salz zurück bleibe und rühre sie, wenn sie geronnen ist, zu Schaum und den Zucker dann gut darunter; hierauf nach und nach die Eidotter und die Citronenschale. Die Eiweiß werden zu Schnee geschlagen, mit dem Mehl allmählich dazu gethan und so lange gerührt, bis der Teig Blasen wirft. Nun bestreicht man eine, mit Kohlendeckel versehene Tortenpfanne mit Butter, legt ein mit Butter dünn bestrichenes Blatt Papier darüber und streicht, stark messerrückenhoch, von dem Teig darauf, giebt auf den Deckel glühende Kohlen und unter die Tortenpfanne gelinde Hitze — auf der Heerdplatte —, bis diese Teiglage hellbräunlich ist. Dann nimmt man die Tortenpfanne auf den Backtisch, streicht wieder messerrückendick Teig darauf, setzt den Kohlendeckel wieder darüber und erhält das Kohlenfeuer auf dem Deckel, so daß der neu aufgestrichene Teig wieder gar backt und Farbe nimmt und fährt so fort, bis er verbraucht ist. Die erkaltete Torte wird von dem Papier genommen, sauber beschnitten, mit einem beliebigen Guß versehen und mit eingemachten Früchten verziert. — Zum Thee servirt man sie gern aufgeschnitten, weil sich da das Streifige hübsch zeigt.

*38. Brauttorte.
Teig. Mehl, Butter, Zucker, fein gestoßene Mandeln, von jedem 500 Gramm, die abgeriebene Schale einer Citrone, 12 Eier.

Fülle. 125 Gramm frische feine Butter, 125 Gramm geriebener Zucker, die abgeriebene Schale einer Citrone, der Saft von 4 Citronen, 4 Eidotter.

Man rühre die Butter zu Schaum, gebe unter stetem Rühren ein Ei, einen Eßlöffel Zucker, einen Eßlöffel Mehl, einen Eßlöffel Mandeln und die Citronenschale, nach und nach und nicht zu rasch auf einander dazu und wenn Alles darin ist, so rühre man noch eine Viertelstunde und backe dann vier Kuchen goldgelb daraus, entweder in Springform oder man schneide, in der gewünschten Größe, runde Papierblätter, bestreiche sie mit Butter, lege sie auf Backbleche und vertheile die Masse darauf.

Zur Fülle lasse man die Butter auf schwachem Feuer schmelzen, füge dann den Zucker und das Uebrige hinzu und rühre es stark, bis es dicklich wird. Nehme es nun rasch vom Feuer und rühre noch eine Weile, bestreiche damit drei Kuchen und lege alle vier Kuchen übereinander. Andern Tags schneide man den Rand mit scharfem Messer glatt und bedecke den oberen Kuchen mit einem Guß aus 125 Gramm feinstem, durchgesiebtem Zucker, den man mit dem Safte einer Citrone verrührt, dann theelöffelweise ein zu Schaum geschlagenes Eiweiß dazu giebt und so lange rührt, bis der Guß schneeweiß ist. — Diese vortreffliche, haltbare Torte kann mehrere Tage vor dem Gebrauche gebacken werden, ja es ist selbst besser.

39. Böhmische Torte. 300 Gramm Kartoffelmehl, 500 Gramm Zucker, 1 Citrone, 20 Eier.

Man reibe die Schale der Citrone an dem Zucker ab, stoße ihn sehr fein und rühre ihn mit den Eidottern eine Stunde lang zu einer ganz weißen schaumigen Masse, wonach man das Mehl und den Saft der Citrone langsam darunter rührt und endlich den festen Schnee von sechszehn Eiweiß; fülle es augenblicklich in die mit ungesalzener Butter sehr sorgfältig und fett ausgestrichene und mit gesiebtem Zwieback ausgestreute Form, backe die Torte wie Biscuit und gebe nach Erkaltung eine Punschglasur darüber.

40. Brennende Torte (Vesuv).

Man nimmt dazu am besten eine in Schneckenform (Gugelhopfform) gebackene Brottorte, doch ist auch eine Zwieback- oder Biscuittorte geeignet, die man, eben vor dem Serviren, gut mit Arak tränkt und beim Aufstellen mit einem langen Fidibus anzündet.

41. Baisertorte.

Man lege eine flache Tortenform, am besten Springform, mit einem dünnen Boden von Blätterteig aus, backe ihn hellgelb und lasse ihn erkalten. Schlage dann acht Eiweiß zu sehr festem Schnee, ziehe 170 Gramm fein gesiebten Zucker, an dem man etwas Citronenschale abgerieben hat, langsam darunter und bestreiche den Boden der Torte mit eingemachten Johannisbeeren, gebe den Schnee darauf, übersiebe ihn mit Zucker und backe eine Viertelstunde lang, bis der Schnee ganz durchzogen ist und die Farbe wie Biscuit hat.

42. Baisertorte mit Rahmschnee. 500 Gramm fein gesiebter, mit etwas Vanille vermischter Zucker, 12 Eiweiß, 1 Citrone, 1 kleine Prise Salz.

Man schlage Eiweiß und Salz so lange sanft mit der Schneeruthe, bis die Masse sehr schaumig ist und beginne dann rascher zu schlagen, bis man einen festen und steifen Schnee hat, dem man unter fortwährendem Schlagen eine Handvoll von dem Zucker mit dem Safte einer Citrone beifügt und nun mit Hülfe eines großen Löffels den übrigen Zucker, in sehr kleinen Theilen, ganz leicht, damit der Schnee nicht zusammenfällt, hinein giebt. Von dieser Masse nun formt man auf einem mit Papier belegtem Backblech drei gleich große runde Böden, welche man bei mäßiger Hitze zu biscuitgelber Farbe backt und dann an warmer Stelle gut austrocknen läßt. Bestreiche dann den einen Boden zwei Querfinger hoch mit Rahmschnee (Schlagsahne), gebe den zweiten darauf, über diesen wieder eben so hoch Rahmschnee und darüber den dritten Boden, den man mit eingemachten Früchten decorirt.

43. Gefüllte Baisertorte.

Man schlage zehn Eiweiß zu festem Schnee, vermische ihn mit 500 Gramm gesiebtem Zucker und einem Eßlöffel Stärkemehl und streiche von dem größeren Theil eine runde, fingerdicke Platte auf Oblaten. Den Rest fülle man in eine Spritze, spritze damit, ebenfalls auf Oblaten, einen Kranz in Größe der Platte und backe Beides in einem sehr mäßig warmen Ofen; nehme es hierauf von den Oblaten, lege die Platte über Spitzenpapier auf eine Schüssel, den Kranz darauf und fülle das Innere mit Rahmschnee oder mit Gefrorenem. — Ungarn.

*44. Brottorte I. 125 Gramm Schwarzbrot, 375 Gramm fein geriebener Zucker, 250 Gramm nicht abgezogene, fein geriebene Mandeln, 60 Gramm fein geschnittene Succade, etwas abgeriebene Citronenschale, fein gestoßener Zimmet und Gewürznelken, 12 Eier, etwas Rothwein und Arak.

Man röste das Schwarzbrot, befeuchte es mit dem Wein und lasse es etwas antrocknen. Rühre dann die Eidotter mit dem Zucker eine halbe Stunde, füge hierauf Mandeln, Succade, Citronenschale, Gewürz, das Brot, einen kleinen Guß Arak und zuletzt den Schnee der Eiweiß dazu, backe die Torte eine Stunde lang und gebe, wenn sie erkaltet ist, einen Guß darüber, zu dem man 125 Gramm gesiebten Zucker mit einem Eiweiß recht gut verrührt und dann 30 Gramm fein geriebene Chocolade, etwas Citronensaft und auch etwas Arak daranthut. — Sehr gut, kräftig und haltbar und ebenso die folgende, besonders empfehlenswerthe.

*45. Brottorte II. 90 Gramm altbackenes geriebenes Schwarzbrot, 125 Gramm fein gestoßener Zucker, 60 Gramm abgezogene, fein gestoßene Mandeln, eben so viel fein geschnittene Succade, etwas an Zucker abgeriebene Citronenschale, 5 gestoßene Gewürznelken, 6 Eier.

Man rühre die Eidotter mit dem Zucker recht schaumig, füge das Brot und die übrigen Beigaben hinzu und verrühre es kräftig; gebe zuletzt den steifen Schnee der Eiweiß hinein, fülle es in die Form und backe die Torte in mäßiger Hitze, kann auch einen Guß, wie bei der vorhergehenden, oder einen einfachen Zuckerguß darüber machen. Aus Graubrot bereitet, ist sie ebenfalls recht gut.

*46. Gefüllte Brottorte. 125 Gramm gedörrtes, fein gestoßenes Schwarzbrot, 125 Gromm nicht abgezogene, fein gestoßene Mandeln, 210 Gramm Zucker, 60 Gramm Succade, 60 Gramm candirte Pomeranzenschale, beides fein geschnitten, 1 Citrone, $1/2$ geriebene Muskatnuß, 1 Messerspitze Gewürznelken, 1 gestrichener Theelöffel Zimmet, 14 Eier, Wein, Rum, Marmelade.

Man verrühre Eidotter, Zucker und Mandeln recht schaumig und gebe dann Succade, Pomeranzenschale, Citronenschale und Gewürz dazu, worauf man das mit etwas Wein und Rum angefeuchtete Schwarzbrot und den steifen Schnee der Eiweiß leicht unter die Masse mengt, welche man nun in zwei gleich große Formen und drei Viertelstunden zu schöner Farbe backt. Dann, nachdem sie erkaltet sind, vermische man eine beliebige Marmelade, jedoch vorzugsweise Aprikosen-Marmelade, mit einem Liqueurglas Rum und bestreiche den einen Kuchen damit, decke den andern darüber und gebe folgende Glasur darauf. Man lasse 125 Gramm Chocolade und 125 Gramm Zucker in $1/8$ Liter Wasser einige Mal aufkochen und rühre es dann über dem Feuer so lange, bis es Fäden zieht, glacire die Torte damit und stelle sie so lange in den Ofen, bis die Glasur eine Haut gezogen und einen schönen Glanz erhalten hat.

47. Biscuittorte. 250 Gramm Zucker, 150 Gramm feinstes Mehl, 8 sehr frische Eier.

Die acht Eidotter werden nach und nach in den sehr fein gesiebten Zucker und dann noch eine halbe Stunde gerührt, wonach man zuerst das zu festem Schnee geschlagene Weiß der Eier und hierauf das Mehl leicht darunter zieht. Nun bestreicht man die Form mit zerlassener Schmelzbutter, stürzt sie um, damit das überflüssige Fett abfließe, bestäubt sie stark mit sehr fein gesiebtem Zucker und stürzt sie wieder um, daß der überflüssige Zucker abfalle und wiederholt dies Bestäuben nach einigen Minuten. Fülle die Masse, so wie sie fertig gerührt ist, augenblicklich langsam ein und stelle sie auf ein halbfingerdick mit Asche überstreutes Backblech, setze sie in einen abgekühlten Ofen und backe sie eine Stunde lang. Nehme sie dann vorsichtig heraus und thue sie behutsam auf ein Sieb, damit sie auch von unten auskühle. — Von einem Wiener Koch.

48. Biscuittorte (Baba). 150 Gramm Kartoffelmehl, 50 Gramm feinstes Weizenmehl, 275 Gramm fein gesiebter Zucker, ein 10 Centimeter langes Stückchen Vanille, 14 Eier.

Man rühre den Zucker mit den Eidottern eine halbe Stunde, dann beide Sorten Mehl und die Vanille dazu und zuletzt den steifen Schnee der Eiweiß, gebe die Masse nun sogleich in eine gut gebutterte und mit gesiebtem Zwieback bestreute Schneckenform und backe die Torte anderthalb Stunden.

49. Biscuittorte mit Himbeeren und Erdbeeren. 200 Gramm feinstes Mehl, 250 Gramm gesiebter Zucker, 3 starke, mit 3 Eßlöffeln Zucker verrührte Eßlöffel Himbeeren oder Erdbeeren, 6 Eier, 6 Eidotter.

Man verrühre Zucker, Eier und Eidotter, eine halbe Stunde lang und gebe dann das Mehl dazu; schlage hierauf drei Eiweiß zu Schnee, nehme Himbeeren oder Erdbeeren dazu und wenn auch dies recht steif geschlagen ist, so rühre man es leicht unter die Mehlmasse, fülle es in eine mit Butter bestrichene Form und lasse backen.

50. Biscuittorte mit Johannisbeeren. 250 Gramm Zucker, 190 Gramm feinstes Mehl, 1 Citrone, 6 Eier, 6 Eidotter.

Man rühre den Zucker mit Eiern und Eidottern eine Viertelstunde und füge die auf dem Reibeisen abgeriebene Schale der Citrone und hierauf das Mehl hinzu, welches man nur eben einrühren darf. Bestreiche nun eine Schneckenform mit Butter, bestreue sie mit gesiebtem Zwieback und fülle sie mit der Masse halb voll, gebe eingemachte Johannisbeeren, ohne viel Saft darauf, den Rest der Masse darüber, und bringe es gleich in den Ofen, weil die Beeren sich sonst setzen und die Torte speckig wird.

51. Biscuittorte mit Chocolade. Wie die vorige, doch nimmt man nur 125 Gramm Mehl und 75 Gramm geriebene Chocolade.

52. Biscuittorte mit Rahmschnee. 280 Gramm feinstes Mehl, 280 Gramm fein gesiebter Zucker, 10 Eier, ½ Liter Rahmschnee (Schlagsahne).

Man schlage das Eiweiß zu möglichst steifem Schnee und schlage dann, mit dem Schneebesen, sofort die Eidotter und hierauf das Mehl hinein und backe die Masse langsam in einer flachen Form, thue sie auf eine Schüssel und wenn sie erkaltet ist und servirt werden soll, so steche man in der Mitte eine Höhlung aus, fülle diese hochgehäuft mit dem Rahm und garnire den Rand, je nach der Saison, mit eingemachten oder frischen Früchten, besonders mit überzuckerten Erdbeeren oder Mandarinen (En chemise).

53. Nienburger Biscuittorte. 250 Gramm fein gestoßene und durchgesiebte Weizenstärke, 500 Gramm fein gesiebter Zucker, 1 Citrone, 20 Eidotter, 10 Eiweiß. Stärke und Zucker müssen, zum völligen Trocknen und Warmwerden, an eine warme Stelle gesetzt werden.

Man schlage nun das Eiweiß zu so festem Schnee, daß er sich schneiden läßt, wonach er aber nicht mehr geschlagen werden darf, sondern man schlägt mit der Schneeruthe sofort die Eidotter, die an Zucker abgeriebene, fein gestoßene und fein gesiebte Schale der Citrone, ihren Saft, sowie nach und nach den Zucker hinzu und schlägt es fortwährend recht stark, wenigstens eine Viertelstunde lang. Dann wird die Masse in kochendes Wasser gestellt, so lange geschlagen, bis sie milchwarm geworden ist und jetzt erst die Stärke hinein gestreut, so rasch wie möglich in die Masse geschlagen und eben so rasch, ohne auch nur eine Minute zu stehen, in eine gut ausgestrichene und ausgestreute Form gethan, sofort in den Ofen gesetzt und bei guter Mittelhitze von oben und unten, stark eine Stunde lang gebacken. Um das zu frühe Gelbwerden der Torte zu verhüten, bedecke man sie in der ersten halben Stunde mit einem gebutterten Papier, doch so, daß es beim Aufgehen der Torte dieselbe nicht berühren kann.

54. Italienische Biscuittorte. 350 Gramm feines Mehl, 500 Gramm fein gesiebter Zucker, 10 Eier, 12 Eidotter.

Man schlage Eier und Dotter recht schaumig und streue während dessen den Zucker hinein, ziehe dann, wenn dies eine Stunde gerührt worden, das Mehl sehr vorsichtig, damit die Masse nicht zusammen fällt, nach und nach darunter und fülle es sogleich in die mit Butter ausgepinselte und mit gesiebtem Zwieback besiebte Form, bringe diese auch sogleich in den mäßig geheizten Ofen und lasse sie stark drei Viertelstunden lang backen. Stelle die Torte nun einige Minuten auf den Tisch, stürze sie sehr langsam auf eine gerade, glatte Tortenschüssel und wenn sie vollständig erkaltet ist, so steche man aus der Mitte und im Kranze rings um dieselbe, mit einem scharfen Ausstecher in Größe eines Weinglases und in ganz gleichmäßigen Zwischenräumen, Stücke heraus, so daß die Torte bis auf den Grund gehende runde leere Räume hat, welche man, nachdem die also durchlöcherte Torte mit einer weißen Zuckerglasur überzogen worden, mit einem erkalteten sehr schaumig und steif gekochten chaudeau von Madeira füllt.

Chaudeau. 2 Eier, 4 Eidotter, 125 Gramm gesiebter Zucker, 1/4 Liter Madeira, 1 Citrone, 1 paar Messerspitzen Kartoffelmehl.

Man rühre Eier und Dotter mit dem Zucker recht klar, gebe dann Saft und Schale der Citrone, letztere am Zucker abgerieben und das Kartoffelmehl dazu und schlage es über dem Feuer mit der Schneeruthe bis vors Kochen. — Aus Rom und soll ein Lieblings-Backwerk der Königin Margherita sein.

55. Savoyarder Biscuittorte. 180 Gramm feines Mehl, 250 Gramm gesiebter Zucker, 8 Gramm Zimmet, 1 Citrone, 8 Eier.

Man röste das Mehl in einem neuen irdenen Geschirr über gelindem Feuer hellbraun und gebe es mit dem fein gestoßenem Zimmet durch ein Haarsieb. Rühre den Zucker mit den Eidottern und der am Zucker abgeriebenen Citronenschale eine Viertelstunde und ziehe den Schnee der Eiweiß darunter, wonach man Mehl mit Zimmet langsam hinein rührt, die Masse in die Form füllt und in einem Kohlenofen backt.

*56. Russische Biscuittorte. 185 Gramm feines Mehl, 375 Gramm Zucker, 185 Gramm zerlassene, ungesalzene Butter, 30 Gramm fein gehackte bittere Mandeln, 8 Eiweiß.

Man rühre Zucker und Eiweiß eine Stunde, hierauf Mehl und Mandeln und zuletzt die Butter dazu und lege den Boden einer gebutterten Form mit breitgeschnitzten Mandeln aus, fülle die Masse ein und backe sie eine Stunde lang in mäßiger Hitze. Ist, wenn man sie einige Tage an einem kühlen trockenen Orte aufbewahrt hat, wohlschmeckender, als gleich nach dem Backen.

57. Französische Biscuittorte.
200 Gramm feines Mehl, 250 Gramm fein gesiebter Zucker, 30 Gramm Succade, 30 Gramm candirte Pomeranzen=schale, beides feinwürfelig geschnitten, 1 Ei, 6 Eidotter.

Man rühre Ei, Eidotter und Zucker eine halbe Stunde und ziehe dann das Mehl vorsichtig darunter, füge Succade und Pomeranzenschale hinzu, fülle die Masse in eine länglich viereckige, gebutterte Form, wie man sie für Anisbrot hat und backe sie in mäßiger Hitze, stürze sie und wenn sie erkaltet ist, so überziehe man sie mit einer Punschglasur.

58. Amerikanische Biscuittorte.
12 Eier, das Gewicht der Eier an Zucker, das halbe Gewicht an Mehl, Saft und Schale einer Citrone.

Man schlage die Eidotter recht schaumig und gebe dann zuerst den fein gesiebten Zucker dazu, hierauf Saft und am Zucker abgeriebene Schale der Citrone, den Schnee der Eiweiß und zuletzt, sehr leicht, das Mehl darunter und backe die vortreffliche Torte bei gleichmäßiger Hitze, wie anderes Biscuit, aber in einer länglich viereckigen Form, 25 Centimeter lang, 13 Centimeter breit, 12 Centimeter hoch, welche man mit einem gebutterten Papier ausgelegt und, damit sie nicht braun wird, mit Papier bedeckt hat. — New=York.

59. Butterbiscuittorte.
250 Gramm feines Mehl, 250 Gramm fein gesiebter Zucker, 250 Gramm Butter, 1 Citrone, 10 Eier.

Man rühre den Zucker mit den Eidottern eine Viertelstunde und dann die leicht abgerührte Butter, abgeriebene Schale und Saft der Citrone, das Mehl und zuletzt den Schnee der Eiweiß dazu, fülle es in die Form, am besten Schnecken=form und backe die Torte in mäßiger Hitze.

60. Biscuitroulade.
125 Gramm Zucker, an dem etwas Citronen=schale abgerieben worden, 100 Gramm Mehl, eine Prise Salz, 6 Eier.

Man verrühre den fein gesiebten Zucker mit den Eidottern und dem Salz zu einer schaumigen Masse und ziehe den Schnee der Eiweiß und das Mehl darunter, streiche den Teig messerrückendick auf ein gebuttertes Backblech und backe ihn bei mäßiger Hitze goldgelb. Löse den Kuchen mit einem langen dünnen Messer nun ab, schneide ihn glatt, kehre ihn um und bestreiche ihn mit einer beliebigen Marmelade, wonach man ihn zusammenrollt, noch einige Minuten in den Ofen stellt und hernach mit Citronenglasur bestreicht. Beim Gebrauche schneidet man die Roulade in fingerdicke Scheiben und legt sie kranzförmig, immer eine etwas über die andere, auf eine runde Schüssel, kann sie aber auch zu einer vortrefflichen Mehlspeise benutzen, indem man sie auf eine tiefe Schüssel giebt und in die Mitte eine dick=flüssige Sauce, am besten Weinschaumsauce (Chaudeau.)

61. Braunschweiger Kuchen.
500 Gramm Mehl, 180 Gramm Butter, 30 Gramm Zucker, 125 Gramm Korinthen, eben so viel Rosinen, die abgeriebene Schale einer halben Citrone, etwas Muskatnuß, 30 Gramm Hefe, 1/2 Liter Milch, 3 Eier.

Man nehme das Mehl auf das Backbrett, mache in die Mitte eine Grube und zupfe die Butter hinein, gebe alles Uebrige mit Ausnahme der Korinthen und Rosinen dazu und verarbeite es zu einem Teige, dem man dann die Korinthen noch beifügt. Rolle ihn nun kleinfingerdick aus, schneide ihn zu einer runden

Platte, lege um den Rand, etwas einwärts, die Rosinen und schlage den äußeren Rand darüber, so daß eine Art Wulst entsteht. Hierauf wird das Innere des Kuchens, seiner Länge nach und zwei Querfinger breit auseinander, in erhabenen Streifen mit den Fingern gezwickt und man läßt ihn jetzt an einem temperirten Orte langsam gehen, begießt ihn vor dem Backen reichlich mit zerlassener Butter, bestreut ihn stark mit Zucker und Zimmet, backt ihn eine gute Stunde lang bei mittelmäßiger Hitze und servirt den sehr guten Kuchen zu Kaffee oder Thee. — Aus „Der elegante Theetisch", Weimar 1809.

62 Bretagner Kuchen. 500 Gramm Mehl, 250 Gramm brauner Farinzucker, 375 Gramm Butter, 1 Prise Salz.

Man siebe das Mehl auf dem Backbrett zu einem Häuschen und mache in die Mitte eine Grube, gebe die klein gebröckelte Butter, Zucker und Salz dazu und mache den Teig leicht zusammen, durchreibe ihn zwei Mal mit den Ballen der Hände, thue ihn in eine Form und lasse bei sehr mäßiger Hitze backen.

63. Blitzkuchen. 125 Gramm Mehl, 125 Gramm Zucker, 125 Gramm Butter, etwas abgeriebene Citronenschale, 3 Eier.

Man rühre die Butter zu Schaum, dann Zucker, Eidotter und Citronenschale und zuletzt das Mehl zugleich mit dem Schnee der Eiweiß hinein, gebe es in eine flache Form und backe den Kuchen eine Viertelstunde, kann auch zwei solcher Kuchen backen, den einen mit Gelee, Marmelade oder Crême — wovon Reste gut zu benutzen sind — bestreichen und den andern darüber legen.

64. Beschamelkuchen. Mürber Teig. 4 Eßlöffel Mehl, 60 Gramm Butter, Rosinen oder Aepfel und Korinthen, 6 Eier, Milch.

Man lasse das Mehl in der heißen Butter etwas anziehen und rühre es mit kochend heißer Milch zu einem dicken Brei, den man nach dem Abkühlen mit den Eidottern und danach mit dem Schnee der Eiweiß vermischt. Nun legt man in die Kuchenform einen dünnen Boden von Mürbteig, giebt Rosinen oder fein geschnitzelte Aepfel und Korinthen darauf, gießt die Beschamel darüber und backt in mäßiger Hitze.

65. Birnenkuchen.

Man schäle Birnen, entferne das Kerngehäuse und schneide sie in vier bis sechs Theile, dämpfe sie in sehr frischer Butter und thue sie zum Erkalten auf eine Schüssel. Belege eine mit Butter bestrichene Form mit Mürbteig, ordne die Birnschnitze dicht darauf, gebe folgenden Guß darüber und backe den Kuchen schön gelb. Guß. Man verrühre drei Eier mit $\frac{1}{4}$ Liter süßem Rahm, Zucker, etwas Zimmet und einem Eßlöffel gestoßenen Mandeln. Sollte der Guß während des Backens Blasen werfen, so steche man mit einer Gabel hinein, wo sie dann gleich zusammen fallen.

66. Hannoverscher Butterkuchen. Teig. 1 Kilo, 125 Gramm feinstes Mehl, 250 Gramm Zucker, 500 Gramm Butter, 100 Gramm Hefe, eine Citrone, 1 Theelöffel Zimmet, 2 Prisen Cardamomen, 1 Liter Milch.

Zum Bestreuen. 250 Gramm Butter und 350 Gramm, mit 75 Gramm fein gestoßenen Mandeln und etwas Zimmet vermischter Zucker.

Man thue das Mehl auf das Backbrett und mache in die Mitte eine Vertiefung; rühre dann die Hefe in $\frac{1}{2}$ Liter Milch glatt und damit in der Vertiefung ein Hefenstück an, welches man, warm zugedeckt, zu doppelter Höhe aufgehen läßt

Gebe nun Butter, Zucker, Gewürz, Citronenschale und die übrige Milch dazu und vermenge es zu einem Teig, den man, sowie er nicht mehr an den Händen klebt etwa zwölf Mal in die Höhe hebt und leise wieder auf das Backbrett zurück wirft. Hierauf rollt man ihn 1 bis 2 Centimeter dick aus, formt mittelst Daumen und Zeigefinger einen Rand und läßt den Kuchen aufgehen, wonach man die zum Bestreuen bestimmte Butter, in kleine Stückchen zerpflückt, darüber vertheilt, Zucker, Mandeln und Zimmet darauf streut und den Kuchen in guter Hitze backt. Alle Ingredienzen müssen lauwarm sein und man muß den Teig an einem warmen Orte anmengen.

67. Sächsischer Butterzopf. 1 Kilo feinstes Mehl, 500 Gramm ungesalzene Butter, 125 Gramm Zucker, 90 Gramm süße Mandeln und acht bittere, 60 Gramm Hefe, 2 Eßlöffel Rum und soviel Milch, daß es ein nicht zu fester Teig wird, den man etwa drei Viertelstunden gehen läßt und dann zwei Brötchen daraus macht, eins von zwei Dritteln, das andere von einem Drittel.

Man theile nun das erste wieder in drei Theile und rolle sie mit den Händen in reichlich daumendicke, an den Enden etwas spitz zulaufende Rollen aus, die man zu einem Zopf flicht und ihre Enden unten und oben zum Kranze zusammendrückt. Den kleineren Theil behandelt man jetzt ebenso und legt diesen dünneren Zopf oben auf den ersten und beide zusammen dann auf ein mit Butter bestrichenes Backblech. Bestreicht diesen Doppelzopf mit Eiweiß, bestreut ihn mit gehackten Mandeln und stellt ihn während 20—25 Minuten in eine Röhre, welche nicht Backhitze hat, aber wärmer ist, als man sonst zum Gehen von Teigen annimmt, worauf man ihn in die wohl durchheizte, eigentliche Backröhre setzt und eine gute halbe Stunde backen läßt. Er muß hochgelb oder ganz hellbraun sein und wird reichlich mit heißer Butter begossen und stark mit Zucker bestreut. — Sehr gut und eine Zierde für Kaffe= oder Theetisch.

68. Schlesische Bauernbissen. 2½ Kilo Weizenmehl, ¹/₈ Liter Honig, ⁸/₈ Liter Wasser, Zimmet, Gewürznelken und Fenchel nach Geschmack.

Man mische und verarbeite dies gut und lasse es über Nacht stehen. Forme dann daumenstarke Würfel daraus, setze sie zu einem Kuchen zusammen und backe ihn bei mäßiger Hitze.

C.

69. Columbustorte. 270 Gramm feines Mehl, 90 Gramm Zucker, 180 Gramm frische Butter, 2 Eßlöffel weißer Wein, 2 Eidotter.

Zum Bestreichen. Mandeln, Zucker, Eiweiß.

Man menge und knete den Teig, rolle ihn mehrmals aus und zuletzt von dem größten Theil eine Platte, die man auf ein Backblech legt, eine Schüssel, so groß wie man die Torte haben will darüber, und den Teig rund herum abschneidet. Dann lege man eine kleine Schüssel darauf, so daß ein stark zwei Querfinger breiter Rand frei bleibt, bestreiche diesen reichlich mit Eiweiß, bestreue ihn gleich mit zerschnittenen und stark mit Zucker vermischten Mandeln und hebe die Schüssel ab. Der übrige Teig wird dünn ausgerollt und man sticht mit einem kleinen Weinglas Kuchen daraus, die noch einmal mit einem Liqueurglas ausgestochen, mit Eiweiß bestrichen und mit der bestrichenen Seite in grob gestoßenen Zucker getaucht werden. Diese Kränzchen legt man nun inwendig an den Mandelrand und eins in die Mitte, backt die Torte bei nicht zu starker Hitze schön gelb und steche während des Backens öfters hinein, damit sie keine Blasen bekomme.

Auch hat man so viel schöne Eier von gleicher Größe, als Kränzchen auf der Torte sind, fünf Minuten gekocht, erkalten lassen, geschält und unten so viel davon geschnitten, daß sie stehen können und stellt nun in jedes Kränzchen der Torte, ein Ei. Beim Serviren halbirt man dann die Eier und legt je eine Hälfte auf je ein Tortenstückchen. — Aus Chicago.

70. Cocosnußtorte. Blätterteig. 1 schöne, große frische Cocosnuß, 125 Gramm Zucker, 150 Gramm Butter, 100 Gramm geriebenes Biscuit 1 Prise Salz, $1/4$ Liter Milch, 6 Eidotter.

Man reibe den inneren weißen Kern der Nuß und koche ihn mit der Milch zu einem ziemlich steifen Brei. Rühre inzwischen die Butter zu Schaum und füge Zucker, Eidotter, Nußmasse, Biscuit und Salz hinzu, fülle es in eine mit Blätterteig ausgelegte Form und lasse eine Stunde backen.

*71. Cadettenkuchen. Teig. 500 Gramm Mehl, 50 Gramm Zucker, an dem die Schale einer Citrone abgerieben worden, 375 Gramm Butter, 8 Eier.

Zum Bestreuen. 50 Gramm Zucker, 1 Theelöffel Zimmet, 50 Gramm gröblich gestoßene Mandeln, Ei.

Man rühre die Butter zu Schaum und hierauf nach und nach Eidotter, Zucker und Mehl hinzu, ziehe zuletzt den Schnee der Eiweiß darunter und streiche mit einem Messer die Masse $1\frac{1}{2}$ Centimeter dick über ein gebuttertes, weißes Papier bepinsele sie mit verklopftem Ei, bestreue sie mit dem Zucker und darüber mit Zimmet und Mandeln und backe den Kuchen bei starker Hitze. — Sehr haltbar.

72. Chocolade = Gugelhopf. 250 Gramm Kraftmehl, 500 Gramm Zucker, 250 Gramm fein geriebene Chocolade, 250 Gramm Butter, 12 Eier.

Man rühre die Butter zu Schaum, dann Eidotter, Zucker und Chocolade dazu und Alles zusammen drei Viertelstunden lang, indem man nach und nach das Kraftmehl hinein giebt, zuletzt das zu Schnee geschlagene Eiweiß und den Kuchen eine Stunde langsam backt.

73. Chocoladetorte I. 250 Gramm feinstes, nochmals durchgesiebtes Mehl, 250 Gramm Stärkemehl, 500 Gramm Zucker, 150 Gramm Chocolade, 500 Gramm sehr frische, feine Butter, 1 Schote Vanille, 2 Eßlöffel feinster Rum, 12 Eier.

Man rühre die Butter zu Schaum, dann nach und nach den mit der Vanille gestoßenen und gesiebten Zucker, Mehl und Stärkemehl, Eidotter und Rum hinein und das Ganze nun eine Stunde lang. Ziehe den Schnee der Eiweiß darunter und fülle ein Viertel der Masse in eine gut gebutterte Form, streue 50 Gramm geriebene Chocolade darüber und wechsele so mit den Lagen ab, bis drei Viertel eingelegt und mit Chocolade bestreut sind, streiche jetzt mit einer silbernen Gabel einige Mal leicht und unregelmäßig durch die oberste Lage, fülle den Rest der Masse darauf, stelle die Form über einen Dreifuß in den mäßig heißen Ofen und backe die Torte zwei Stunden lang, stürze sie nach dem Erkalten und überziehe sie mit einer Citronenglasur.

74. Chocoladetorte II. 275 Gramm Mehl, 250 Gramm Zucker, 125 Gramm fein geriebene Chocolade, 375 Gramm frische Butter, 15 hart gekochte Eidotter.

3*

Man vermische Mehl, Zucker und Chocolade auf dem Backbrett, gebe die Butter in Stückchen und die Eidotter darauf und verarbeite es zu einem Teig, den man zu einer runden Platte ausrollt, in mäßiger Hitze backt und streiche eine weiße Glasur darüber. — Gut und kräftig.

75. Chocolade-Crême-Torte.. Teig. 250 Gramm Mehl, 125 Gramm Zucker, 125 Gramm Chocolade, 125 Gramm Butter, 5 Eidotter.

Man siebe das Mehl in eine Schüssel, mische die in kleine Stückchen zerpflückte Butter darunter und hierauf Zucker und Chocolade, menge den Teig mit den Eidottern an, verarbeite ihn rasch mit der Hand und rolle ihn aus. Schneide davon nun drei Platten, von denen die dritte einen Rand bekommen muß und backe sie bei mäßiger Hitze, fülle sie mit nachfolgender Crême und stelle sie, die mit dem Rande obenauf, übereinander.

Crême. 125 Gramm Zucker, 125 Gramm Chocolade, $\frac{1}{2}$ Liter süßer Rahm, 8 Eidotter.

Man rühre dies auf dem Feuer, bis die Masse dick wird und gebe sie dann durch ein Sieb. Im Sommer kann man etwas Gelatine hinzufügen. — Billig und gut.

76. Crêmetorte. Blätterteig. Ein Kochlöffel feinstes Mehl, 30 Gramm Zucker, am Zucker abgeriebene Schale einer Citrone, 4 Gramm gestoßener Zimmet, $\frac{1}{2}$ Liter süßer Rahm, 10 Eidotter.

Man rühre das Mehl mit ein wenig von dem Rahm in einer Casserole glatt an, schlage die Eidotter hinein und füge Zucker und Citronenschale hinzu, rühre es mit dem Rahm vollends an und lasse es auf gelindem Feuer unter beständigem Rühren so lange kochen, bis die Crême so dick wie ein Reisbrei ist, wonach man sie auf einen Teller gießt, den Zimmet darunter rührt und sie erkalten läßt.

Von Blätterteig — aus 250 Gramm Butter — hat man dann eine offene, runde oder ovale Torte, mit Rand aber ohne Fülle, gebacken und giebt sie gleich auf die Schüssel, mit der sie zur Tafel kommen soll, belegt den Boden mit eingemachten Früchten und gießt die erkaltete Crême darüber, kann, nach Belieben, den Rand der Torte auch noch mit einer weißen Glasur überziehen.

77. Compottorte. Compot. 8 schöne, gleich große Aepfel, am besten Borsdorfer, 125 Gramm Zucker, Schale einer halben Citrone, 3 Glas ($\frac{3}{8}$ Liter) weißer Wein, 1 Glas Wasser.

Guß. 190 Gramm gesiebter Zucker, 190 Gramm zart gestoßene Mandeln, Schale einer halben Citrone, 20 Gramm Succade, 30 Gramm candirte Pomeranzenschale, 4 Eier, 5 Eidotter, Blätterteig.

Man schäle und halbire die Aepfel und entferne das Kernhaus, koche Zucker, Wein und Wasser in einer Messing-Casserole eine Zeitlang, gebe die klein geschnittene Citronenschale dazu und lege die Aepfel, die runde Seite nach unten, hinein, koche sie zugedeckt weich, setze sie dann ab, lasse sie zugedeckt noch eine Weile stehen und thue sie nun auf eine Schüssel.

Zu dem Guß rühre man Mandeln, Zucker, Eier und Eidotter eine halbe Stunde und füge alsdann Succade, Pomeranzenschale und Citronenschale hinzu.

Rolle jetzt den Blätterteig aus und belege eine mit Butter bestrichene und mit gesiebtem Weißbrot bestreute Form bis an den halben Rand herauf, thue die Aepfel, daumenbreit auseinander, darauf, fülle die gerührte Masse dazwischen ein und backe die Torte gelb.

78. Citronentorte I. Teig. 500 Gramm feines Mehl, 375 Gramm Zucker, 375 Gramm geschmolzene und vorsichtig abgegossene Butter, 125 Gramm fein gestoßene Mandeln, etwas Citronenschale, 2 Eidotter.

Man verarbeite sämmtliche Ingredienzen mit den Händen zu einem Teige und rolle ihn messerrückendick aus, schneide ihn zu einer runden Platte und setze einen fingerbreiten Rand herum, den man mit einem Kneifeisen oben auszackt, mit Eidotter bestreicht, die Platte nun hellgelb backt und unterdessen folgende Crême bereitet.

125 Gramm gesiebter Zucker, 3 Citronen, $\frac{1}{4}$ Liter guter weißer Wein, 30 Gramm aufgelöste Gelatine, 12 Eidotter.

Man schlage in einem hohen Topfe Eidotter, Zucker, an dem die Schale von zwei Citronen abgerieben worden, Saft der drei Citronen und Wein über dem Feuer bis vors Kochen, setze es dann rasch ab, gebe die Gelatine dazu, schlage die Crême noch so lange, bis sie völlig erkaltet ist und streiche sie nun auf die Platte. Die Abfälle vom Teig rollt man ebenfalls aus, sticht kleine Figuren daraus, backt sie gelb und verziert damit, nebst einigen dick abgeschälten, eingezuckerten Citronen= scheiben die Torte oder man lege eingezuckerte oder glasirte Apfelsinen=Schnitze stern= förmig und ziemlich dicht — etwa sechszehn Stück — darauf und an die äußeren Spitzen immer drei eingemachte Kirschen, kann zur Garnirung auch nur Citronen= scheiben nehmen und auf jede ein Häufchen eingemachte Johannisbeeren legen.

79. Citronentorte II. Blätterteig. 250 Gramm gesiebter Zucker, 4 Citronen, 10 Eier.

Man reibe an dem Zucker die Schale der Citronen ab, stoße und siebe ihn, verrühre ihn mit zehn Eidottern und drücke den Saft von zwei Citronen in eine Schale. Belege nun eine flache Form mit zwei Messerrücken dick ausgerolltem Blätterteig, stupfe den Boden, damit er beim Backen keine Blasen bekomme und backe ihn halbgar. Rühre jetzt den Citronensaft und den Schnee von sechs Eiweiß rasch in die Zuckermasse, fülle sie auf den Teig und lasse die Torte vollends ausbacken.

80. Citronentorte III. Blätter= oder Mürbteig. 6 Citronen, 3 große, dicke Biscuits oder, dem entsprechend, Reste von Biscuit= oder Sand= torte, $\frac{1}{2}$ Liter süßen Rahm, 4 Eier, Zucker.

Man backe von dem Teig einen offenen Kuchen, bestreue ihn mit Zucker und belege ihn dicht mit Citronenscheiben, welche bis aufs Mark geschält und sorgfältig von den Kernen gereinigt sein müssen, bestreue sie reichlich mit Zucker und bedecke sie mit Biscuitscheibchen. Schlage nun aus Rahm, Eiern, 45 Gramm Zucker einen Guß, gebe ihn über die Torte und stelle sie noch so lange in den Ofen, bis der Guß steif geworden ist.

81. Citronenkuchen. Mürbteig. 250 Gramm süße und 15 Gramm bittere Mandeln, 250 Gramm geriebener Zucker, 125 Gramm abgeklärte Butter, 3 Citronen, 2 Eier, 1 Eidotter, 1 Eiweiß.

Man stoße die Mandeln mit dem Eiweiß ziemlich grob, verrühre sie mit dem Eidotter, den gut verklopften Eiern und der mit dem Zucker und etwas Citronen= schale zu Schaum gerührten Butter und schneide die bis aufs Fleisch abgeschälten und entfernten Citronen zu Scheiben. Belege nun eine Springform mit Mürbteig, gebe die Hälfte des Teigs hinein und darüber die reichlich mit Zucker bestreuten Citronenscheiben, den Rest des Teigs darauf, bestreue ihn mit Zucker und lasse zwei Stunden backen.

D.

82. Deutsche Kaiser=Torte. 500 Gramm fein gesiebter Zucker, 500 Gramm feines Mehl, 20 Eier.

Man rühre Zucker und Eidotter eine halbe Stunde lang gut ab und dann das Mehl dazu, thue den Teig in drei verschiedene Schüsseln und gebe zu der einen Portion die fein abgeriebene Schale einer Citrone, zu der zweiten zwei Täfelchen fein geriebene Chocolade und eine Messerspitze gesiebte Gewürznelken und zu der dritten einen Eßlöffel Cochenille — beim Conditor zu erhalten — und einen Tropfen Rosenöl, wonach man den Schnee der Eiweiß, ebenfalls in drei ganz gleichen Theilen, in die drei Teige zieht und diese in drei ganz gleichen Tortenformen backt. Nun legt man die schwarze Platte auf eine Schüssel und bestreicht sie mit Confitüre, — am besten mit Johannisbeergelee —, dann die weiße, welche man gleichermaßen bestreicht, zuletzt die rothe und giebt oben darüber einen Guß in den drei Farben; in die Mitte ein schwarzes Rund und danach um dasselbe einen weißen und einen rothen Streifen.

*83. Altfranzösischer Dreikönigskuchen (Gâteau des Rois). 750 Gramm feinstes trockenes Mehl, 625 Gramm Butter, 60 Gramm fein gesiebter Zucker, 250 Gramm Sultanini, an Zucker abgeriebene Schale einer Citrone, 15 Gramm feines Salz, $1/6$ Liter sehr dicker Rahm, 4 Eidotter.

Man siebe das Mehl durch ein feines Mehlsieb auf das Backbrett und streiche es im Kranze auseinander, gebe Zucker, Salz, Citronenschale, Rahm und die fein gebröckelte Butter in die Vertiefung, vermische und verknete Alles gut, arbeite dann noch die Sultanini hinein und lasse den Teig, wohl zugedeckt, an einem kühlen Orte, eine Stunde ruhen. Hierauf wird er, 15 Centimeter breit, rund auseinander gedrückt, mit gebuttertem Papier ringsum eingefaßt und mit Bindfaden umbunden, oben herüber mit Ei bestrichen und mit der Messerspitze zierlich, jedoch leicht einge= schnitten und gestupft, hie und da aber auch bis an den Boden durchstochen und nun in etwas abgekühltem Ofen, zwei bis dritthalb Stunden gebacken. — S e h r h a l t b a r.

In Frankreich, wo der Dreikönigstag sehr hoch gehalten und gefeiert wird, früher auch am Hofe — beim letzten derartigen Feste, 1830, wurde Heinrich V. König und erwählte die Herzogin von Orléans zur Königin! — in Frankreich, sage ich, herrscht vielfach der schöne Brauch, daß von allen Speisen der Festtafel am Dreikönigstage, ein Theil „la Part du bon Dieu", an Arme gegeben wird und wenn sich die Bohne in dem Gottes=Antheil befindet, so wird dieser unter den anwesenden Herrn versteigert und der Erlös fällt auch den Armen zu.

84. Dortmunder Davidis=Kuchen. 8 Eier und so schwer diese wiegen an Mehl, Zucker und Butter und 1 Citrone.

Dann zum B e s t r e i c h e n, Fruchtgelee, 3 Eiweiß, 3 Eßlöffel gesiebter Zucker.

Man schmelze die Butter, kläre sie ab, verrühre sie, nachdem sie wieder dick geworden, so lange mit dem Zucker, welcher nach und nach hineingegeben wird, bis er geschmolzen ist und füge Saft und abgeriebene Schale der Citrone hinzu, wonach man, ebenfalls nach und nach, die Eier hineingiebt und dann die Masse noch eine halbe Stunde rührt. Thue jetzt das Mehl daran und backe den Kuchen, eine Stunde bis fünf Viertelstunden lang, dunkelgelb. Bestreiche ihn, sowie er aus dem Ofen kommt, mit Gelee, bedecke diese mit den Eiweiß, die man mit dem Zucker zu Schaum geschlagen hat und lasse im Ofen antrocknen. Die Hälfte dieser Portion giebt schon einen schönen Kuchen, der alsdann aber natürlich nicht so lang backen darf. — Von der Verfasserin des berühmten Kochbuchs selbst erhalten und besonders gut zu Thee und Wein.

85. Demi-Torte. 140 Gramm Mandeln, 105 Gramm Zucker, 60 Gramm Mehl, 9 Eier.

Man stoße Mandeln und Zucker mit zwei Eiern recht fein und rühre dann nach und nach sieben Eidotter, das Mehl und den Schnee von sieben Eiweiß hinein. Streiche von dieser Masse eine fingerdicke, runde Platte auf weißes Papier und lasse sie sehr langsam lichtbraun backen. Backe hierauf von dem Brottorteteig Nr. 45 eine ähnliche Platte und löse beide, wenn sie erkaltet sind von dem Papier ab, setze sie mit Aprikosenmarmelade zusammen, schneide den Rand rund herum glatt und überziehe die Torte mit einer Citronenglasur.

86. Doboschtorte. 3 Eier und deren Gewicht an gesiebtem Zucker und feinstem Mehl, 100 Gramm sehr frische, feine Butter, weil sie roh bleibt, 50 Gramm in der Wärme erweichte und mit 25 Gramm gesiebtem Zucker vermischte Vanillechocolade.

Man schlage die Eier mit dem Zucker eine halbe Stunde lang, vermische sie mit dem Mehl und backe es in gut gebutterter und mit Zucker bestreuter Form bei mäßiger Hitze zu schöner gelber Farbe. Rühre inzwischen die Butter zu Schaum und vermische sie mit der Chocolade. Schneide nun den erkalteten Kuchen mit einem scharfen Messer in drei bis vier Platten, bestreiche sie, eine ausgenommen, mit der Chocolademasse, lege sie übereinander und gebe eine Chocoladeglasur darauf.

87. Datteltorte I. Mürbteig. 180 Gramm feines Mehl, 90 Gramm Zucker, 90 Gramm zu Schaum gerührte Butter, etwas fein geschnittene Citronenschale, 2 Eidotter, 1 Eiweiß.

Datteleig. 375 Gramm länglich geschnittene Datteln, 375 Gramm sehr fein geschnittene, nicht abgezogene Mandeln, 8 Eiweiß.

Guß. 30 Gramm fein gesiebter Zucker, 2 zu steifem Schnee geschlagene Eiweiß.

Man thue den gut gerührten Mürbteig in eine Tortenform und backe ihn hellgelb. Rühre dann für den Datteleig Zucker und Eiweiß recht schaumig, füge Datteln und Mandeln hinzu und gebe die Masse gleichförmig über den Mürbteig, lasse sie biscuitfarbig ausbacken und verziere die Torte zuletzt mit dem Guß, der aber weiß bleiben und nur trocknen muß und mit eingemachten Früchten. Es macht sich auch gut, wenn man von dem Guß einen zackigen Kranz um die Torte setzt und einen schönen Dattelzweig in die Mitte legt.

88. Datteltorte II. Teig. 180 Gramm Mehl, 100 Gramm Zucker, 100 Gramm schaumig gerührte Butter, fein geschnittene Citronenschale, 3 Eidotter, 3 zu Schnee geschlagene Eiweiß.

Fülle. 300 Gramm zu feinen Streifen geschnittene Datteln, 300 Gramm fein geriebene Mandeln, 300 Gramm gesiebter Zucker, 1 Glas (1/8 Liter) Madeira, 8 recht schaumig geschlagene Eiweiß.

Man bereite aus den dazu angegebenen Ingredienzen einen leichten Teig und backe ihn in einer Springform halbgar, gebe nun die Fülle darauf und lasse vollends gar backen, überziehe die Torte dann mit Citronenglasur und belege sie mit Datteln und eingemachten Früchten.

89. Einfache Datteltorte. 125 Gramm fein gesiebter Zucker, 125 Gramm nicht abgezogene Mandeln, 20 Datteln, beides länglich geschnitten, 2 Eiweiß.

Man rühre Zucker und Eiweiß eine Viertelstunde lang zu einer dicklichen Masse und mische dann Mandeln und Datteln darunter, belege die Tortenform mit Back= oblaten, gebe den Teig darauf und backe die Torte langsam hellgelb.

Auch kann man diese Masse zu kleinem Backwerk benutzen, indem man kleine Häufchen davon auf Oblaten setzt und nach dem Backen ausschneidet.

E.

90. Eierschecke (Sächsischer Kirchweihkuchen). Teig. 500 Gramm Mehl, 50 Gramm Zucker, 125 Gramm Butter, 15 Gramm Hefe, ½ Thee= löffel Salz, Milch.

Zum Bestreuen. Rosinen, Korinthen, zu feinen Streischen geschnittene Mandeln.

Guß. 125 Gramm Butter, 60 Gramm gestoßener Zucker, ½ Thee= löffel feiner Zimmet, eben so viel Muskatblüthe, ½ Messerspitze in heißem Wasser aufgelöster Safran, 1 Ei, 2 Eidotter.

Man verarbeite die Teig=Ingredienzen zu einem lockern Teig, lasse ihn in der Wärme aufgehen, rolle ihn dünn aus und forme einen Kuchen daraus, den man auf ein mit Speck gut abgeriebenes Backblech legt und nochmals aufgehen läßt, zur Verhütung von Blasen, hin und wieder mit einer Gabel durchsticht und unter= dessen den Guß bereitet.

Dazu gebe man die Butter in einen hohen Topf und wenn sie zergangen ist, so quirle man die angegebenen Zuthaten hinein, fahre mit dem Quirlen fort, bis es anfängt etwas dicklich zu werden und stelle es dann zum Abkühlen auf die Seite. Bestreue den Kuchen nun dicht mit Rosinen, Korinthen und Mandeln und vertheile den Guß recht gleichmäßig darauf. Dieser vortreffliche Kuchen verlangt ziemlich viel Oberhitze, damit er das „scheckige" Aussehen, gelb und braun, erhalte und die Butter muß sehr frisch und fein sein.

91. Eiertorte. 6 hart gekochte Eidotter, 250 Gramm Zucker, 250 Gramm schaumig gerührte Butter, 125 Gramm fein geriebene Mandeln, 250 Gramm Mehl, etwas Citronensaft, 1 Ei.

Man verrühre Eidotter, Zucker, Butter und Mandeln, menge dann Mehl, Ei und Citronensaft darunter, rolle den Teig aus und backe ihn in einer Tortenform, kann die Torte auch mit Gelee oder Marmelade belegen und aus einem Theil des Teiges ein Gitter darüber machen.

92. Eierkästorte. Blätterteig. 125 Gramm frische Butter, 125 Gramm gesiebter Zucker, 125 Gramm geriebene und durchgesiebte Chocolade, 90 Gramm zart gestoßene Mandeln, 1 Citrone, ¼ Liter süßer Rahm oder gute Milch, 14 Eier.

Man verrühre acht Eier mit Rahm oder Milch, drücke den Saft der Citrone dazu, rühre es in einer Messingcasserole über dem Feuer, bis es gerinnt und gieße es zum Ablaufen auf ein Haarsieb. Rühre nun die Butter leicht und nachdem man den gut abgelaufenen Käse, Zucker, Mandeln, Chocolade und sechs Eidotter dazu gethan hat, das Ganze noch eine Weile. Schlage hierauf die Eiweiß zu steifem Schaum, ziehe ihn unter die Masse, fülle diese sogleich in die gut gebutterte und mit dem Blätterteig ausgelegte Form und backe die Torte schön gelb.

93. Amerikanischer Erdbeerkuchen (Strawberry Short-Cake).

1 Löffel Butter, 1 Löffel fein geriebener Zucker, $\frac{1}{8}$ Liter Weizenmehl, einige Löffel Milch, 3 Eier.

Man rühre Butter, Zucker und Eier zu Schaum und dann nach und nach Mehl und Milch dazu, so daß es ein Teig wird, den man gut rühren kann und wenn er gehörig gerührt ist, so gebe man ihn in eine Form und stelle ihn sogleich in den Ofen, wo er in einer halben Stunde gar ist und ungefähr zwei Querfinger dick sein muß. Während dessen hat man einen gehäuften Teller Erdbeeren, wo möglich Walderdbeeren, sonst die großen zerschnitten, eingezuckert, schneidet nun den heißen Kuchen in der Mitte zu zwei Platten durch und bestreicht sie mit etwas sehr frischer Butter, thut die Hälfte der Erdbeeren auf die eine Platte, die andere darüber und belegt diese mit dem Reste der Früchte, setzt den Kuchen noch eine kleine Weile in den Ofen, damit er recht durchzieht und servirt ihn warm, jedoch nicht heiß. — Besonders beliebt zum Thee und kann auch mit Himbeeren, oder zu feinen Scheibchen geschnittenen Apfelsinen bereitet werden.

94. Erdbeertorte I. Blätterteig.

1 Liter schöne, trockene, hochrothe Erdbeeren, 125 Gramm fein gesiebter Zucker, $\frac{1}{2}$ Stange Vanille, $\frac{3}{4}$ Liter geschlagenen Rahm, $\frac{1}{2}$ Liter trockene Erbsen.

Man schneide vom Blätterteig einen runden Boden, feuchte den Rand mit ein wenig Wasser an und lege einen stark fingerbreiten Teigstreifen ringsherum darauf, befeuchte ihn vermittelst einer Feder ebenfalls mit Wasser und gebe einen zweiten Streifen recht pünktlich darüber. Thue nun die Erbsen hinein, bestreiche den Rand mit verklopftem Ei und backe die Torte eine halbe Stunde, über einen Dreifuß gestellt, in wohl durchheiztem Ofen. Hole, wenn sie ein wenig abgekühlt ist, die Erbsen vorsichtig heraus und lasse sie gänzlich erkalten. Soll sie dann servirt werden, so vermenge man die Erdbeeren mit Zucker, Rahm und Vanille, fülle die Torte damit und bringe sie sofort zu Tisch.

95. Erdbeertorte II. Mürbteig.

1 Liter Walderdbeeren oder immertragende Erdbeeren, 250 Gramm fein geriebener Zucker, 5 Eiweiß.

Man rolle den Teig zu einer federkieldicken Platte aus, schneide sie rund und lege sie auf einen Bogen Papier; bestreiche sie rundum mit Ei, umgebe sie mit einem kleinfingerdicken Rand und drücke ihn fest an. Die Platte selbst wird mit einem Messerchen mehrmals durchstochen, damit sie beim Backen keine Blasen bekomme und lichtgelb gebacken, während dem man die Eiweiß zu steifem Schnee schlägt und Erdbeeren und Zucker vorsichtig, daß die Beeren ganz bleiben, darunter mengt. Fülle dies nun auf die Platte, streiche es glatt und eben, besiebe es mit Zucker und stelle es solange in den Ofen, bis sich oben eine lichtgelbe Kruste gebildet hat.

96. Einfache Erdbeertorte.

Man schneide aus Mürbteig einen runden Tortenboden und besiebe ihn, nachdem man einen Rand gekniffen, messerrückendick mit gestoßenem Zwieback, belege ihn recht dick mit schönen Erdbeeren, die man reichlich mit Zucker, an dem Citronenschale abgerieben worden, bestreut und mache einen geflochtenen Deckel darüber.

Ebenso von Himbeeren.

F.

97. Frangipanetorte. Blätterteig. 90 Gramm Mehl, 90 Gramm Zucker, 90 Gramm Butter, 90 Gramm fein gestoßene Mandeln, 1 Citrone, 4 Eier.

Man rühre die Butter leicht und gebe dann Zucker, Eidotter und abgeriebene Schale der Citrone dazu, fahre mit dem Rühren eine Weile kräftig fort und thue nun Mandeln, Mehl und den Schnee der Eiweiß hinein. Schneide jetzt aus dem Teig einen runden Boden und einen 3 Centimeter breiten langen Streifen, den man rundum auf den Boden legt. In das Innere giebt man hierauf, 2¹/₂ Centimeter hoch, die Frangipane und über diese einige von dünn ausgerolltem Blätterteig ausgestochene Figuren (Fleurons), welche aber die Fülle nicht ganz verdecken dürfen. Bestreiche nun Rand und Fleurons mit Ei, backe die Torte bei Mittelhitze und besiebe sie kurz vor dem völligen Garbacken mit gesiebtem Zucker.

98. Französische Torte. Mürbteig. 250 Gramm fein gestoßene Mandeln, worunter 30 Gramm bittere, 250 Gramm gesiebter Zucker, 30 Gramm fein geschnittene candirte Pomeranzenschale, 4 Eiweiß.

Man theile den Teig in zwei nicht ganz gleiche Stücke, rolle sie aus und drücke den kleineren in der Form so auseinander, daß ein zwei Finger breiter Rand entsteht. Bringe dann die Mandeln mit dem Zucker auf gelindes Feuer, lasse sie so lange durchziehen bis sie nicht mehr kleben und gebe sie zum Abkühlen in eine Schale, rühre nun die Pomeranzenschale und die zu steifem Schaum geschlagenen Eiweiß dazu und bestreiche damit gleichmäßig den Teig bis an den Rand. Aus dem zurückbehaltenen Teig schneide man mit dem Backrädchen schmale Streifen, lege davon ein Gitter auf die Torte und biege den Rand darüber, um die Enden des Gitters zu bedecken; lasse sie bei erstem Grad Hitze backen und sowie die Mandelmasse schöne gelbe Farbe genommen hat, decke man ein Papier darüber und wenn die Torte dann vollends gar gebacken und erkaltet ist, gebe man in die Abtheilungen des Gitters verschiedene eingemachte Früchte oder abwechselnd Gelee oder Marmelade und Rahmschnee, natürlich aber erst unmittelbar vor dem Serviren.

*99. Italienisches Früchtebrot (Pane di Frutti). 280 Gramm feines gesiebtes Mehl, 280 Gramm gesiebter Zucker, 16 Eier.

Ferner Succade, eingemachte Orangeschale, eingemachte Nüsse, von jedem 70 Gramm, 4 getrocknete, eingemachte Aprikosen, 8 eingemachte Reineclauden, alles kleinwürfelig geschnitten.

Man rühre den Zucker mit den Eidottern, die man nach und nach dazu schlägt, recht schaumig, ziehe den festen Schnee der Eiweiß und das Mehl langsam hinein und menge nun die Früchte darunter. Mache aus einem Bogen weißem Papier eine zwei Querfinger hohe Kapsel, lege deren Boden mit Backoblaten aus, fülle die Masse hinein und backe sie langsam im Ofen. Schneide dann die Ecken der Kapsel auf, biege die Ecken ab und überstreiche das Brot, so lang es noch warm ist, mit Citronenglasur, theile es hierauf in fingerlange und fingerdicke Scheiben und lasse sie erkalten. — Es hält sich sehr lange.

100. Griechisches Früchtebrot. 300 Gramm Mehl, 30 Gramm Butter, 30 Gramm Hefe, Milch, 1 Ei, 150 Gramm Rosinen, Feigen oder Datteln.

Man mache mit der Hefe und etwas lauwarmer Milch in dem Mehl einen kleinen Vorteig, füge, wenn es gegangen ist, Butter und Ei hinzu und menge es mit der Milch zu einem flotten Teig, den man mit der Hand kräftig schlägt, bis er Blasen wirft und ihn wieder gehen läßt. Mische nun die gewählte Frucht — Feigen und Datteln zu kleinen Würfeln geschnitten — gut darunter, forme kleine Brötchen daraus, die wieder gehen müssen und backe sie in ziemlich frischer Hitze. Will man den Teig nicht gern selbst machen, so lasse man sich guten Weißbrotteig vom Bäcker holen. — In Griechenland, wo diese Früchte so überaus wohlfeil sind, soll dies angenehme Gebäck zum „täglichen Brot" gehören.

101. Amerikanisches Frühstücksbrot. 500 Gramm Mehl, 100 Gramm Zucker, 1 Eßlöffel Anis, etwas Salz, für 5 Pfennig Hefe, ½ Liter Milch.

Man bereite daraus den Abend vor dem Backen, einen Teig, den man so lange bearbeitet, bis der Anis heraus fällt Forme dann ein längliches Brot daraus, lasse es über Nacht in der warmen Küche gehen, bestreiche es mit Zuckerwasser und backe es in gut geheiztem Ofen.

G.

102. Amerikanischer Gold= und Silberkuchen (Gold and Silver-Cake).

Zu den Goldkuchen nehme man 500 Gramm Mehl, 500 Gramm Zucker, die abgeriebene Schale einer Orange, den Saft von zwei Citronen, zehn gut verklopfte Eidotter, rühre Butter und Zucker zu Schaum und die Eidotter dazu und schlage es fünf Minuten lang recht kräftig ab, thue nun das Mehl daran und zuletzt den Citronensaft, in dem man die Orangenschale weichen lassen und dann Beides zusammen durch ein Musselinläppchen ausgedrückt hat, backe den Kuchen in einer Form bei Mittelhitze und gebe Eis (S. Hochzeitskuchen Nr. 118) mit Citronensaft darüber.

Zu dem Silberkuchen werden 375 Gramm Mehl, 500 Gramm Zucker, 250 Gramm Butter, ein großer Theelöffel bittere Mandelessenz und die zu sehr festem Schnee geschlagenen zehn Eiweiß genommen und er wird wie der Gold=kuchen bereitet, nur daß statt der Eidotter, die Eiweiß hineinkommen, zuletzt die Mandelessenz, und daß man zu dem Eis Rosenwasser nimmt.

Beim Serviren werden die Kuchen aufgeschnitten und man richtet sie ab=wechselnd in einen Kuchenkorb an.

103. Giraffentorte. 250 Gramm feinstes gesiebtes Mehl, 250 Gramm Stärkemehl, 500 Gramm mit einer Schote Vanille gestoßener und gesiebter Zucker, 150 Gramm geriebene Chocolade, 500 Gramm recht frische Butter, 2 Eßlöffel feinster Rum, 1 Prise Salz, 12 Eier.

Man rühre die Butter zu Schaum und dann nach und nach den Zucker, beide Sorten Mehl, Eidotter, Rum und Salz dazu und das Ganze nun eine Stunde lang, worauf man den Schnee der Eiweiß beifügt. Jetzt füllt man ein Viertel der Masse in die gut gebutterte Tortenform, bestreut sie mit 50 Gramm Chocolade und verfährt so noch zwei Mal; streicht dann mit einer silbernen Gabel einige Mal leicht und unregelmäßig durch die oberste Masse und giebt den Rest darauf, stellt die Form über einen Dreifuß in einen mäßig heißen Ofen, backt die Torte zwei Stunden lang und überzieht sie nach dem Erkalten mit Citronenglasur, die man mit etwas Chocoladeglasur marmorirt hat.

104. Grillagetorte I.

Man hacke 500 Gramm Mandeln, rühre 500 Gramm gesiebten Zucker darunter, gieße ein wenig Wasser daran und röste es über gelindem Feuer hellbraun. Bestreiche nun einen Teller, am besten Zinnteller, gut mit Mandelöl, gieße die Masse darauf, drücke einen ähnlichen, am untern Ende ebenfalls mit Mandelöl bestrichenen Teller darauf und lasse die Grillage kalt werden. Dann hat man von Biscuitteig oder sonst einem guten süßen Teig eine Torte gebacken, welche etwa zwei Daumen breit größer als die Grillage ist, bestreicht sie nach Größe der Grillage mit Confitüre, den Rand mit Citronenglasur und setzt die Grillage darauf.

105. Grillagetorte II.

Man hacke 500 Gramm nach dem Abziehen getrocknete Mandeln gröblich und stelle sie auf einem Backblech zum Bräunen in einen mäßig heißen Ofen. Lasse nun 375 Gramm fein gesiebten Zucker in einer Messingcasserole unter fleißigem Rühren zergehen und wenn er anfängt gelb zu werden, so füge man die heißen Mandeln hinzu und verrühre sie damit. Habe dann eine halbrunde, mit Mandelöl stark ausgestrichene Form (Timbale) und gebe die Masse hinein, welche von einer zweiten Person, mittelst einer in Mandelöl getauchten, recht festen Citrone, in der Form dünn ausgestrichen wird. Ist die Grillage dann ganz erkaltet, so stürzt man sie, setzt sie wie die vorige, jedoch die offene Seite nach oben, über eine Torte, die aber ganz glasirt sein muß und füllt sie, unmittelbar vor dem Serviren, mit Rahmschnee, Gefrorenem oder einer Crème.

106. Genfer Torte.

500 Gramm durchgesiebtes Mehl, 500 Gramm gesiebter Zucker, 500 Gramm langsam geschmolzene und abgeklärte Butter, 125 Gramm geriebene Mandeln, abgeriebene Schale einer Citrone, 26 Eier.

Man koche zwölf Eier recht hart, reibe die Dotter fein und vermische sie mit den Mandeln. Rühre die erkaltete Butter zu Schaum und dann nach und nach sechs Eier, acht Eidotter, Zucker, Citronenschale, Mandeln und zuletzt das Mehl hinein. Backe sechs Kuchen dunkelgelb daraus, bestreiche sie mit Gelee oder Marmelade und gebe eine Glasur darüber.

107. Grüne Torte.

280 Gramm mit etwas Citronensaft fein gestoßene Mandeln, 280 Gramm gesiebter Zucker, 20 Gramm geriebenes Weißbrot, Citronenschale, Zimmet, 6 Eier, 8 Eidotter, 3 Handvoll Spinat.

Man vermische Mandeln und Zucker und füge den Saft des Spinats, den man fein gehackt und durch ein Tuch gepreßt hat, hinzu; hierauf, unter beständigem, eine Stunde lang andauerndem Rühren, nach und nach Eier und Eidotter und danach Citronenschale, Zimmet und Weißbrot. Belege eine mit Butter bestrichene Tortenform mit Oblaten, fülle sie nicht zu voll an und lasse backen.

108. Glockentorte.

500 Gramm Mandeln, 375 Gramm gesiebter Zucker, 30 Gramm Succade, 30 Gramm candirte Pomeranzenschale, gehäufter Theelöffel Zimmet, ein wenig Cardamomen, 1 Citrone, 6 Eiweiß, Oblaten.

Man stoße die Mandeln gröblich mit dem Citronensaft und schlage die Eiweiß zu steifem Schaum, rühre Mandeln und Zucker damit an und gebe nach einer Viertelstunde des Rührens Citronenschale, Succade, Pomeranzenschale, Alles fein geschnitten und das Gewürz dazu und vermische das Ganze wohl. Habe nun eine runde Form, wie man sie über Uhren hat, von Blech, etwa 30 Centimeter weit und nicht zu hoch — eben wie eine Glocke — bestreiche sie mit Butter und belege sie mit Oblaten; streiche die Hälfte des Teigs darauf und lasse schön gelb backen, wonach man die andere Hälfte darüber giebt, ebenfalls backt und die erkaltete, vorsichtig abgehobene Torte mit einer gelben Glasur überzieht.

109. Gewürztorte. 250 Gramm feinstes Mehl, 250 Gramm durch=gesiebtes Kartoffelmehl, 500 Gramm Zucker, zwei Citronen, 15 Gramm Succade, 15 Gramm candirte Pomeranzenschale, beides fein gehackt, 4 Gramm feiner Zimmet, 4 Gramm Gewürznelken, 2 Gramm Cardamomen, 2 Eßlöffel Arak, 12 Eier.

Man schmelze die Butter, kläre sie ab, reibe sie zu Schaum und rühre sie mit dem Zucker, der nach und nach hinein gestreut wird, recht kräftig. Gebe dann, unter stetem Rühren, ein Eidotter nach dem andern hinein und mit diesen zugleich die Gewürze, Succade, Pomeranzenschale, abgeriebene Schale der Citronen und allgemach das Mehl. Ist die Masse nun im Ganzen eine halbe Stunde gerührt worden, so wird der Arak und der Saft einer Citrone durchgemischt und alsdann der steife Schnee der Eiweiß leicht hinein gezogen und nun gebe man die Masse, ohne sie auch nur eine Minute lang stehen zu lassen, sofort in die bereit stehende, zugerichtete Form und sogleich in den Ofen, wo man sie beim zweiten Grad Hitze fünf Viertelstunden lang backt, während dessen nicht an die Form gestoßen werden darf. Anstatt Arak kann man vier Eßlöffel Punschessenz nehmen.

110. Gußtorte. Teig. 250 Gramm Mehl, 125 Gramm Zucker, 125 Gramm Butter, eine kleine Obertasse süßer Rahm, 3 Eidotter. Zum Bestreichen Aprikosenmarmelade.

Guß. 90 Gramm fein gesiebter Zucker, 90 Gramm fein gestoßene Mandeln, etwas abgeriebene Citronenschale, 5 Eidotter, 2 zu Schnee geschlagene Eiweiß, rasch gerührt, sonst bröckelt er.

Man rolle den Teig dünn aus und belege damit eine Form mit fingerhohem Rand, bestreiche ihn mit der Marmelade, gebe den Guß darüber und backe die Torte eine Stunde lang zu hellgelber Farbe.

111. Gußkuchen. Teig. 500 Gramm Mehl, 125 Gramm Zucker, 150 Gramm Butter, 30 Gramm Hefe, $\frac{1}{8}$ Liter Milch, 2 Eidotter.

Man mache mit der Hefe und etwas lauwarmer Milch in der Mitte des Mehls einen kleinen Vorteig, gebe, wenn er gegangen ist, das Uebrige — die Eidotter wohl verklopft — dazu und lasse wieder gehen. Rolle den Teig dann dünn aus und thue ihn auf ein mit Butter bestrichenes Backblech, indem man letzteres auf den Teig legt und, Blech und Brett zusammen haltend, umwendet. Nun macht man einen hohen Rand um den Kuchen, stippt ihn leicht mit einer Gabel und giebt folgenden Guß darüber.

Man schlage acht Eier eine Viertelstunde lang recht schaumig und gieße dann schnell, unter fortwährendem Schlagen, 250 Gramm heiße, aber nicht kochende Butter dazu, so daß es ein dicklicher Guß wird, den man nach dem Aufstreichen mit großen Rosinen und der Länge nach breit geschnittenen Mandeln leicht bestreut, sofort in den Ofen schiebt und nach dem Backen gleich mit Zucker besiebt.

112. Grahambrottorte. 125 Gramm gedörrtes Grahambrot, 300 Gramm gesiebter Zucker, 125 Gramm gestoßene Mandeln, 50 Gramm fein ge=schnittene Succade, $\frac{1}{8}$ Liter saurer Rahm, 14 Eidotter, 10 Eiweiß, Obst=marmelade, Zuckerglasur.

Man dörre das Brod, welches wenigstens einen Tag alt sein muß, in der Röhre, lasse es aber ja nicht anbrennen, übergieße es mit dem Rahm und stelle es bis zum Gebrauche bei Seite. Rühre nun Zucker und Eidotter recht schaumig und hierauf Mandeln und Succade gut hindurch und mische zuletzt das Brot und den Schnee von zehn Eiweiß leicht unter die Masse, welche man in zwei gleich große, ziemlich weite Formen füllt und zu schöner Farbe backt. Sind sie dann ganz kalt geworden, so stürzt man sie über ein Papier, kehrt den einen Theil gleich auf eine Schüssel um, bestreicht ihn ¹/₂ Centimeter dick mit Obstmarmelade, legt den andern darauf und macht eine beliebige Glasur darüber.

113. Griestorte. 250 Gramm feiner Gries, 375 Gramm Zucker, 1 Citrone, 8 Eier.

Man rühre Eidotter und Zucker zu Schaum, dann das zu steifem Schnee geschlagene Eiweiß, abwechselnd mit dem Gries, in sehr kleinen Portionen, vorsichtig dazu und würze mit dem Safte der Citrone und deren an Zucker abgeriebenen Schale, fülle es in eine gebutterte und mit gesiebtem Zwieback bestreute Form und backe es eine Stunde, in nicht zu heißem Ofen. — Sehr angenehm und wird selbst von Kranken und Reconvalescenten vertragen.

114. Grieskuchen mit Kirschen. 150 Gramm Griesmehl, 125 Gramm Zucker, 125 Gramm Butter, 125 Gramm fein gestoßene Mandeln, an Zucker abgeriebene Schale einer Citrone, 1 Liter Milch, 8 Eier, 1 Kilo abgestielte Kirschen.

Man koche aus Milch und Griesmehl einen dicken Brei und lasse ihn erkalten; rühre dann die Butter zu Schaum, füge Brei, Zucker, Mandeln, Citronenschale, Eidotter und Kirschen hinzu und wenn dies gut vermengt ist, den Schnee der Eiweiß. Fülle die Masse in eine gebutterte und mit geriebenem Weißbrot bestreute, nicht zu hohe Form — der Kuchen darf, der Kirschen wegen, nicht höher als drei Querfinger sein — und backe sie schön hellbraun.

115. Schwäbischer Gugelhopf. 250 Gramm Mehl, 250 Gramm Butter, 60 Gramm Hefe, 12 Eier.

Man rühre die Butter zu Schaum und dann ein Ei hinein, welches man so lang verrühren muß, bis man nichts mehr davon sieht, wonach man einen Eßlöffel Mehl hineinrührt und so abwechselnd fortfährt, bis Eier und Mehl eingerührt sind; giebt nun die Hefe hinzu und füllt es in die, mit Butter ausgestrichene und mit gesiebtem Zwieback bestreute Form (Schneckenform), läßt gehen und in mäßig heißem Ofen backen. — Vorzüglich, fast wie Biscuit.

116. Gefüllter Gugelhopf. Teig. 300 Gramm Mehl, 500 Gramm Butter, 25 Gramm Zucker, etwas Citronenschale und Salz, eine halbe Tasse (¹/₁₆ Liter) süßer Rahm, 25 Gramm Hefe, 8 Eier.

Fülle. 60 Gramm fein gestoßene Mandeln, 30 Gramm zu Würfelchen geschnittene Succade, 30 Gramm Zucker, 1 Ei, das Weiße zu Schnee geschlagen und das Ganze gut vermischt.

Man rühre die Butter zu Schaum und dann abwechselnd immer ein Ei und zwei Eßlöffel Mehl hinein, bis Eier und Mehl verbraucht sind und füge nun Zucker, Citronenschale, Salz, Rahm und Hefe hinzu, schlage den Teig gut ab und lasse ihn gehen. Rolle ihn nun wie eine Wurst aus, presse ihn mit der Hand breit und belege ihn mit der Fülle, drücke ihn in die Form und backe bei guter Hitze.

117. Gugelhopf von Kartoffelmehl. 100 Gramm Kartoffelmehl, 280 Gramm Vanillezucker, Saft einer Citrone, 10 Eier.

Man gebe nach und nach die Eidotter, Zucker, Kartoffelmehl und Citronensaft in eine Schüssel und rühre es eine halbe Stunde lang; ziehe dann den Schnee der Eiweiß leicht darunter, fülle die Masse in die mit Butter bestrichene Form und backe sie bei mäßiger Hitze. — Sehr fein, aus fürstlicher Küche.

H.

*118. Amerikanischer Hochzeitkuchen (Wedding-Cake). Mehl, Zucker, Butter, gut gewaschene und mit Mehl bestäubte Korinthen, fein gehackte Sultanini oder ausgekernte Rosinen, von jedem 500 Gramm; dann 250 Gramm fein geschnittene Succade, 1 Eßlöffel Zimmet, 2 Theelöffel geriebene Muskatnuß, 1 Theelöffel Gewürznelken, 1 Weinglas feiner Branntwein, 12 Eier.

Man rühre Butter und Zucker zusammen zu Schaum, gebe die gut verklopften Eidotter hinzu und wenn dies gut abgerührt ist, die Hälfte des Mehls; hierauf Korinthen, Rosinen, Succade, die Gewürze, nun den Schnee der Eiweiß, den Rest des Mehls und zuletzt den Branntwein. Diese Portion ist für zwei große Kuchen, die in tiefen, mit gebuttertem Papier ausgelegten Blechformen zwei Stunden ge-backen und nachdem sie erkaltet sind, recht dick mit Eis überzogen werden.

Zu diesem nimmt man zwei Eiweiß, 250 Gramm aufs feinste gesiebten Zucker und Citronensaft, Vanille oder anderen beliebigen Geruch, giebt die Eiweiß in eine weite Schüssel, eine Handvoll Zucker dazu und beginnt langsam und gleichmäßig zu schlagen; thut später immer etwas mehr Zucker dazu und fährt so fort, bis er aufgebraucht ist, wo man dann noch so lange schlagen muß, bis das Ei fein, glatt und fest ist, doch genügt meistens eine halbe Stunde. Nimmt man Citronensaft dazu, wodurch das Eis besonders schön weiß wird, so muß etwas mehr Zucker genommen werden. Man gießt es dann löffelweise über den Kuchen und zwar in die Mitte und wenn es nicht von selbst auseinander fließt, so hilft man mit einem breiten, in Wasser getauchten Messer nach. — Von der Schwester eines hier gebürtigen Reverends in Minnesota und hält sich zwei Monate.

*119. Hundertjähriger Kuchen. 375 Gramm feines Mehl, 375 Gramm Zucker, 375 Gramm frische ungesalzene Butter, 375 Gramm Korinthen, 60 Gramm süße und 60 Gramm bittere, fein gestoßene Mandeln, die am Zucker abgeriebene Schale einer Citrone, 1 Muskatnuß, 1 Glas (1/8 Liter) Rum, 10 Eier.

Man rühre die Butter zu Schaum und nach und nach die Eidotter hinein; dann Mandeln, Zucker, Muskatnuß, Citronen, Rum, hierauf das Mehl, welches man gut durchrührt, zuletzt die Korinthen und den Schnee der Eiweiß, fülle es in eine Form und backe den Kuchen langsam zwei Stunden lang. — Aus alter Klosterküche und sehr gut und haltbar, wie schon der Name besagt.

120. Hallorenkuchen. 1 Kilo Butter, 500 Gramm mit Rum be-sprengte Sultanini, 500 Gramm Korinthen, 70 Gramm klein geschnittene Succade, 70 Gramm süße, 15 Gramm bittere gehackte Mandeln, abgeriebene Schale einer Citrone, 2 Gramm Muskatblüthe, 1 Theelöffel Salz, 130 Gramm Hefe, 1 Liter Milch, 6 Eidotter und soviel Mehl, daß der hieraus bereitete Teig, welcher stark geschlagen werden muß, sich wohl ziehen läßt.

Nun bestreut man eine große oder zwei kleinere, gebutterte Formen mit ge-hackten Mandeln, giebt den Teig hinein und stellt ihn an einen warmen Ort, läßt ihn, wenn er recht gut aufgegangen ist, in einem nicht zu stark geheizten Ofen backen, bestreicht ihn dann gleich mit Butter und streut Zucker und Zimmet darüber.

Solcher Kuchen wird von den Halloren, nebst Sool=Eiern, alljährlich zu Neujahr, durch eine Deputation an den Berliner Hof gebracht.

121. Hotzeltorte. 180 Gramm Mehl, 180 Gramm Zucker, dann Haselnüsse, Wallnüsse oder gebrannte Mandeln, Chocoladeplätzchen, Sultanini, von jedem eine Obertasse voll, 12 Eier. Die Nüsse werden abgebrüht und geschält, die Wallnüsse der Länge nach zerschnitten.

Man schlage nun Mehl, Zucker und Eier in einem Kessel mit dem Schnee= besen recht stark untereinander, bringe es dann aufs Feuer und schlage es fort= während und gleichmäßig, bis die Masse heiß wird, aber nicht zum Kochen kommt, nehme den Kessel ab und schlage die Masse kalt, bringe sie wieder zum Feuer, schlage sie wieder heiß wie zuvor und auch wieder kalt und sowie die Masse zum zweiten Male kalt geworden ist, so menge man sogleich sämmtliche Ingredienzen gut darunter, fülle in eine mit ungesalzener Butter gut ausgestrichene und mit ge= siebtem Zwieback bestreute flache Form und backe die Torte wie Biscuit. Man muß sich sehr hüten an den Rand der Form zu stoßen, weil die Torte dann schliffig würde und muß die flache Form nehmen, da sonst all' das Schwere zu Boden sinkt und nicht gehörig gemischt bleibt.

122. Hohlkuchen mit Früchten.

Man lege eine große, glatte, runde Form mit Blätterteig aus und fülle sie mit trockenen Erbsen, backe den Teig in mäßig heißem Ofen, stürze diese hohle Kruste und thue sie auf eine Schüssel. Dann läßt man zehn schöne eingemachte Aprikosen gut abtropfen, kocht den Saft ein und vermischt ihn mit sechs Eßlöffeln Aprikosenmarmelade, einem Glas ($\frac{1}{8}$ Liter) weißen Wein und 10 Gramm auf= gelöster Gelatine, stellt das Ganze recht kalt, am besten auf Eis, bis es dick wird und vermischt es dann mit 2 Deciliter steif geschlagenem Rahm, häuft es, un= mittelbar vor dem Serviren, in die Kruste und umlegt es mit den Aprikosen.

Ebenso von Pfirsichen und Reineclauden.

123. Himbeertorte. Mürbteig. 250 Gramm Zucker, 250 Gramm gehackte und etwas geröstete Mandeln, an Zucker abgeriebene Schale einer Citrone, 6 Eiweiß, eingemachte Himbeeren.

Man schlage die Eiweiß zu Schnee und vermische sie mit Zucker, Mandeln und Citronenschale. Belege dann eine Kuchenform mit dem Teige, diesen mit den Himbeeren, gebe den Guß darüber und backe zu schöner Farbe.

124. Einfacher Himbeerkuchen. Mürbteig. Nr. 11. Schöne große, mit 60 Gramm Zucker vermischte Himbeeren, 6 Eßlöffel gesiebter Zucker, 6 Eiweiß.

Man lege die mit Mehl bestreute Form mit dem Teig aus, darüber eine halb= fingerdicke dichte Schicht von den Himbeeren und backe den Kuchen bei guter Hitze. Schlage dann die Eiweiß zu steifem Schnee, vermenge ihn mit dem Zucker, be= streiche den gebackenen Kuchen damit und stelle ihn nochmals in den abgekühlten Ofen, bis der Guß hellgelb ist.

125. Heidelbeerkuchen. Teig. 500 Gramm Mehl, 200 Gramm Butter, 60 Gramm Zucker, 30 Gramm Hefe, $\frac{3}{4}$ Liter Milch, Heidelbeeren.

Man bereite den Teig, rolle ihn, wenn er gehörig gegangen ist, aus und schneide ihn zu einer runden Platte, die man auf ein mit Butter bestrichenes, lau=

warm gestelltes Backblech legt, einen Rand kneift, den Kuchen stippt und wieder ein wenig aufgehen läßt. Dann bestreicht man Kuchen und Rand mit zerlassener, jedoch nicht heißer Butter, stäubt auf diese ganz wenig gestoßenes Weißbrot und belegt den Boden kleinfingerdick mit gut abgewaschenen und gut abgetropften Heidel= beeren, streut reichlich Zucker darüber und giebt hin und wieder haselnußgroße Butterflöckchen darauf, übersiebt es leicht mit Weißbrot und backt den Kuchen rasch in guter Hitze, denn wenn er langsam backt, so geben die Beeren zu viel Saft.

126. Hagebuttentorte. Blätter= oder Mürbteig. ¹/₂ Liter ge=
trocknete Hagebutten, 280 Gramm Sultanini, 60 Gramm Zucker, etwas Citronen= schale und Zimmet, ¹/₂ Liter weißer Wein, ¹/₄ Liter Wasser.

Man koche Alles zusammen, bis die Hagebutten weich sind und stelle es kalt. Lege die mit Butter bestrichene Form mit dem Teig aus und gebe die Masse fingerdick darauf, mache ein zierliches Gitter darüber, bestreue es mit Zucker und Mandeln und lasse backen.

127. Haselnußtorte. 375 Gramm Haselnüsse, 500 Gramm Zucker,
125 Gramm gedörrtes, durchgesiebtes Schwarzbrot, 1 Citrone, 16 Eier.

Man verrühre die Eidotter mit Zucker und den feingestoßenen Haselnüssen gut, menge dann den steifen Schnee der Eiweiß, das Schwarzbrot und die ab= geriebene Citronenschale darunter, fülle es in eine gut bestrichene Form und backe die Torte langsam drei Viertelstunden lang. — Fein und kräftig.

128. Heidemehlkuchen. 250 Gramm helles Heidemehl (Buchweizen=
mehl), nur helles, nicht das dunkle, schwere, 250 Gramm fein gestoßener Zucker, 250 Gramm nicht abgezogene, fein geriebene Mandeln, 250 Gramm frische Butter, Saft einer Citrone, 6 Eier.

Man rühre die Butter schaumig, gebe nach und nach Zucker, Eidotter, Mandeln, Mehl und Citronensaft dazu und wenn dies gut verrührt ist, den Schnee der Eiweiß, thue es in eine gebutterte und bestreute Form und backe den Kuchen bei guter Hitze drei Viertelstunden bis eine Stunde lang. — Aus Lüneburg und vorzüglich.

129. Gefüllter Hefenkuchen. 500 Gramm Mehl, 250 Gramm
frische Butter, 45 Gramm Hefe, ¹/₈ Liter lauwarmer süßer Rahm, Salz, 5 Eier, 5 Eidotter.

Man rühre die Butter leicht, schlage Eier und Eidotter dazu und menge das Uebrige darunter. Fülle die Masse in eine tiefe runde Form und backe sie, wenn sie gut gegangen ist, in frischer Hitze. Schneide dann, nachdem der Kuchen ein wenig abgekühlt ist, oben schön rund einen Deckel ab, nehme das weiche Innere heraus, fülle eingemachte Früchte hinein, lege den Deckel wieder auf und bestreue ihn mit Zucker.

130. Hefenkuchen in Form eines Fisches. Teig. 500 Gramm
feines Mehl, 180 Gramm frische Butter, 60 Gramm gesiebter Zucker, 30 Gramm Hefe, Salz, ³/₈ Liter Milch, 4 Eier.

Fülle. 125 Gramm Rosinen, 125 Gramm Korinthen, 60 Gramm Zucker, klein geschnittene Schale einer halben Citrone, ³/₁₆ Liter weißer Wein.

Man thue das Mehl in eine Schüssel und mache in der Mitte, mit Hefe und Hälfte der erwärmten Milch, einen Vorteig, den man gehen läßt; dann verrühre man die Eier mit der andern Hälfte der Milch und der Butter, menge den Teig damit untereinander und arbeite Zucker und ein wenig Salz hinein, schlage ihn so lange, bis er sich von der Schüssel löst, wirke ihn auch noch auf dem Backbrett und rolle ihn federkieldick aus. Nun koche man die Fülle ganz kurz ein, lasse sie erkalten und streue sie auf dem ausgerollten Teig herum, überschlage ihn dreifach, gebe ihm die Gestalt eines Fisches, am besten Karpfen, breit und nicht zu lang und lege ihn auf ein mit Butter bestrichenes Backblech. Forme nun den Kopf und den Schweif, mache das Auge von einer Korinthe und die Schuppen aus abgezogenen und in der Mitte quer durchgeschnittenen Mandeln, doch muß, bevor diese darauf gesteckt oder wie Schuppen gelegt werden, der Kuchen noch einmal recht gehen, wird dann mit Ei bestrichen und mit den Mandeln versehen, welche man, bevor man den Kuchen in den Ofen setzt, mittelst eines in frisches Wasser getauchten Pinsels überfährt, das Ganze noch mit Zucker überstreut, den Fisch schön gelb backt und zum Serviren auf eine zierlich gefaltete Serviette legt. — Aus alter Klosterküche.

*131. Hutzelbrot. (Schwäbisches Weihnachts-Backwerk.) 2 Liter Hutzeln (getrocknete Birnschnitzen), 2 Liter getrocknete Zwetschen, $1/2$ Kilo Rosinen, $1/2$ Kilo Korinthen, $1/2$ Kilo abgezogene, grobgeschnittene Mandeln, $1/2$ Kilo Wallnußkerne, die über Nacht in kaltem Wasser gelegen haben, die fein geschnittene Schale von 2 Citronen, $1/4$ Kilo Feigen, 100 Gramm Succade, 100 Gramm candirte Pomeranzenschale — diese drei Theile grob geschnitten — 35 Gramm Zimmet, 8 Gramm Gewürznelken, beides gestoßen. Hutzeln und Zwetschen werden, jedes für sich, in Wasser weich gekocht, die Zwetschen entsteint und man bewahrt die Brühe, welche etwa 2 Liter betragen muß.

Dann werden 3 Kilo feines Mehl in der Backmulde warm gestellt und von drei Wallnuß groß Hefe und 1 Liter lauwarmer Obstbrühe ein Vorteig gemacht; ist dieser gut gegangen, so knete man den Teig wie anderes Brot, füge die übrige Brühe hinzu und wenn er nun wieder gehörig gegangen ist, so kommen alle die benannten Zuthaten und zwar alle erwärmt hinein und müssen darin kräftig verarbeitet werden, worauf der Teig wieder eine Stunde gehen muß und jetzt zu zwölf kleinen Broten geformt und wie anderes Brot gebacken wird. — Hält sich außerordentlich lange, man sagt ein ganzes Jahr und ist in Schwaben kein Weihnachten denkbar, ohne Hutzelbrot, welches, in Scheiben geschnitten, meistens zu Punsch, Glühwein oder russischem Thee (Tschay) servirt wird.

Für den Fall, daß dieser beliebte Thee nicht überall bekannt wäre, bemerke ich, daß man dazu ein großes Theeglas, wie sie in Rußland üblich sind, etwa $1/4$ Liter haltend, zu ein Viertel mit Rum oder Arak füllt, vier bis fünf Kaffeestückchen Zucker hinein giebt, mit Thee voll gießt und oben darauf ein dünnes, entferntes Citronenrädchen legt. Auch bei großer Kälte oder Erkältung, als überaus erwärmend, sehr zu empfehlen.

J.

132. Italienischer Kuchen. $1\frac{1}{2}$ Kilo Mehl, $3/4$ Kilo Zucker, $3/4$ Kilo frische Butter, die abgeriebene Schale einer Citrone, 1 Glas Wasser.

Man thue das Mehl auf das Backbrett, mache in die Mitte eine Grube und gebe in diese die übrigen Zuthaten, mische alles wohl unter einander, rolle es 8 Millimeter dick aus und steche mit einem 15 Centimeter Durchmesser haltenden Ausstecher Stücke daraus, die man dann in der Mitte mit einem Ausstecher von 4 Centimeter wieder aussticht und so Kränze formt, welche man auf leicht mit feinem Oel bestrichene Backbleche legt, in einem mäßig heißen Ofen backt und erkalten läßt. Nun streiche man auf jeden der Kränze, den für oben bestimmten ausgenommen, Johannisbeer-Gelee oder Aprikosen-Marmelade, lege sie übereinander und überziehe den Kuchen mit einer weißen Glasur. Die beim Ausstechen abfallenden Plätzchen kann man zusammen machen und wieder zu Kränzen verarbeiten oder auch so backen und zwei und zwei, mit Marmelade dazwischen, aufeinander legen.

133. Italienischer Kuchen mit Früchten (Giardinetto.) 250 Gramm Mandeln, 250 Gramm gesiebter Zucker, 1 Citrone, 2 Eiweiß, Südfrüchte.

Man lasse die Mandeln in Wasser aufkochen, schäle sie dann in frisches Wasser und trockne sie auf einem Tuch ab; stoße sie mit den Eiweiß ganz fein, treibe sie durch ein Haarsieb und nehme hierauf das Zurückgebliebene wieder in den Mörser, bis Alles durchgetrieben worden ist. Füge nun den Zucker und die am Zucker abgeriebene Schale der Citrone hinzu, bringe es in einer Messing-Casserole auf gelindes Feuer und rühre es so lange, bis es recht gut getrocknet ist; rolle die Masse auf dem mit Zucker bestreuten Backblech ganz dünn aus, lege sie über eine umgedrehte, mit Butter bestrichene Zinnschüssel, backe sie vorsichtig in nicht zu heißem Ofen, denn sie soll weißlich sein und fülle den Kuchen beim Serviren mit möglichst verschiedenen Südfrüchten, als da sind: Feigen, Datteln, Granatäpfel, Mandarinen, candirte grüne Pomeranzen (Chinois), glacirte Maronen, Traubenrosinen, Prinzeßmandeln, Orangeblätter dazwischen, oder mit überzuckerten Früchten (En Chenise), Kirschen, Erdbeeren, rothe, weiße und schwarze Johannisbeeren, die man in Eiweiß taucht, mit geriebenem, nicht gesiebtem Zucker dicht bestreut, an der Luft, am besten in der Sonne, nicht an Ofenwärme, antrocknen läßt und mit zarten Johannisbeer- oder Erdbeerblättchen verziert. An den Kirschen werden die Stiele etwas beschnitten, an den Erdbeeren die grünen Blättchen abgenommen.

134. Johannisbeertorte. Blätter- oder Mürbteig. ¾ Liter gut reife, mit 90 Gramm gestoßenem Zucker vermischte Johannisbeeren, 250 Gramm fein gesiebter Zucker, 250 Gramm fein gestoßene Mandeln, 8 Eiweiß.

Man rühre Zucker und Mandeln mit dem Schnee der Eiweiß eine Viertelstunde und fülle die Hälfte dieser Masse in die mit dem Teige ausgelegte Form, gebe die Johannisbeeren darauf, gieße den Rest der Masse darüber und backe die Torte in Mittelhitze. — Sehr gut.

135. Johannisbeerkuchen. Mürbteig.

Man rolle diesen nicht zu dünn aus und schneide ihn zu einer runden Platte, die man mit etwas Zwieback bestreut und mit 625 Gramm rothen Johannisbeeren so belegt, daß ein zwei Finger breiter Rand leer bleibt; streue nun 125 Gramm fein geriebenen Zucker über die Beeren, schlage den Rand herein und bestreiche ihn mit Ei.

136. Jägertorte. Teig. 280 Gramm Zucker, 280 Gramm fein gestoßene Mandeln, 35 Gramm feines Mehl, etwas Citronenschale, 6 Eier, 6 Eiweiß, eingemachte Früchte.

Guß. 280 Gramm Zucker, 280 Gramm länglich geschnittene Mandeln, 6 Eiweiß.

Man rühre zu dem Teige Zucker und Mandeln mit den Eiern recht schaumig, ziehe den Schnee der Eiweiß, Mehl und Citronenschale leicht darunter, fülle es in eine Form und backe es drei Viertelstunden lang zu schöner gelber Farbe. Schlage nun für den Guß die Eiweiß ebenfalls zu steifem Schnee und vermenge ihn mit Zucker und Mandeln, bestreiche die Torte mit eingemachten Früchten und darüber mit dem Schnee und stelle sie nach Zehn Minuten in den Ofen, aber mit

4*

weißem Papier bedeckt, damit der Guß weiß bleibe, auf den man dann mit grüner Glasur vermittelst einer Conditorspritze „Waidmannsheil" spritzt, doch muß man zu Glasur, welche zum Spritzen dienen soll, aufs feinste pulverisirten Zucker (Staubzucker) nehmen, den man in Delikatessenhandlungen erhält und thut wohl, auf Papier eine kleine Probe zu spritzen, um zu sehen, ob bei mäßigem Druck die Glasur gut wie ein starker Faden und frei schwebend — es darf die Spitze von der Spritze die Torte nicht berühren — ausläuft und dick genug ist, um nicht breit auszulaufen, sondern wie ein Schnürchen rund stehen zu bleiben.

Natürlich kann man auf diese Weise auch andere Inschriften auf Torten anbringen oder sonstige Verzierungen.

K.

*137. Königskuchen. 500 Gramm feinstes Mehl, 500 Gramm Zucker, 500 Gramm Butter, 125 Gramm geriebene, bittere Mandeln, die an Zucker abgeriebene Schale einer großen Citrone, 10 Eier.

Man rühre die Butter zu Schaum, dann nach und nach den Zucker und die Eidotter daran und wenn man eine halbe Stunde gerührt hat, die Mandeln dazu. Schlage jetzt die Eiweiß zu steifem Schnee, gebe die Hälfte davon zu der gerührten Masse, die andere Hälfte über das Mehl und vermenge beides leicht; thue das Ganze nun in eine gut gebutterte und mit gesiebtem Zwieback bestreute Form und backe den Kuchen bei guter Hitze. — Vorzüglich und läßt sich lange bewahren.

*138. Englischer Königskuchen (Kings-Cake). 250 Gramm feines Mehl, 500 Gramm Zucker, 500 Gramm Butter, 100 Gramm fein geriebenes feines Weißbrot, 250 Gramm Korinthen, 125 Gramm Succade, 125 Gramm candirte Pomeranzenschale, beides feinwürfelig geschnitten, 8 Gramm gestoßener Zimmet, abgeriebene Schale einer Citrone, $^1/_8$ Liter Arak, 16 Eier.

Man rühre die Butter zu Schaum und nach und nach Eidotter und Zucker dazu und die übrigen Zuthaten, mit Ausnahme von Mehl, Weißbrot und Korinthen, und wenn dies eine halbe Stunde gerührt worden, so füge man die Korinthen hinzu, streue Mehl und Weißbrot darüber und rühre es mit durch, wonach man den steifen Schnee der Eiweiß darunter zieht, den Arak dazu giebt und den Kuchen in gebutterter und bestreuter Form langsam zwei Stunden backt. — Sehr beliebt und sehr haltbar. — Da sich diese steife Masse schwer mit dem Schnee vermischt, so rühre man zuerst einige Löffel voll darunter, wodurch die Masse geschmeidig wird und man dann den ganzen Schnee hinein ziehen kann, ohne daß er gerührt wird.

139. Königin von Preußen-Kuchen. 250 Gramm fein gesiebter Zucker, 250 Gramm sehr feine und frische ungesalzene Butter, 5 Eier.

Man rühre die Butter zu Schaum, gebe dann den Zucker dazu und wenn man dies noch eine gute Weile gerührt hat, die Eier nach und nach hinein, thue die Masse in eine mit gebuttertem Papier ausgelegte Form und backe sie bei gelinder Hitze.

140. Knittelkuchen. 750 Gramm Mehl, 125 Gramm fein geriebener Zucker, 3 Eßlöffel süßer Rahm, 15 Eidotter, 4 zu Schnee geschlagene Eiweiß.

Man knetet dies zu einem Teige, rollt ihn dünn aus und formt ihn zu kleinen Küchelchen, die man in Butter schwimmend hellbraun ausbackt. Dann zerschneidet man 250 Gramm Mandeln, worunter ein Drittel bittere, 250 Gramm candirte

Orangenschale, 250 Gramm Succade und die Schale von 2 Citronen und zerstößt
8 Gramm Zimmet, 4 Gramm Gewürznelken und eine Muskatnuß und läßt nun
1 Kilo Farinzucker und ½ Kilo weißen Zucker in einer Tasse (⅛ Liter) Rosenwasser aufkochen, thut sämmtliche Ingredienzen, sowie die Küchelchen hinein, mischt
Alles auf dem Feuer recht untereinander und giebt die Masse jetzt in eine mit
Mandelöl ausgestrichene Randform, legt einen Deckel darauf und beschwert ihn —
Original-Recept.

141. Ostfriesische Knüppeltorte (Butterbulle). Teig. 500 Gramm
Mehl, 75 Gramm Butter, 50 Gramm in ¼ Liter Milch aufgelöste Hefe, 4 Eier.

Fülle. 400 Gramm zerpflückte Butter, 150 Gramm fein gesiebter
Zucker (Melis), 150 Gramm gelber Farinzucker, 10 Gramm feiner Zimmet,
75 Gramm fein geschnittene Succade.

Streußel. 100 Gramm zerpflückte Butter, 100 Gramm weißer, 100
Gramm gelber Zucker, 10 Gramm Zimmet, 50 Gramm gehackte Succade.

Man menge und knete den Teig und lasse ihn an warmer Stelle gut aufgehen;
rolle ihn aus und lege von der Hälfte einen Boden und Rand in eine Springform.
Schneide den übrigen Teig in 5 Centimeter große Stücke, bestreue sie mit der
Fülle und setze sie nebeneinander auf den mit Eiweiß bestrichenen Boden, gebe den
Streußel darüber und backe die Torte bei ziemlicher Hitze. — Soll ein Lieblings-
backwerk von Fürst Bismarck sein und ihm alljährlich aus Ostfriesland
zugeschickt werden.

142. Schwäbischer Kirchweihkuchen. 500 Gramm feines Mehl,
40 Gramm Hefe, ¼ Liter lauwarme Milch, 250 Gramm geschmolzene Butter,
3 Eßlöffel Zucker, 1 Theelöffel Salz, 2 Eidotter, 1 Ei.

Man verrühre die Hälfte vom Mehl, Hefe und Milch und menge, wenn dies
gut aufgegangen ist, die andere Hälfte an Mehl, Hefe und Milch nebst Butter,
Zucker, Salz, Eidottern und Ei darunter, vermenge den Teig gut und rolle ihn zu
viereckigen Kuchen, in Größe eines großen Tellers, ziemlich dünn aus, kneife einen
Rand und belege sie ganz dicht mit Apfelschnitzen oder ausgesteinten Zwetschen,
gebe kleine Stückchen Butter darauf, streue geriebenes, mit Zucker vermischtes
Schwarzbrot darüber und backe die Kuchen in ziemlich starker Hitze.

*143. Kenziger Kuchen. Teig. 180 Gramm Mehl, 250 Gramm
gesiebter Zucker, 15 Eier.

Mus. 125 Gramm frische feine Butter, 125 Gramm geriebener Zucker,
4 Citronen, 4 Eidotter.

Man rühre Zucker und fünfzehn Eidotter eine halbe Stunde recht kräftig, dann
Mehl und steifen Schnee der fünfzehn Eiweiß darunter und backe von dieser Masse
auf einem Backblech, bei Mittelhitze, zwanzig bis dreißig Minuten lang zwei länglich
viereckige Kuchen, bestreiche den einen mit dem Mus, lege den andern darüber und
rolle das Ganze wie eine Papierrolle auf.

Zu dem Mus lasse man die Butter auf schwachem Feuer schmelzen, thue
Zucker, Saft der Citronen, abgeriebene Schale einer Citrone und die Eidotter daran
und rühre es stark, bis es dicklich wird, setze dann schnell ab und fahre mit dem
Rühren noch etwas fort, kann anstatt Mus auch eine Marmelade nehmen und
servirt den sehr guten und haltbaren Kuchen zu fingerdicken Scheiben geschnitten.

144. Korinthenkuchen. 500 Gramm langsam geschmolzene, abgeklärte
und wieder dick gewordene Butter, 500 Gramm gesiebter Zucker, 500 Gramm

fein gestoßene und gesiebte Weizenstärke, 125 Gramm Korinthen, abgeriebene Schale einer Citrone, eine geriebene Muskatnuß oder ein Theelöffel Muskatblüthe, ein halbes Glas Rum oder Arak, 12 Eier.

Man rühre die Butter zu Schaum und gebe, unter starkem Rühren, nach und nach Zucker, Gewürz und Eidotter und zwar eins nach dem andern, langsam hinein und wenn dies fünf Viertelstunden gerührt worden ist, so füge man die Korinthen und hierauf den steifen Schnee der Eiweiß hinzu und mische dann möglichst rasch die Stärke und Rum oder Arak darunter.

145. Käsekuchen. Mürbteig.
Ein Suppenteller weißer Käse (Quark-käse), 90 Gramm geriebener Zucker, 125 Gramm zerlassene Butter, 90 Gramm Korinthen, 3 Eßlöffel feines Mehl, etwas Salz, anderthalb Tassen ($^3/_{16}$ Liter) süßer oder saurer Rahm, 4 Eier.

Man rühre den Käse recht glatt, dann Butter, Eier und Mehl hindurch und wenn dies gut verrührt ist, Zucker, Korinthen, Salz und Rahm, fülle es in die mit dem Teig belegte Form und backe den Kuchen in frischer Hitze.

*146. Kartoffelmehltorte.
375 Gramm Kartoffelmehl, 250 Gramm Zucker, 250 Gramm Butter, 6 Eier.

Man rühre die Butter zu Schaum, gebe dann die Eidotter und löffelweise Zucker und Kartoffelmehl hinzu und fahre nun mit dem Rühren noch drei Viertelstunden fort, ziehe den Schnee der Eiweiß darunter und backe die Torte langsam, bei gelinder Hitze. — Kräftig und haltbar.

147. Kartoffeltorte.
250 Gramm Tags vorher abgekochte, auf dem Reibeisen geriebene Kartoffeln, wobei nur gebraucht werden darf, was hinter das Reibeisen fällt, 125 Gramm geriebener Zucker, 60 Gramm fein geriebene Mandeln, 7 Eier.

Man verrühre Zucker und Mandeln mit den Eidottern, füge hierauf die Kartoffeln und danach den Schnee der Eiweiß hinzu, fülle die Masse in eine gebutterte und bestreute Form und backe sie wie Biscuit, womit diese einfache Torte viele Aehnlichkeit hat.

148. Braune Kartoffeltorte.
250 Gramm nicht abgezogene Mandeln, worunter einige bittere, 3 mittelgroße, Tags vorher abgekochte Kartoffeln, 250 Gramm fein geriebener Zucker, etwas gewiegte Citronenschale, 6 Eier.

Man wasche die Mandeln, trockne sie mit einem Tuch ab und stelle sie an einen warmen Ort, bis sie ganz trocken sind. Reibe sie dann auf einer Mandelreibe ein bis zwei Mal durch, reibe auch die Kartoffeln auf dem Reibeisen und vermische beide Massen mit dem Zucker, Citronenschale, Eidottern und zuletzt mit dem Schnee der Eiweiß, fülle es in eine Form und lasse, bei gelinder Hitze, drei Viertelstunden backen.

149. Gewürzte Kartoffeltorte.
375 Gramm geriebene, Tags vorher gekochte Kartoffeln, 310 Gramm Zucker, 60 Gramm Succade, 30 Gramm candirte Pomeranzenschale, beides fein geschnitten, an Zucker abgeriebene Schale einer halben Citrone, 15 Gramm fein gestoßener Zimmet, 4 Gramm Gewürz-nelken, 7 Eier, 6 Eidotter.

Man rühre Zucker, Eier und Eidotter eine halbe Stunde, gebe dann die Kartoffeln und alles Uebrige dazu und wenn es abermals eine halbe Stunde gerührt worden, den Schnee von drei Eiweiß hinein, thue es in die Form und bestreue es mit länglich geschnittenen und mit Zucker vermischten Mandeln.

150. Englische Kartoffeltorte.

200 Gramm Tags vorher gekochte, geriebene Kartoffeln, 125 Gramm geschmolzenes, abgeklärtes, erkaltetes Rindsmark, 90 Gramm Zucker, 30 Gramm Rosinen, Zimmet, Muskatnuß, Citronenschale, von jedem eine Messerspitze, ein Gläschen Arak oder Rum, 3 Eier.

Man verrühre das Mark recht fein, thue dann die Eier und alles Uebrige dazu und rühre es gut untereinander. Gebe es in eine mit Butter bestrichene Form und backe die Torte schön gelb.

151. Kartoffel=Gugelhopf.

500 Gramm geriebene, Tags vorher gekochte Kartoffeln, 250 Gramm Mehl, 125 Gramm geschmolzene, lauwarme Butter, 30 Gramm Hefe, ein wenig Salz, 1/2 Liter süßer Rahm, 4 Eier.

Man vermische Kartoffeln und Mehl vermittelst einer Gabel, mache in die Mitte eine Grube und darin mit der Hefe und ein wenig Milch einen Vorteig, den man gehen läßt, hierauf das Uebrige beifügt und den Teig recht kräftig rührt. Dann bestreiche man eine irdene Gugelhopf=Form — in Metall bleibt Kartoffel= masse leicht sitzen — mit Butter, bestreue sie mit Zucker und fülle den Teig hinein, lasse ihn gehen und den Gugelhopf nach dem Backen fünf Minuten stehen, ehe man ihn stürzt und mit Zucker bestäubt.

152. Kirschenkuchen I.

Teig. 180 Gramm Mehl, 125 Gramm Butter, 60 Gramm Zucker, 1 Ei, dann etwas Zwieback und Kirschen.

Guß. 125 Gramm gesiebter Zucker, 4 Eiweiß.

Man menge den Teig rolle ihn aus und schneide ihn zu einer runden Platte, kneife einen Rand und thue sie auf ein Backblech. Bestreue sie mit gestoßenem Zwieback und belege sie so dicht wie möglich mit ausgesteinten Kirschen, die man reichlich mit Zucker besiebt und den Kuchen nun fast gar backt. Dann schlage man die Eiweiß zu dickem Schaum, vermische sie mit dem Zucker und bestreiche den Kuchen damit, siebe Zucker darüber und lasse im Ofen schöne Farbe wie Biscuit nehmen. — Ebenso von Himbeeren, Erdbeeren, Johannisbeeren und halbirten Zwetschen.

153. Kirschenkuchen II.

Teig. 315 Gramm Mehl, 210 Gramm Butter, starker Eßlöffel Zucker, etwas Zimmet und Citronenschale, Zwieback, 3 Eidotter, Kirschen.

Man knete aus Mehl, Butter, Zucker und Eidottern einen Teig, rolle ein Stück desselben zu einem kleinen runden, nicht zu dünnen Kuchen aus, in Tellergröße etwa, lege ihn auf ein mit Butter bestrichenes Backblech, bestreue ihn mit gestoßenem Zwieback und etwas Zimmet und belege ihn ganz dicht mit ausgesteinten und in Zucker umgewendeten Kirschen. Rolle dann einen zweiten Kuchen wie den ersten aus und verfahre ebenso damit, nur daß man zu dem Zimmet noch feingeschnittene Citronenschale fügt und so fortfährt bis der Teig aufgebraucht ist, umgebe den Kuchen mit starkem Papier, backe ihn gelb und besiebe ihn danach mit Zucker. Die ausgesteinten Kirschen muß man vor dem Auflegen auf einem Sieb abtropfen lassen.

154. Kirschenkuchen III. Mürbteig. 3 Eßlöffel Griesmehl, eigroß Butter, 90 Gramm Zucker, etwas Zimmet, 4 Zwieback, 6 Eßlöffel saurer Rahm, $1/4$ Liter Milch, 2 Eier, 750 Gramm ausgesteinte Kirschen.

Man rühre das Griesmehl in die kochende Milch, lasse es, unter öfterem Umrühren, eben aufkochen und dann die Butter mit durchkochen, fülle es in ein Geschirr und gebe, wenn es etwas abgekühlt ist, Eier, Rahm, Zucker, Zimmet und zuletzt die Kirschen hindurch. Rolle nun den Teig aus, belege eine gebutterte und bestreute Form damit, thue den fein gestoßenen Zwieback auf den Boden und breite die Masse gleichmäßig darauf aus, stelle den Kuchen sofort in den Ofen und backe ihn bei guter Hitze. Außer der Kirschenzeit kann man in Büchsen oder Flaschen eingekochte Kirschen nehmen.

155. Englischer Kirschenkuchen. 580 Gramm Mehl, 280 Gramm fein geriebener Zucker, 140 Gramm Mandeln, 60 Gramm candirte Orangenschale, beides fein geschnitten, 8 Eier, Kirschen.

Man rühre die Butter zu Schaum und nach und nach die Eidotter dazu; hierauf den Zucker, die Mandeln und Orangenschale, das Mehl und den Schnee der Eiweiß. Gebe die Hälfte davon in eine Form, eine Lage von Kirschen darauf und die andere Hälfte des Teigs darüber. Vermische nun den Schnee von 3 Eiweiß mit 3 Eßlöffeln gesiebtem Zucker, streiche dies über den Teig, besiebe es mit Zucker und lasse langsam backen.

156. Kirschen=Gugelhopf. 125 Gramm geriebenes, nicht frisches Schwarzbrot, Rinde und Inneres, 250 Gramm gesiebter Zucker, 125 Gramm klein gestoßene Mandeln, 30 Gramm klein geschnittene Succade, abgeriebene Schale einer Citrone, 2 Eßlöffel Rothwein, 8 Eier.

Man rühre Eier und Zucker eine halbe Stunde, gebe das mit dem Wein befeuchtete Brot nebst allem Uebrigen dazu und wenn man dies noch eine Viertelstunde gerührt hat, so bestreiche man die Gugelhopf-Form dick mit 125 Gramm sehr frischer Butter und bestreue sie stark mit gesiebtem Zwieback, thue 1 Kilo schöne, ausgesteinte saure Kirschen in die Masse, fülle sie gleich in die Form und bringe sie so rasch wie möglich in den Ofen, ehe die Kirschen sich setzen können, wodurch der Gugelhopf fest und schliffig würde. — Sehr gut.

157. Kirschentorte I. Mürbteig, Nr. 10.

Man rolle von demselben eine $3/4$ Centimeter dicke Platte, schneide sie zu einem runden Boden und stelle den Rand derselben 2 Centimeter breit in die Höhe, kneife ihn zackig ein und klebe einen 3 Centimeter breiten, mit Butter bestrichenen Streifen von starkem weißen Papier rings herum, damit der Rand aufrecht stehen bleibe. Bestreue nun die über Papier auf das Backblech gelegte Torte mit Zucker und fülle dann eine dicke Lage ausgesteinte, etwas ausgedrückte und mit einem Theelöffel Mehl übersteubte Kirschen darauf, besiebe diese recht stark mit Zucker und lasse in mäßig geheiztem Ofen zu hellgelber Farbe backen. Inzwischen hat man den ausgedrückten Kirschensaft mit Zucker zu einem dünnflüssigen Syrup und drei Eier und 3 Eidotter mit 3 Eßlöffeln gestoßenem Zucker recht schaumig geschlagen und unter fortgesetztem Schlagen $1/4$ Liter dicken sauren Rahm und den erkalteten Syrup hinzugefügt, gießt dies über die Torte, bestreut sie nochmals mit Zucker und stellt sie in den warmen Ofen, bis der Guß steif geworden ist.

*158. Kirschentorte II. 125 Gramm durchgesiebtes Mehl, 170 Gramm gesiebter Zucker, 140 Gramm Butter, 70 Gramm fein gestoßene Mandeln, 3 Eier, 4 Eidotter, eingemachte Kirschen.

Man verrühre Butter und Zucker und dann Eier und Eidotter nach und nach hinein — eine halbe Stunde lang — füge nun die Mandeln und zuletzt das Mehl hinzu und fülle den Teig in eine Tortenform, belege ihn mit eingemachten Kirschen, deren Saft man auf einem Sieb gut ablaufen lasse und backe die Torte schön licht= braun. — Sehr gut und hält sich acht Tage.

159. Kastanientorte. 100 Gramm weich gekochte Kastanien, 100 Gramm gestoßene, nicht abgezogene Mandeln, 300 Gramm gestoßenen Zucker, 40 Gramm fein geschnittene Succade, etwas fein geschnittene Citronenschale, etwas Zimmet, 5 Eier, Erdbeermarmelade.

Man schäle die Kastanien, schneide sie fein und vermische sie mit Mandeln und Succade. Rühre dann Zucker und Eidotter gut untereinander, füge Kastanien, Mandeln, Succade, Citronenschale und Zimmet hinzu und wenn auch dies gut ver= rührt ist, den Schnee von fünf Eiweiß, backe die Torte in gebutterter Form bei guter Hitze, bestreiche sie, nach dem Erkalten, mit der Marmelade und gebe folgende Glasur darüber. Man streue in acht Eßlöffel kochende Milch 250 Gramm fein gesiebten Zucker und rühre es über dem Feuer eine Viertelstunde lang, setze es ab und vermische es mit etwas Citronensaft und drei Eßlöffel Rum, übergieße die Torte damit und schwinge sie nach allen Richtungen, damit die Glasur sich gleich= mäßig verbreiten und gehörig abfließen könne. — Italienische Küche.

160. Krachtorte. Teig. 125 Gramm Mehl, 125 Gramm Zucker, 125 Gramm Butter, 250 Gramm fein gestoße Mandeln, 1 Eiweiß.

Fülle. 125 Gramm Haselnüsse, 125 Gramm Zucker, 30 Gramm Mehl, 10 Eier.

Man nehme die Mandeln auf das Backbrett, thue das Uebrige dazu und knete es zu einem Teig, den man ausrollt und in eine mit Butter ausgestrichene Melonen= form eindrückt, doch so, daß oben rundum ein Theil übersteht, der, nachdem die Fülle darin ist, als Decke übergeschlagen wird. Zur Fülle stoße man die Haselnüsse mit 2 Eiern fein und rühre sie dann mit dem Zucker und acht Eidottern recht schaumig, menge den Schnee von sechs Eiweiß und das Mehl langsam darunter und gebe es in die ausgelegte Form, schlage die Decke darüber, bestreiche sie mit Ei, bestreue sie dick mit geschnittenen Mandeln und backe die Torte Dreiviertelstunden lang.

161. Krapftorte. Süßer Blätterteig von 250 Gramm Butter, 125 Gramm frisches Ochsenmark, 4 hart gekochte Eidotter, 6 Makronen, 6 Bis= cuits, 2 mittelgroße, zerschnittene und zu Compot gekochte Aepfel, welch' alles man in einem Mörser fein stößt und dann in einer Schüssel mit 2 Eßlöffeln Zucker, 60 Gramm fein geschnittener Succade und ein wenig Zimmet verrührt.

Aus dem Teig rolle man nun zwei runde Böden, lege den einen über einen Bogen Papier auf ein Backblech, überstreiche ihn mit zu Schnee geschlagenem Eiweiß und setze von der Masse recht regelmäßig Häufchen darauf, bis dieselbe verbraucht ist. Lege den andern Boden darüber und drücke ihn um jedes Häufchen etwas an, schneide oder rädele die Torte rundum gleich, backe sie in frischer Hitze, besiebe sie mit Zucker und servire sie am besten recht bald nach dem Backen.

162. Spanischer Kaffeekuchen. Teig. 1½ Kilo Mehl, 200 Gramm Zucker, 125 Gramm zerlassene, lauwarme Butter, etwas Salz, 100 Gramm Hefe, ½ Liter Milch, 6 Eier.

Fülle. 300 Gramm feinwürflig geschnittene Succade, 50 Gramm Sultanini, 50 Gramm Korinthen, 150 Gramm fein gewiegte Mandeln, 160 Gramm gesiebter Zucker.

Man bereite aus der Hefe mit etwas Milch und Mehl ein Hefenstück und lasse es gehen; schlage Eier, Milch und Butter gut untereinander, füge Mehl, Zucker und das Hefenstück hinzu und verarbeite den Teig kräftig, lasse ihn wieder gehen und rolle ihn dann zu zwei runden Platten aus; bestreiche die eine dick mit frischer Butter und bedecke sie recht gleichmäßig mit der gut vermischten Fülle, bestreiche auch die andere Platte mit Butter, lege sie, die bestrichene Seite nach unten, auf die erste Platte und drücke beide aufeinander, lasse nochmals gehen, streiche Butter darüber, streue Zucker darauf und backe bei mäßiger Hitze.

163. Westfälischer Kaffeekuchen. Teig. 1 Kilo Mehl, 150 Gramm Zucker, an dem die Schale einer Citrone abgerieben worden, 100 Gramm Butter, 75 Gramm Hefe, 35 Gramm Sultanini, 35 Gramm Korinthen, 25 Gramm würflig geschnittene Succade, 25 Gramm gehackte Mandeln, 1 Prise Salz, 3 Liter Milch, 4 Eier, etwas Zucker und Zimmet zum Bestreuen.

Guß. 100 Gramm Butter, 75 Gramm Zucker, $^3/_8$ Liter süßer Rahm, 6 Eidotter, 3 Eiweiß.

Man gebe auf die Hefe etwas kaltes Wasser, gieße es vorsichtig ab, verquirle sie mit etwas Milch und Mehl und lasse dies Hefenstück zu doppelter Höhe aufgehen. Rühre die Butter zu Schaum, füge unter stetem Rühren, Eier, Zucker, Milch und Salz, danach das Mehl hinzu, knete hierauf das Hefenstück hinein und verarbeite das Ganze zu einem elastischen Teig — darf nicht am Finger kleben und muß sich nach einem Fingerdruck rasch wieder heben —, den man aufgehen läßt. Rosinen, Korinthen, Succade, Mandeln und Salz streut man darüber, knetet Alles gut durch und rollt den Kuchen auf einem gebutterten Backblech $^1/_2$ Centimeter dick aus, bestreicht ihn mit Butter, überstreut ihn mit untereinander gemischtem Zucker und Zimmet und backt ihn bei guter Hitze. Die zum Guß bestimmten Ingredienzen vermengt man, erwärmt sie etwas, gießt es über den goldbraun gebackenen Kuchen und schiebt ihn noch 6 bis 8 Minuten in den Ofen.

164. Schnell bereiteter Kaffeekuchen (Tôt-Fait). 125 Gramm Mehl, 125 Gramm Zucker, 125 Gramm Butter, 4 Eier, etwas grob gestoßenen Zucker.

Man rühre die Butter schaumig, dann nach und nach die Eidotter, Zucker und Mehl dazu und fülle es in eine gebutterte und bestreute Form, streiche die zu Schaum geschlagenen Eiweiß darauf, streue grob gestoßenen Zucker darüber und lasse eine halbe Stunde langsam backen. — Sehr zu empfehlen.

165. Bremer Klöben (Ostergebäck). 2$^1/_2$ Kilo feines Mehl, 450 Gramm Butter, 250 Gramm Schweineschmalz, 150 Gramm Zucker, 325 Gramm Sultanini, 250 Gramm Korinthen, 50 Gramm fein geschnittene Succade, abgeriebene Schale einer Citrone, etwas Cardamomen, 180 Gramm Hefe, 1 Liter Milch.

Man thue das Mehl in eine tiefe Schüssel und mache in der Mitte mit Hefe, $^1/_2$ Liter Milch und ein wenig Mehl ein dünnes Hefenstück, decke es warm zu und lasse es gehen bis es noch einmal so groß geworden ist. Füge dann Zucker, Butter, Schmalz, Citronenschale, Cardamomen und den Rest der Milch dazu, menge Alles gut untereinander und knete Sultanini, Korinthen und Succade hinein,

werfe den Teig ein Dutzend Mal leicht auf das Backbrett und lasse ihn gehen.
Rolle ihn dann, zwei Querfinger dick, zu einem langen Streifen aus und drücke
diesen, in der Mitte und der Länge nach, mit dem Rollholz etwas ein, so daß der
Teig an den Seiten dicker wird und in der Mitte eine Vertiefung entsteht.

Unterdessen hat man 30 Gramm Zucker, 50 Gramm fein geschnittene Succade,
25 Gramm gehackte Mandeln, 125 Gramm Korinthen, 20 Gramm Zimmet, etwas
Citronenschale und zwei verklopfte Eier vermischt, giebt dies in die Vertiefung, schlägt
die beiden Seiten so aneinander, daß die Fülle gut eingeschlossen ist und bringt den
Klöben, in Form eines halben Mondes auf ein Backblech, die Rückseite nach oben,
macht in diese, mit einem Messer, einige leichte Eindrücke, bestreicht, nachdem der
Klöben nochmals gegangen, denselben mit Ei und läßt ihn, bei guter, gleichmäßiger
Hitze, am besten beim Bäcker, backen.

Der Klöben muß an einem warmen Ort bereitet werden und alle Zuthaten
müssen lauwarm sein. — Originalrecept.

166. Gefüllter Kringel. 200 Gramm Mehl, 166 Gramm kalte,
zerpflückte Butter, 33 Gramm Hefe, ⅛ Liter Milch, ein Ei, etwas Korinthen,
klein geschnittene Mandeln und Succade.

Man bereite aus Mehl, Milch, Hefe und Ei einen Teig und lasse ihn gehen;
thue ihn dann auf das Backbrett, drücke ihn etwas auseinander und lege die Butter
darauf, klappe den Teig darüber und rolle ihn aus, welch' Zusammenklappen und
Ausrollen man so oft wiederholt, bis die Butter gut durchgearbeitet ist. Rolle den
Teig nun zu einem langen Streifen aus, belege ihn längs der Mitte mit Korinthen,
Mandeln und Succade, schlage den Teig von beiden Seiten zusammen, daß er
etwas übereinander greift und lege ihn in Form einer Bretzel auf ein Backblech,
bestreiche sie mit Eidotter, bestreue sie mit Zucker und Zimmet und lasse backen.

167. Gewundener Kringel. Teig. 500 Gramm feines Mehl, 125
Gramm gesiebter Zucker, 6 Eßlöffel Rosenwasser, 8 Eidotter.

Man verrühre Eidotter, Zucker und Rosenwasser recht stark, arbeite dann das
Mehl hinein und rolle den Teig aus; lasse ihn in einer Serviette ein wenig abtrocknen und überschlage ihn zwei Mal wie Blätterteig. Rolle ihn nun zu zwei
gleichen Theilen messerrückendick aus und bestreiche den einen mit Mandel-, — den
andern mit Citronenfülle, rolle jeden zusammen und schlinge sie hierauf umeinander;
drehe sie rund, backe sie auf einem gebutterten und mit geriebenem Weißbrot bestreuten Backblech gelb und bestreiche den einen Theil mit rother, den andern mit
weißer Glasur.

Mandelfülle.

Man stoße 125 Gramm Mandeln mit Rosenwasser fein und rühre sie mit
90 Gramm gesiebtem Zucker, zwei Eiern und drei Eidottern eine Viertelstunde.

Citronenfülle.

Man lasse 125 Gramm frische Butter auf schwachem Feuer schmelzen, rühre
dann 125 Gramm fein gestoßenen Zucker, an dem die Schale einer Citrone abgerieben worden, vier Eidotter und den Saft von vier Citronen dazu und fahre
mit dem Rühren fort, bis die Masse dicklich wird, nehme sie dann schnell vom
Feuer und rühre noch eine Weile. — Sehr hübsch und gut.

*168. Feines Kletzenbrot. 250 Gramm Kletzen (getrocknete Birnen),
500 Gramm getrocknete Zwetschen, jedes für sich in Wasser nicht zu weich gekocht und in kleine Stückchen geschnitten, 45 Gramm Feigen, 125 Gramm
Datteln, 125 Gramm Mandeln, 125 Gramm Pignolen und 125 Gramm

Wallnüsse, alles ebenfalls in kleine Stückchen geschnitten; dann 250 Gramm Sultanini, 15 Gramm Zimmet, 8 Gramm Gewürznelken, $^1/_2$ Seidel ($^1/_6$ Liter) Rum, $^1/_2$ Seidel Honig oder Syrup.

Man vermische dies Alles recht gut und lasse es über Nacht stehen. Bereite dann aus 375 Gramm Mehl, 250 Gramm Zucker und zwei Eiern einen Teig, arbeite die obige Masse hinein und forme ein langes Laibchen daraus, bestreiche es mit Zuckerwasser und backe es bei guter Hitze. — Hält sich sehr lange, gleich dem Hutzelbrot und wird auch wie dieses servirt. — Wien.

L.

*169. Linzer Torte I. 280 Gramm nicht abgezogene, nur abgeriebene und trocken gestoßene Kochmandeln, 280 Gramm Zucker, 280 Gramm Mehl, 280 Gramm frische gebröckelte Butter, die abgeriebene Schale einer Citrone, 1 Theelöffel Zimmet, 1 Messerspitze Gewürznelken, ein wenig Salz, 4 Eier.

Man vermische Mandeln, Zucker und Mehl, mache es zu einem Häufchen und in dessen Mitte eine Grube und gebe in diese die Butter, Eier und Gewürz, vermenge Alles zu einem Teige, schlage ihn in ein Tuch und lege ihn eine Weile an einen kühlen Ort. Dann rolle man eine federkieldicke Platte daraus, schneide sie rund und thue sie auf Papier; belege sie mit eingemachten Früchten, besonders Kirschen, bestreiche den Rand mit Ei und flechte ein Gitter mit Rand darüber, welches man ebenfalls mit Ei bestreicht. Fasse die Torte nun mit Papier ein, backe sie in gelinder Hitze sehr langsam zu lichtgelber Farbe und bestäube sie, wenn sie kalt geworden, mit Zucker. Kann sie auch ohne Fülle und Gitter bloß mit einem Rand backen und erst beim Serviren die Confitüre darauf geben und auch kann man sie, anstatt auf Papier, in eine flache Form legen und soll sie womöglich den Tag vor dem Gebrauche bereitet werden. — Sehr haltbar, wie auch die folgenden.

*170. Linzer Torte II. 500 Gramm Mehl, 500 Gramm Zucker, 500 Gramm Butter, 12 hart gekochte Eidotter, an Zucker abgeriebene Schale einer Citrone, 30 Gramm fein gestoßenen Zimmet.

Man nimmt Mehl und Zucker auf das Backbrett, thut die Butter in Stückchen, Eidotter, Zimmet und Citronenschale dazu und verarbeitet es kräftig zu einem spröden Teig, den man wie den vorigen ausrollt und die Torte ebenso fertig macht.

Dieser vortreffliche und ebenfalls sehr haltbare Teig eignet sich auch sehr zu kleinem Backwerk, Plätzchen, Kränzchen, Herzen, Sterne, Rauten, Bretzeln, die man dann aber mit Ei bestreicht und mit Zucker und Mandeln — Beides grob gestoßen — bestreut oder Glasur darüber giebt.

*171. Linzer Torte III. 500 Gramm Mehl, 180 Gramm Zucker, 125 Gramm Butter, 125 Gramm Mandeln, 25 Gramm Succade, 25 Gramm candirte Pomeranzenschale — alle drei Theile fein gehackt — 17 Gramm Zimmet, 17 Gramm Gewürznelken, 2 Eßlöffel Rum, 2 Eier.

Man bereite daraus einen festen Teig, den man auf dem Backbrett kräftig abarbeitet und dann den vierten Theil davon bei Seite legt. Das Uebrige rolle man zu einer runden Platte aus und bestreiche sie dick mit Marmelade, mache von dem zurück behaltenen Teig ein Gitter darüber, welches man mit Eidotter bestreicht, die Torte auf ein mit Butter bestrichenes und mit Mehl bestreutes Backblech legt und langsam braun backt. — Aeußerst haltbar und erst nach acht Tagen vollkommen schmackhaft.

*172. Linzer Torte IV. 375 Gramm fein gestoßene Mandeln, 375 Gramm Zucker, 375 Gramm Butter, 125 Gramm feines Mehl, abgeriebene Schale von anderthalb Citronen, 2 Eidotter.

Man knete hieraus einen Teig und rolle ihn stark messerrückendick aus, backe die Torte in einer flachen Form langsam zu lichtgelber Farbe und belege sie beim Serviren mit eingemachten Früchten.

173. Luncheonkuchen. 250 Gramm Mehl, 250 Gramm Butter, 200 Gramm Zucker, 125 Gramm Korinthen, 60 Gramm gröblich gehackte candirte Orangenschale, 12 Gramm halb Kümmel, halb Anis, 1 Theelöffel Soda, 3/4 Liter Milch, 3 Eier.

Man knete Mehl und Butter zu einem Teig, gebe dann Gewürz, Zucker, Korinthen, Orangenschale und Eier dazu und verrühre es mit der Milch, welche mit der Soda aufgekocht worden, zu einem schlanken, elastischen Teig, fülle ihn in eine gebutterte und bestreute Form und lasse bei mäßiger Hitze drei Viertelstunden bis eine Stunde lang backen.

M.

174. Mandelkuchen. 180 Gramm Mandeln, 240 Gramm gesiebter Zucker, 16 Eier.

Man hacke die Mandeln fein und verrühre sie mit dem Zucker und den Eidottern; ziehe dann den Schnee von acht Eiweiß darunter und backe den sehr guten, feinen Kuchen in einem abgekühlten Ofen eine Stunde lang goldbraun.

175. Gekochte Mandeltorte. Blätterteig. 125 Gramm feines Mehl, 125 Gramm fein gestoßene Mandeln, 90 Gramm Zucker, 125 Gramm frische Butter, 125 Gramm fein geschnittene Succade, 125 Gramm gestoßene bittere Makronen, 1/2 Liter süßer Rahm, 6 Eier.

Man thue das Mehl in eine Casserole, Butter, Zucker, Mandeln, Eidotter und Rahm dazu und verarbeite es zu einem glatten Teige, den man unter beständigem Rühren zum Kochen bringt und erkalten läßt. Dann mengt man Succade, Makronen und den steifen Schnee der Eiweiß darunter, legt eine Form mit dem Blätterteig aus, füllt die Masse hinein und backt die Torte eine Stunde lang bei gelinder Hitze.

176. Geläuterte Mandeltorte. 750 Gramm mit 2 Eiern zart gestoßene Mandeln, 250 Gramm Zucker, 1 Apfelsine, 6 Eier, 6 Eidotter, 1/8 Liter Wasser.

Man koche den Zucker mit dem Wasser zum Faden, schäume ihn rein ab, gieße ihn in eine tiefe Schüssel und rühre ihn bis er abgekühlt ist. Thue dann die Mandeln und nach und nach Eier und Eidotter dazu, hierauf die fein geschnittene Schale und den Saft der Apfelsine und fülle die Masse in eine gebutterte und mit gesiebtem Zwieback bestreute Form, backe die Torte langsam, gebe eine weiße Glasur darüber und verziere sie mit eingemachten Früchten. — Diese, mit geläutertem Zucker bereiteten Torten, sind besonders gut und saftig.

177. Mandel=Speckkuchen. Teig. 300 Gramm feinstes Mehl, 300 Gramm ungesalzene feine Butter, 2 Eßlöffel Arak, 1/16 Liter kaltes, hartes Wasser.

Mandelmasse. 500 Gramm gewiegte Mandeln, 500 Gramm Zucker, 1 Citrone.

Zum Bestreichen und Belegen. 90 Gramm weißer Candis, 2 Eiweiß, 4 Citronen.

Man stelle Mehl und Butter kalt und trockne die Butter ab, verknete die Hälfte des Mehls mit Arak und Wasser und arbeite die andere Hälfte Mehl mit der Butter kräftig untereinander, wonach man dann jeden Theil für sich ausrollt. Lege sie nun einen auf den andern, schlage sie wie Blätterteig zusammen und rolle es aus, welches man 3 Mal wiederholt und den Teig jetzt wie eine Serviette vier- eckig zusammen faltet.

Zu der Mandelmasse schlägt man den Zucker in kleine Stücke, taucht jedes schnell in kaltes Wasser und bringt sie in einer Casserole zu Feuer, giebt, wenn er geschmolzen ist, die Mandeln und Saft und fein gewiegte Schale der Citronen hinzu, rührt es gut durcheinander und läßt es verkühlen. Jetzt theilt man den Teig in zwei ungleiche Stücke und rollt ihn aus, nimmt die größere Platte zum Unterblatt und bestreicht sie mit der Mandelmasse, indem man einen zwei Quer- finger breiten freien Rand läßt, legt das Oberblatt darauf, schlägt den frei ge- lassenen Rand des Unterblattes darüber und backt den Kuchen bei guter, jedoch nicht zu starker Hitze. Wenn er dann aus dem Ofen kommt, so überstreiche man ihn mit dem Schnee von zwei Eiweiß und lege Scheibchen einer Citrone ohne Schale und Kerne darauf; zupfe das Innere von den anderen Citronen in Speck- griesen große Stückchen, ohne Kerne und Fasern, streue es auf die Decke des Kuchens und darüber den grob gestoßenen Candis und lasse ihn noch 5 Minuten im Ofen trocknen. — Als Dinerkuchen zum Wein sehr zu empfehlen.

178. Mandel=Blättertorte. Teig. 280 Gramm mit einem Ei fein gestoßene Mandeln, 140 Gramm gesiebter Zucker, 140 Gramm Butter, 8 Eier.

Fülle. 50 Gramm Zucker, 3 Eidotter, 1 Eßlöffel Arak.

Man rühre Butter, Zucker und Mandeln mit den Eidottern schaumig und ziehe dann den festen Schnee der Eiweiß leicht darunter, backe in mit Butter bestrichenen Tortenformen drei Blätter schön gelb daraus und lasse sie erkalten. Rühre zur Fülle den Zucker mit den Eidottern schaumig, gebe den Arak daran und bestreiche damit zwei der Blätter, lege alle drei übereinander und lasse die Torte auf einem Backblech acht Minuten lang im Ofen anziehen, wonach man sie glacirt oder mit Zucker besiebt.

179. Mandelgußtorte. Teig. 250 Gramm Mehl, 125 Gramm Zucker, 125 Gramm Butter, 125 Gramm fein geriebene Mandeln, 2 Eier.

Guß. 200 Gramm süße und 6 Stück bittere, gehackte Mandeln, 125 Gramm gesiebter Zucker, 6 Eiweiß.

Man rühre die Ingredienzen des Teigs untereinander, rolle ihn dann aus und schneide ihn zu einer runden Platte. Vermische hierauf Zucker, Mandeln und die zu steifem Schnee geschlagenen Eiweiß des Gusses, streiche dies über die Platte und lasse rasch backen.

180. Mandeltorte mit Confitüre. Teig. 500 Gramm fein ge- stoßene Mandeln, 500 Gramm fein geriebener Zucker, 1 Handvoll feines Mehl. Zum Guß 75 Gramm Zucker, 5 Eiweiß.

Man bringe Zucker und Mandeln in einer Casserole auf gelindes Feuer und rühre es so lange, bis es sich von der Casserole ablöst: nehme es dann auf das Backbrett, arbeite das Mehl darunter und forme es zu einer Torte mit Rand, backe sie langsam hart und gut aus und lasse sie verkühlen. Schlage unterdessen zum Guß die fünf Eiweiß zu recht steifem Schnee, vermische ihn mit den 75 Gramm Zucker und streiche ihn, nachdem man die Torte mit einer beliebigen Marmelade oder sonst passenden Confitüre gefüllt hat, darüber, besiebe ihn stark mit Zucker und stelle die Torte noch so lange in den Ofen, bis die Oberfläche schön gelb ist.

181. Mandeltorte mit Pistazien.

250 Gramm mit 2 Eiern zart gestoßene Mandeln, 90 Gramm abgebrühte, geschälte und nebst 60 Gramm candirter Pomeranzenschale länglich zart geschnittene Pistazien, 250 Gramm gesiebter Zucker, 7 Eier, 7 Eidotter.

Man rühre Mandeln, Zucker, Eier und Eidotter eine halbe Stunde und füge dann das Uebrige hinzu, fülle es, wenn die Masse dick geworden ist, in eine Form und lasse langsam backen.

182. Mandeltorte mit Kirschen.

125 Gramm nicht abgezogene, fein geriebene Mandeln, 125 Gramm fein geriebener Zucker, 250 Gramm abgeklärte Butter, 5 Eier, eingemachte Kirschen.

Man rühre die Eidotter mit dem Zucker recht schaumig, füge dann die lauwarme Butter hinzu und rühre es abermals, bis es recht glatt ist. Gebe nun die zu Schnee geschlagenen Eiweiß und die Mandeln hinein und fülle den Teig in eine Form, belege ihn regelmäßig, nicht zu dicht aneinander mit den Kirschen — ohne Saft —, bringe die Torte gleich in den Ofen und backe sie in mäßiger Hitze.

183. Mandeltorte mit Himbeersaft.

500 Gramm nicht abgezogene, geriebene Mandeln, 500 Gramm fein gestoßener Zucker, Saft und auf Zucker abgeriebene Schale einer Citrone, 14 Eier, $^3/_{16}$ Liter eingekochter Himbeersaft.

Man verrühre das Ganze, mit Ausnahme des Himbeersaftes, eine Stunde lang recht schaumig, fülle es dann in eine mit Butter bestrichene und mit gesiebtem Zwieback bestreute Form, lasse backen und sowie die Torte aus dem Ofen kommt, so stürze man sie, tränke sie überall mit dem Himbeersaft und bestreiche sie mit Citronenglasur.

184. Mandelkranz.

Teig. 250 Gramm Mehl, 125 Gramm fein geriebener Zucker, 200 Gramm zerpflückte, sehr kalte Butter, 2 Eier.

Mandelmasse. 500 Gramm Mandeln, 500 Gramm fein geriebener Zucker, 3 Eiweiß.

Man menge die Bestandtheile des Teiges gut untereinander und stelle ihn eine Weile kalt. Lege die Mandeln zwei Stunden lang in kaltes Wasser, trockne sie mit einer Serviette ab und schneide sie der Länge nach so fein wie möglich. Den Teig rolle man recht dünn aus, lege einen Teller darauf und schneide danach runde Platten davon, auf die man dann einen kleineren Teller legt und durch Ausschneiden um denselben, Kränze in Breite von drei Querfingern erhält. Knete nun die abfallenden Teigstückchen zusammen, mache immer kleinere Kränze daraus und gebe endlich alle auf ein Backblech. Jetzt tauche man, um die Mandelmasse zu bereiten, den Zucker in Wasser, stelle ihn in den Ofen, bis er zergangen ist, füge hierauf Eiweiß und Mandeln hinzu und lasse sie so lang darin kochen, bis sie glänzen; belege die Kränze so dick wie möglich damit und backe sie bei gelinder Hitze. Zum Serviren werden dann alle Kränze übereinander gelegt, die kleineren obenauf und in die Mitte steckt man gewöhnlich einen hübschen Blumenstrauß.

185. Mandelroulade. Blätterteig von 250 Gramm Mehl, 150 Gramm fein geriebene Mandeln, 150 Gramm gesiebter Zucker, 4 Eier.

Man rühre Eier und Zucker recht kräftig, bis dieser geschmolzen ist, gebe die Mandeln dazu und fahre mit dem Rühren noch eine Weile fort. Rolle dann den Blätterteig rund aus, streiche die Mandelmasse darüber und rolle zusammen, backe die Roulade bei ein Grad Hitze im Ofen und schneide sie beim Gebrauche zu Scheiben.

186. Makronentorte I. Teig. 180 Gramm feines Mehl, 90 Gramm fein geriebener Zucker, 90 Gramm Butter, etwas Citronenschale, 2 Eidotter, 1 Eiweiß.

Mandelteig. 500 Gramm süße, 60 Gramm bittere Mandeln, 500 Gramm fein geriebener Zucker, 8 Eiweiß.

Man bereite den Tortenteig nach Mürbteig Nr. 10, gebe ihn in eine flache Form und backe ihn. Stoße dann die Mandeln sehr fein, vermische sie wohl mit dem Zucker und rühre dies mit dem zu Schnee geschlagenen Eiweiß recht schaumig: streiche die Masse über den gebackenen Kuchen und lasse sie schön ausbacken. Zuletzt schlägt man noch zwei Eiweiß zu sehr steifem Schnee, verrührt ihn mit 30 Gramm gesiebtem Zucker und legt damit ein Gitter über die Torte, welches aber weiß bleiben muß und daher nur trocknen darf und beim Serviren werden die Zwischenräume noch mit eingemachten Früchten belegt.

187. Makronentorte II. Mürbteig. 500 Gramm süße, 30 Gramm bittere, fein gestoßene Mandeln, 500 Gramm fein gesiebter Zucker, 2 Eßlöffel gesiebter Zwieback, 1 Citrone, etwas Rosenwasser, 6 Eiweiß.

Man rühre Zucker und Mandeln mit dem Eiweiß eine Stunde und füge dann Zwieback, Rosenwasser und Saft und abgeriebene Schale der Citrone hinzu Lege eine rund geschnittene Platte von mürbem Teig auf ein Backblech und setze von der Mandelmasse ganz regelmäßig Häufchen darauf, backe die Torte in Mittelhitze gelb und gebe nach dem Erkalten, in die Vertiefungen zwischen den Häufchen, Gelee oder Marmelade.

188. Makronentorte III. 500 Gramm Mandeln, 500 Gramm fein gesiebter Zucker, Rosenwasser, 8 Eiweiß, Backoblaten.

Man reibe die Mandeln, falls man keine Mandelreibe hat, auf dem Reibeisen und feuchte sie mit etwas Rosenwasser an, rühre den Zucker dazu und hebe zuletzt den festen Schnee der Eiweiß darunter. Klebe nun auf einem mit Butter bestrichenen Papier die Oblaten mit Eiweiß zusammen, setze von der Masse kleine Häufchen dicht aneinander, so daß sie einen wohl geformten runden Kuchen bilden und backe ihn in einem nicht zu heißen Ofen.

*189. Marcipantorte I. Teig. 500 Gramm gesiebter Zucker, 500 Gramm, mit ganz wenig Rosenwasser sehr fein gestoßene Mandeln, eine Handvoll feinstes Mehl.

Guß. 8 Eiweiß, 166 Gramm mit einer halben Schote Vanille gestoßener und durchgesiebter Zucker.

Man menge zu dem Teige Mandeln und Zucker untereinander und bringe es in einer flachen Casserole auf gelindes Feuer, rühre es mit einem hölzernen Kochlöffel beständig um, bis sich die Masse von selbst ablöst oder, wenn man mit naß gemachtem Finger darauf drückt, nicht anhängt: zupfe sie nun in kleine

Stückchen und lasse sie kalt werden. Verarbeite sie dann mit dem Mehl, rolle sie fingerdick aus, schneide sie zu einer runden Platte und mache einen Rand darum, lege sie auf ein Backblech und backe sie langsam, denn sie darf nicht hart werden, sondern muß weich und schneeweiß bleiben. Ist die Torte dann erkaltet, so füllt man sie mit eingemachten Früchten, besonders Kirschen, schlägt zum Guß die Eiweiß zu festem Schnee, vermischt ihn mit dem Vanillezucker und bedeckt die Früchte damit, siebt Zucker darüber und stellt die Torte noch so lange in den Ofen, bis der Guß beharrscht ist.

*190. Marcipantorte II.

Man schneide aus Marcipanteig Nr. 542 eine runde oder eckige Platte und zerschneide sie, nach hübscher Zeichnung, in kleine Theile, die man dann wie den Marcipan Nr. 542 mit dem Rand versieht, mit Papier belegt, backt und mit dem Zuckerguß versieht, wonach man die Torte genau zusammen stellt und nach Belieben noch mit Confitüre verziert. — Sehr hübsch und apart.

191. Marmortorte.

Man bereite eine Biscuitmasse und theile sie in fünf Theile, deren einen man mit 125 Gramm geriebener Chocolade verrührt, einen zweiten mit 125 Gramm aufs feinste gehackten Pistazien und einen dritten mit etwas Cochenille, die man bei jedem Conditor bekommt: die beiden andern bleiben ungefärbt und man giebt nun von diesen Massen, löffelweise und eine um die andere, in eine mit Butter bestrichene und mit Papier ausgelegte Form und backt die Torte bei gelinder Hitze.

192. Marmorirte Torte (Marble-Cake).

Man bereite aus ³/₈ Liter Mehl, ¹/₄ Liter gesiebtem Zucker, ¹/₈ Liter Butter, ¹/₄ Liter Milch, einem halben Theelöffel Soda, einem halben Theelöffel Weinstein, Beides mit dem Mehl durchgesiebt und vier Eiern einen Teig, nehme dann ¹/₈ Liter davon heraus und rühre 30 Gramm mit etwas kalter Milch befeuchtete geriebene Chocolade darunter. Fülle nun in eine Form 2¹/₂ Centimeter hoch von dem Hauptteige, tropfe an zwei bis 3 Stellen einen Eßlöffel von der Chocolade darauf und verbreite sie etwas mit dem Löffel; gieße wieder Teig auf und tropfe wieder Chocolade darüber, bis Beides aufgebraucht ist und lasse bei gelinder Hitze backen. — Amerika.

193. Marientorte.

Man schneide aus federkieldick ausgerolltem Mürbteig, Nr. 10, drei Böden in Größe eines flachen, gewöhnlichen Speisetellers und steche aus den Abfällen des Teiges hübsche kleine Figuren, bestreiche sie unten mit Ei und verziere einen der Böden damit. Backe dann alle drei Böden auf einem Backblech in mäßig geheiztem Ofen, bestreiche, wenn sie erkaltet sind, den einen mit Himbeer-Gelee, den andern mit Apfel-Gelee, lege sie übereinander, den verzierten darauf und überziehe die Torte mit einer beliebigen Glasur.

194. Magdalenentorte.
300 Gramm Stärkemehl, 250 Gramm fein gesiebter Zucker, an dem die Schale einer Citrone abgerieben worden, 250 Gramm sehr frische, feine Butter, 10 Eier.

Man rühre die Butter zu Schaum und in einem andern Gefäß Zucker und Eidotter auch recht schaumig, mische es dann untereinander und gebe den fest geschlagenen Schnee von acht Eiweiß und das Stärkemehl dazu, fülle es in eine mit Butter bestrichene und mit geriebenem Zucker bestreute Form und lasse in abgekühltem Ofen backen.

195. Marmeladetorte. 200 Gramm feines Mehl, 200 Gramm ge=
siebter Zucker, 200 Gramm Butter, 4 Eier, Marmelade.

Man rühre die Butter zu Schaum und danach mit dem Zucker noch eine halbe
Stunde, füge die Eidotter und das Mehl hinzu und wenn auch dies gut verrührt
ist, den steifen Schnee der Eiweiß. Bepinsele nun eine Tortenform mit zerlassener
Butter, gebe die Hälfte des Teigs hinein und bestreiche ihn mit beliebiger Marme=
lade, fülle die andere Teighälfte darüber und lasse die Torte langsam gar und schön
gelb backen. Nehme sie dann, noch warm, vorsichtig aus der Form und bringe sie,
wenn sie ausgekühlt ist, zu schönen Stücken geschnitten und reichlich mit Zucker über=
siebt, zu Tisch.

196. Sächsische Milchbrottorte. Teig. 4 fein geriebene Milchbrote,
250 Gramm Zucker, 125 Gramm fein geschnittene Succade, 10 Eier.

Zum Uebergießen. ½ Liter Wein, 60 Gramm Zucker.

Man verrühre den Zucker mit den Eidottern, gebe dann Brot und Succade
und zuletzt den Schnee der Eiweiß dazu. Lasse dann Wein und Zucker aufkochen
und gieße ihn kochend langsam über die Torte. — Sehr gut.

197. Schwäbische Mutschelmehl=Torte. 125 Gramm Mutschelmehl
(gestoßenes, durchgesiebtes Weißbrot), 250 Gramm Zucker, 90 Gramm fein ge=
stoßene Mandeln, an Zucker abgeriebene Schale einer Citrone, 4 Eier, 6 Eidotter.

Man rühre Zucker, Eier und Eidotter recht schaumig, füge das Uebrige hinzu
und rühre abermals, bis es wieder recht schaumig ist, ziehe dann den Schnee der
sechs Eiweiß darunter, fülle es in die Form und backe bei Mittelhitze.

198. Melonenförmiger Kuchen (Gâteau Melon). 200 Gramm fein
gesiebter Zucker, 240 Gramm fein gestoßene Mandeln, an Zucker abgeriebene
Schale einer Citrone, 12 Eier, feine Obstmarmelade.

Man rühre Eidotter und Zucker eine halbe Stunde, füge dann Mandeln und
Citronenschale hinzu und ziehe den Schnee von 6 Eiweiß darunter. Nun habe
man zwei gleich große Melonenformen, bestreiche sie mit Buter und bestreue sie
mit fein gesiebtem Weißbrot, fülle sie mit der Masse gleichmäßig voll und backe sie
goldgelb. Sind alsdann die Kuchen abgekühlt, so stürzt man sie, macht in die
flache Seite jeder Hälfte einen Schrägschnitt und hebt, indem man das Messer in
umgekehrter Richtung zurückführt, ein dreikantiges Stück heraus, füllt diese Höhlung
mit einer feinen Obstmarmelade, besonders von Aprikosen, bestreicht den Rand der
Hälften mit etwas dick eingekochtem Zucker und drückt sie fest aufeinander. Endlich
rührt man einen Guß aus 150 Gramm fein gesiebtem Zucker, einem zu festem
Schnee geschlagenen Eiweiß und etwas Citronensaft, färbt ihn mit etwas Safran
(s unschädliche Farbstoffe) gelblich, bestreicht die Melone damit und steckt als
Stiel ein Stückchen eingemachte Angelikawurzel hinein. — Sehr hübsch und gut.

199. Masureck=Kuchen (Russisch). 250 Gramm Mehl, 250 Gramm
Zucker, 250 Gramm Butter, 30 Gramm süße, 30 Gramm bittere, fein ge=
stoßene Mandeln, 6 Eier.

Guß. 125 Gramm fein gesiebter Zucker, Saft einer Citrone, 1 Eßlöffel Rum.

Man rühre in die zu Schaum gerührte Butter nach und nach Zucker, Eidotter,
Mandeln, Schnee der Eiweiß und Mehl, fülle die Masse in eine viereckige, flache
Form und backe sie goldgelb. Rühre dann den Guß, bis er dicklich wird, streiche
ihn über den Kuchen und verziere ihn mit eingemachten Früchten.

200. Musselinkuchen. 62 Gramm Kartoffelmehl, 62 Gramm gesiebter Zucker, 6 Eier.

Man schlage das Weiße der Eier zu Schnee und vermische ihn mit der Hälfte des Kartoffelmehls und des Zuckers, und deren andere Hälfte mit den gut verklopften Eidottern. Mische nun beides untereinander und schlage es zusammen noch kräftig, denn je mehr der Teig geschlagen wird, um so besser und leichter wird der Kuchen. Dann gebe man den Teig in eine mit Butter ausgestrichene Form, die man nicht zu voll machen darf, weil er sehr steigt und lasse eine halbe bis drei Viertelstunden backen, kann ihm auch mit fein gesiebter Vanille noch Geschmack geben. — Einfach und gut.

*201. Mailänder Brot. 450 Gramm Mehl, 250 Gramm Zucker, 250 Gramm zerlassene, abgeklärte Butter, 50 Gramm fein geschnittene Succade, 60 Gramm Sultanini, 60 Gramm Korinthen, etwas Zimmet und Salz, 100 Gramm Hefe, 2 Eßlöffel Milch, 2 Eßlöffel Rum, 4 Eier.

Man bereite aus 150 Gramm Mehl, der Hefe und etwas lauwarmer Milch einen Vorteig und lasse ihn an einem warmen Orte mehrere Stunden stehen; rühre dann alles Andere, mit Ausnahme des zurückgebliebenen Mehls, hinein und gut untereinander, hierauf auch das Mehl hinzu und das Ganze zu einem guten, dehnbaren Teige, dem man nun den Vorteig beimischt und das Ganze so lange durcharbeitet, bis es als eine gleichmäßige Masse erscheint, aus der man zwei bis drei längliche Brote formt und sie auf mit Butter bestrichenem Backblech nochmals gut aufgehen läßt, mit verklopftem Ei bestreicht und in mäßig heißem Ofen goldgelb backt. Nach dem Erkalten theilt man sie in Schnittchen und servirt sie zum Thee oder als Dessert. — Haltbar.

202. Mohnkuchen I. Teig. 166 Gramm Mehl, 166 Gramm Butter, 1 gehäufter Eßlöffel fein gestoßener Zucker, 1 starker Eßlöffel weißer Wein, 1 Eidotter.

Mohnmasse. 1 Liter schwarzer, großkörniger Mohn, 125 Gramm gestoßener Zucker, 125 Gramm fein gestoßene Mandeln, 125 Gramm fein geriebene Chocolade, 60 Gramm Korinthen, 60 Gramm Sultanini (beide letztern können wegbleiben), Butter.

Man menge den Teig in gewöhnlicher Weise (s. Mürbteig) und rolle ihn nicht zu dünn aus, schneide ihn zu einer runden Platte und mache einen ziemlich hohen Rand darum. Den Mohn hat man vorher schon mit reichlich kochendem Wasser überbrüht und gießt nun das obere herunter, schüttet den Mohn auf ein Haarsieb, läßt ihn sehr trocken ablaufen und stößt ihn dann in kleinen Portionen recht fein, thut hierauf die oben angegebenen Ingredienzen dazu, verrührt Alles gut und breitet es auf der Platte aus, begießt es stark mit Butter und bringt den Kuchen sogleich in den Ofen.

203. Mohnkuchen II. Teig. 500 Gramm Mehl, 240 Gramm Butter, 60 Gramm Zucker, 30 Gramm Hefe, 1/4 Liter Milch.

Mohnmasse. 1 1/2 Liter schwarzer Mohn, 180 Gramm Zucker, 125 Gramm fein gestoßene süße und 6 Stück bittere Mandeln, 125 Gramm geriebene Chocolade, 1/2 Theelöffel Salz, eine kleine Obertasse süßer Rahm, 5 Eier, Butter.

Der Mohn wird wie bei dem vorigen Recepte vorbereitet und mit sämmtlichen Zuthaten, Chocolade ausgenommen, zehn Minuten lang stark verrührt und dann erst mit der Chocolade vermischt. Nun bereitet man den Teig (siehe Hefenteig) und rollt ihn zu einem zwei Strohhalm dicken Kuchen aus, legt ihn auf das mit zerlassener Butter bestrichene lauwarme Backblech und formt rund herum einen Rand, sticht ihn mit einer Gabel einige Mal in den Kuchen, damit er beim Backen keine Blasen bekomme, bestreicht ihn mit zerlassener Butter und läßt ihn noch zehn bis fünfzehn Minuten gehen, giebt die Mohnmasse glatt darüber, wieder zerlassene Butter darauf, backt den Kuchen bei guter, gleichmäßiger Hitze und bestreut ihn mit Zucker.

204. Mohnkuchen III. Mürbteig Nr. 10. Fülle. ½ Liter weißer Mohnsamen, 125 Gramm Zucker, 3 Eier, 4 Eidotter, 6 Eiweiß.

Man wasche den Mohn einige Mal in lauwarmem Wasser ab und überbrühe ihn dann mit siedendem Wasser, schütte ihn nach einigen Minuten zum Abtropfen auf ein Sieb, reibe ihn dann mit einer hölzernen Keule in einem Reibenapfe, während man nach und nach drei Eier dazu giebt, so fein als möglich und reibe zuletzt noch den Zucker und die Eidotter hinzu, wonach man den Schnee der Eiweiß darunter zieht.

Nun schneide man aus dem federkieldick ausgerollten Teig einen runden Boden und umlege ihn mit einer daumendicken Teigrolle, fülle die Mohnmasse darauf, bestreue sie recht dick mit Zucker und backe den Kuchen in mäßig warmem Ofen hellgelb. — Wegen des reinen Mohngeschmacks besonders beliebt.

205. Mohnstolle. Teig. 1½ Kilo Mehl, 400 Gramm Butter, 125 Gramm fein gestoßene Mandeln, 100 Gramm Hefe, ⁵⁄₄ Liter Milch.

Fülle. 1 Kilo schwarzer, grobkörniger Mohnsamen, 250 Gramm Zucker, ⅛ Liter süßer Rahm, 4 Eier.

Man mache den Teig wie gewöhnlich (siehe Hefenteig) und lasse ihn aufgehen. Ueberbrühe dann den Mohn, nachdem er mehrere Stunden in lauwarmem Wasser an einer warmen Stelle des Heerdes gestanden hat, mit kochendem Wasser, lasse ihn auf einem Sieb recht rein ablaufen und reibe ihn in einem Reibenapfe mit einer hölzernen Reibekeule zu einem feinen Brei, in welchen man zuletzt Rahm, Eier und Zucker mit verreibt. Hierauf rolle man den gut aufgegangenen Teig zu einer 2 Centimeter dicken ovalen Platte aus, bestreiche sie recht gleichmäßig mit dem Mohnbrei, wobei man aber ringsum einen zwei Querfinger breiten Rand frei läßt und rolle sie nun, an dem oval schmäleren Ende beginnend, um sich selbst auf. Lege die Rolle über ein mit Butter bestrichenes Papier, auf das ebenfalls bestrichene Backblech und lasse sie nochmals gut aufgehen, backe sie in einer starken Stunde gar und hellbraun und wenn sie aus dem Ofen kommt, so begieße man sie reichlich mit heißer Butter und bestreue sie dick mit Zucker.

206. Melonentorte I.

Man nehme eine halbe oder ganze Melone, je nach Größe, schäle sie, entferne die Kerne und schneide sie in Stückchen. Koche sie dann mit ³⁄₁₆ Liter weißem Wein, ebenso viel Wasser, der Schale einer halben Citrone, einem Stückchen Zimmet und 4 Pfefferkörnern, auf gelindem Feuer langsam ganz kurz ein, treibe sie durch einen Seiher und verrühre das Durchgetriebene mit einer Handvoll Zucker. Bereite nun aus 250 Gramm Butter einen Blätterteig, rolle die Hälfte zu einem runden messerrückendicken Boden aus, lege ihn auf ein mit Mehl besiebtes Backblech und breite die Melonenmasse darüber, so aber, daß rund herum in Fingerbreite ein leerer Raum bleibt; rolle die andere Teighälfte ebenfalls zu einem runden

Boden, stechte oder schneide Figuren hinein und decke ihn über den ersten, zacke ihn neben herum ein wenig aus, bestreiche die Torte mit verklopftem Ei und backe sie in ziemlich frischer Hitze.

207. Melonentorte II.

Blätter= oder Mürbteig und eine reife, mittelgroße Melone, die man schält, entkernt, in Spalten schneidet und mit ¼ Liter weißem Wein, 180 Gramm Zucker, einigen Pfefferkörnen, etwas Zimmet und der zu feinen Streifchen geschnittenen Schale einer Citrone auf gelindem Feuer weich kocht und erkalten läßt. Nun legt man eine Tortenform mit dem Teig aus und die Melonenspalten darauf, schlägt 6 Eiweiß zu Schnee, verrührt ihn mit 125 Gramm gesiebtem Zucker, giebt es über die Melonenspalten, deckt die Torte mit Papier zu und backt sie bei mäßiger Hitze.

208. Möhrentorte. 300 Gramm geriebene Möhren, 330 Gramm ge= siebter Zucker, 300 Gramm geriebene süße, 70 Gramm bittere Mandeln, 1 Citrone, 2 gehäufte Eßlöffel fein durchsiebtes Kartoffelmehl, 14 Eier.

Man koche die sauber gewaschenen Möhren in Wasser halb gar, reibe sie, ganz erkaltet, der Länge nach auf dem Reibeisen und lasse das Herz zurück. Rühre dann die Eidotter mit Zucker, Saft und abgeriebener Schale der Citrone und den Mandeln, gebe die Möhrenmasse hinzu und mische, wenn dies eine halbe Stunde gerührt worden, den Schnee von neun Eiweiß und das Kartoffelmehl hinzu und backe die Torte anderthalb Stunden lang.

209. Mirabellentorte. Teig. 250 Gramm feines Mehl, 250 Gramm Zucker, 125 Gramm Butter in Stückchen, an Zucker abgeriebene Schale einer Citrone, etwas Zimmet, 2 Eier.

Fülle. 500 Gramm ohne Steine getrocknete Mirabellen werden mit ¼ Liter weißem Wein, 60 Gramm Zucker und etwas fein geschnittener Citronen= schale zu Compot, ohne alle Brühe, gekocht.

Man bereite nun den Teig, rolle ihn zu einer runden Platte aus und kneise einen Rand, belege sie so dicht wie möglich mit den Früchten und backe die sehr gute und besonders für den Winter zu empfehlende Torte schön gelb. Noch besser wird sie, wenn man statt Mirabellen Prünellen (geschälte, entsteinte und getrocknete Zwetschen) nimmt.

Um Mirabellen gut zu trocknen, lasse man sie im Ofen etwas abwelken, wo man dann die Steine leicht herausdrücken kann und trockne sie nun vollends fertig.

N.

210. Nußtorte. 560 Gramm Haselnußkerne, 560 Gramm Mandeln, 315 Gramm Zucker, 60 Gramm feines Mehl, 20 Eier, ½ Liter süßer Rahm, 105 Gramm Vanillezucker.

Man röste Haselnüsse und Mandeln, beide abgezogen, gelb und reibe sie in einem Reibenapf mit vier Eiern fein, rühre Zucker, Mehl, sechzehn Eidotter und den Schnee von sechzehn Eiweiß dazu, streiche davon zwei runde Kuchen auf weißes dickes Papier und backe sie lichtgelb. Nehme, wenn sie erkaltet sind, das Papier behutsam ab, gebe den dick geschlagenen und mit dem Vanillezucker ver= mischten Rahm auf einen Kuchen, decke den andern darüber und bestreiche ihn mit folgender Glasur, lasse sie antrocknen und garnire sie dann mit eingemachten Früchten. Zur Glasur rühre man 210 Gramm aufs feinste gesiebten Zucker (Staubzucker) nach und nach in eine halbe Tasse ($^1/_{16}$ Liter) geläuterten Zucker (siehe Zuckersyrup) und hierauf zwei Eßlöffel Marasquino oder sonst ganz feinen süßen Liqueur dazu. Hierbei bemerke ich noch, daß man Nußtorten, sowohl von Hasel= als Wall= nüssen, auch nach den Recepten für Mandeltorten bereiten kann.

211. Nudeltorte. Nudelteig aus einem Ei, einem Eidotter, ein wenig Zucker und sehr feinem Mehl. Dann 375 Gramm Mandeln, 250 Gramm gesiebter Zucker, 1 Citrone, 6 Eier, 6 Eidotter.

Man schneide den fein ausgerollten Nudelteig in kleinfingerbreite Nudeln, backe sie in Schmelzbutter schwimmend zu weißlicher Farbe, bröckele sie wie geschnittene Mandeln und vermische sie mit der fein geschnittenen Citronenschale. Die Mandeln werden zur Hälfte mit Citronensaft fein gestoßen, die andere Hälfte fein länglich geschnitten und die gestoßenen mit Zucker, Eiern und Eidottern eine halbe Stunde gerührt, wonach man die geschnittenen Mandeln und die Nudeln darunter giebt und eine flache Tortenform mit Butter bestreicht, mit Backoblaten belegt, die Masse hinein füllt und bei Mittelhitze backt.

212. Rheinischer Neujahrs=Kringel. $^3/_4$ Kilo Mehl, 125 Gramm Butter, 125 Gramm Zucker, 500 Gramm Sultanini, 500 Gramm Korinthen, 125 Gramm fein geschnittene Mandeln, 54 Gramm Hefe, Milch; Butter zum Begießen, und Zucker und Zimmet zum Bestreuen.

Man bereite aus Mehl, Butter, Zucker, Hefe und der nöthigen Milch einen etwas lockeren Teig und lasse ihn gehen. Drücke ihn dann auf dem Backbrett aus= einander, so daß er stark daumendick und länglich rund ist und begieße ihn reichlich mit Butter; streue Sultanini, Korinthen, Mandeln und etwas Zucker und Zimmet darüber und rolle ihn der Länge nach auf, als wenn man Schneidnudeln machen wollte. Lege diese Rolle nun rund zu einem Kranze, schneide diesen mit einer Scheere oben ein und gieße zerlassene Butter darauf, bestreiche ihn mit Eiweiß, bestreue ihn mit grob gestoßenem Zucker und backe ihn bei guter Hitze. — Sehr gut.

213. Rheinische Neujahrs=Bretzel. 1 Kilo Mehl, 250 Gramm zer= lassene Butter, 60 Gramm Zucker, 45 Gramm Hefe, $^3/_8$ Liter lauwarme Milch, etwas Salz, 4 Eier.

Man setze aus der Hälfte des Mehls mit Milch und Hefe einen Vorteig an und gebe, nachdem er gegangen ist, das Uebrige hinzu, verarbeite den Teig, bis er Blasen wirft und stelle ihn zum abermaligen Gehen an die Wärme. Bildet nun drei lange Streifen daraus, welche zu einem schönen Zopf geflochten und auf einem mit Butter bestrichenen Backbleck zu einer Bretzel geformt werden, die man, nach= dem sie noch einmal gegangen ist, mit verklopftem Ei bestreicht und eine Stunde backt. — Nationalgebäck und besonders gut, wenn man sie nach englischer Art in Stücke schneidet, spaltet, röstet — Toast — und warm mit Butter bestreicht.

214. Altdeutscher Napfkuchen. 375 Gramm feines Mehl, 250 Gramm Zucker, 250 Gramm Butter, 100 Gramm süße, 16 Gramm bittere, fein ge= stoßene Mandeln, abgeriebene Schale einer Citrone, ein wenig fein gestoßene Cardamomen, 10 Eier.

Man rühre die Butter zu Schaum und dann das Mehl nach und nach dazu, während eine andere Person 10 Eidotter mit Zucker und Mandeln schaumig ge=

rührt hat und man nun beide Massen untereinander mengt, mit Citronen und Carda=
momen würzt und den sehr steifen Schnee 10 der Eiweiß darunter zieht, die Masse in
die mit Butter ausgestrichene Form giebt und bei guter Hitze backt.

D.

215. Provençalischer Oelkuchen.
500 Gramm Mehl, 125 Gramm
Zucker, 30 Gramm Hefe, ein starker Eßlöffel feines, geruchloses Salatöl, 5 Eier
und so viel lauwarme Milch, daß es ein guter, lockerer Teig wird, den man kräftig
rührt. Hierauf giebt man ihn in eine mit Butter bestrichene und mit gesiebtem
Weißbrot bestreute Form, läßt ihn gehen und backt ihn bei guter Hitze.

Wo häufig Kuchen gebacken werden, da empfiehlt sich dieser gute Kuchen auch
durch seine Wohlfeilheit, weil das Oel viel mehr meistert als Butter, deren man
zu solchem Kuchen 125 Gramm nehmen müßte.

216. Osterbrot.
1½ Kilo feines Mehl, 6 Eßlöffel geschmolzene
Butter, 3 Eßlöffel Zucker, 1 Eßlöffel Salz, 60 Gramm fein geschnittene
Succade, 30 Gramm fein geschnittene Mandeln, ⅛ Liter Korinthen, etwas
Cardamomen und gehackte Citronenschale, für 10 Pfennig Hefe, 1 Liter Milch,
4 verklopfte Eier.

Man mische Alles, mit Ausnahme des Mehls, gut untereinander und rühre
dann allmählich 1 Kilo Mehl darunter, streue den Rest des Mehls trocken darüber
und stelle den Teig, den man Abends vor dem Backen einrühren muß, über Nacht
zum Gehen an einen warmen Ort. Am andern Morgen arbeite man das trockene
Mehl unter den Teig, forme zwei Brote daraus, bestreiche sie mit Eidotter und
backe sie eine Stunde in guter Hitze. Es muß einen Tag alt sein, ehe man es
schneiden kann.

*217. Schwäbischer Osterkuchen.
500 Gramm Mehl, 500 Gramm
Zucker, 500 Gramm Butter, 500 Gramm Korinthen, 50 Gramm Succade,
Schale einer Citrone, Beides fein geschnitten, 12 Eier. — Zum Bestreuen
der Form: 25 Gramm gehackte Mandeln, geriebenes Weißbrot.

Man wasche die Korinthen schon Tags zuvor und lasse sie wieder trocknen;
rühre dann die Butter zu Schaum, hierauf, nach und nach, die Eidotter und den
Zucker hinzu und nun das Ganze noch eine Viertelstunde. Füge Succade, Citronen=
schale und die mit einer Handvoll Mehl — von den 500 Gramm entnommen —
vermischten Korinthen und das Mehl unter beständigem Rühren hinzu und ziehe den
Schnee der Eiweiß darunter; bestreue eine gut gebutterte Form mit Weißbrot und
Mandeln, fülle die Masse hinein und backe den Kuchen bei starker Hitze fünf Viertel=
stunden. — Vier bis sechs Wochen lang haltbar.

218. Russischer Osterkuchen (Kulitsch).
2 Kilo feinstes Mehl, 125
Gramm gesiebter Zucker, 625 Gramm Butter in Stückchen, 125 Gramm Hefe,
½ Liter Milch, ein wenig Salz.

Man thue 500 Gramm von dem Mehl in eine große, tiefe Schüssel, mache
eine Grube und gebe die in der lauwarmen Milch aufgelöste Hefe hinein, rühre
davon einen Teig an und besiebe ihn mit Mehl, hebe ihn so weit vom Boden der
Schüssel auf, daß man diesen auch rasch mit Mehl bestreuen kann und stelle ihn
zugedeckt zum Aufgehen an einen warmen Ort. Ist er dann bis über die Hälfte

der ursprünglichen Höhe gestiegen, so verknete man die noch übrigen 750 Gramm Mehl mit Butter, Zucker und Salz auf dem Backbrett zu einem schlanken Teig, gebe den aufgegangenen Hefenteig dazu und arbeite dann das Ganze mit leichter Hand so lange untereinander, bis man die verschiedenen Teigarten nicht mehr unterscheiden kann und der Teig sich möglichst rein von den Fingern löst. Nun lege man ihn auf die Mitte einer mit Mehl bestäubten Serviette, schlage deren Enden darüber zusammen und lasse ihn so zehn bis zwölf Stunden an einem mäßig warmen Ort stehen, damit er gut aufgeht. Formt jetzt große runde Brote davon, die man mit einem Kreuz — griechisches Kreuz mit vier Armen — verziert und auf ein mit Butter fett bestrichenes Backblech legt, mit verklopftem Ei, wozu man etwas kaltes Wasser gegossen hat, bestreicht und in gut geheiztem Ofen zu schöner Farbe backt.

Wird mit gefärbten Oster-Eiern, Gründonnerstags-Salz — während des Gründonnerstags-Gottesdienstes in einen erwärmten Ofen gelegt und geröstet — und Butter, in Gestalt eines Osterlamms mit rothem Fähnchen, servirt. — Christos Woskresse! —

219. Rheinische Osterfladen.

Teig. Für 12 Teller große Fladen: 1 Kilo Mehl, 125 Gramm Zucker, 125 Gramm Butter, 4 Gramm Zimmet, 30 Gramm Hefe, $^1/_2$ Liter Milch.

Man mache den Teig wie gewöhnlich (s. Hefenteig), lasse ihn gehn und rolle ihn aus; schneide ihn zu Platten in Größe eines gewöhnlichen Speisetellers, kneife einen Rand und backe sie, nachdem sie belegt sind, auf einem Backblech im Ofen.

Reisfladen. Man lasse 500 Gramm Reis mit Wasser und 125 Gramm Zucker mürbe und trocken kochen, d. h., daß fast alles Wasser eingekocht sei, wobei man aber sehr acht geben muß, daß er nicht anbrenne: koche ihn nun mit $^1/_2$ bis $^3/_4$ Liter Milch vollends weich und rühre dann 3 bis 4 Eier daran, belege die Fladen damit und bestreiche sie, eben vor dem Einschieben in den Ofen, mit verklopftem Ei.

Fladen von frischen Aepfeln. Man koche sie mit Wasser dick und weich ein, streiche sie durch ein Sieb und gebe dann Zucker, Korinthen und Zimmet oder Citronenschale dazu.

Fladen von getrockneten Süßäpfeln. Man koche sie langsam in Wasser recht weich, nehme dessen aber nicht zu viel, damit man, wenn die Aepfel gar sind, keins abzugießen brauche, treibe sie dann gleich durch ein Sieb und vermische sie mit Zucker und Zimmet, auch wohl mit Apfelsinenschnittchen. — Originalrecept von einem der ersten Aachener Bäcker.

220. Feine Obstkuchen.

Man rolle Mürbteig Nr. 11 aus, schneide ihn rund und lege ihn auf ein Backblech oder in eine flache Form, kneife ihn rundum ein, daß ein kleiner Rand entsteht, streue Zwieback oder Weißbrot auf den Boden, belege ihn mit dem Obst und lasse den Kuchen bei Mittelhitze backen.

Zu Zwetschenkuchen werden die Früchte halbirt und entsteint und man belegt damit, die offene Seite nach oben, den Kuchen ganz dicht, wie gepflastert, bestreut sie mit Zwieback, Weißbrot oder Backwerkresten, Zucker, Zimmet und ein wenig Gewürz- nelken und legt hin und wieder kleine Bröckchen frische Butter darauf.

Kirschenkuchen wird ebenso bereitet, doch werden die Kirschen nur entsteint, welches am besten mit einer Stahlfeder geschieht, deren Spitze man in den Halter steckt.

Bei Aprikosen-, Pfirsich-, Reineclauden- und Mirabellen-Kuchen streut man nur reichlich Zucker über die Früchte, welche sonst wie die Zwetschen eingelegt werden und wiederholt dies Ueberstreuen, wenn der Kuchen aus dem Ofen kommt. Den wolligen Pfirsichen muß man die Haut abziehen.

Eben so von Johannisbeeren, Himbeeren und Heidelbeeren, mit denen man den Tortenboden dick belegt.

Zu Apfelkuchen schnitzle man die Aepfel in feine kleine Scheibchen und belege den Teig damit in dünnen Lagen, wobei man Zucker, Zimmet, Korinthen, fein geschnittene Mandeln und Citronenschale, gestoßenen Zwieback oder Backwerk über jede Lage und auch oben darüber streut und ebenfalls kleine Butterbröckchen darauf thut.

Wenn man kein frisches Obst hat, so ist in Büchsen oder Gläsern eingelegtes oder sonst Eingemachtes sehr gut zu verwenden und man belegt den Boden des Kuchens damit, bestreut es, wie die andern Kuchen, mit Brot, Zwieback oder Backwerk, welches man mit einem Eßlöffel Zucker und der fein geschnittenen Schale einer halben Citrone vermischt hat, legt Butterstückchen darauf und streut abermals einen Eßlöffel Zucker darüber.

Ungleich der andern Obstkuchen, halten diese Kuchen sich eine Woche und länger, recht wohlschmeckend.

221. Französische Obstkuchen (Flans aux Fruits) I.

Man lege eine, etwa 4 Centimeter hohe Form mit Brösel= oder Mürbteig aus und entsteine dann Aprikosen, Pfirsiche, Zwetschen oder Reineclauden, schwinge sie mit Zucker in einer Terrine, thue sie auf den Teig und backe den Kuchen bei guter Hitze. Unterdessen klopfe man die Steine auf, brühe die Kerne wie Mandeln und schneide sie entzwei; lasse sie in ein wenig Zuckersyrup aufkochen und gebe sie im Augenblick des Servirens über den Kuchen, welcher auch aus Kirschen, Johannisbeeren und Himbeeren bereitet werden kann, nur muß man dann zum Bestreuen Mandeln oder Haselnüsse nehmen.

222. Französische Obstkuchen (Flans aux Fruits) II.

Man dressire von Mürbteig, über einem Backblech, einen flachen mit $2\frac{1}{2}$ Centimeter hohem Rande versehenen Kuchen, befestige ein Papierband darum und lege ihn ganz mit halbirten, recht reifen Aprikosen aus, backe ihn bei guter Hitze und bestreue ihn stark mit Zucker.

Ebenso von Pfirsichen, Reineclauden, Zwetschen, Mirabellen und Kirschen, nur daß man die wolligen Pfirsiche schälen und die Kirschen auch vor dem Backen reichlich mit Zucker bestreuen muß.

223. Französische Obstkuchen mit gemischten Früchten (Flans Macédoine).

Man dressire einen Kuchen wie vorstehend und backe ihn schön hellbraun. Habe während dessen Erdbeeren, Himbeeren und rothe und weiße Johannisbeeren, von jedem einen Teller voll, mit $\frac{3}{16}$ Liter Zuckersyrup (siehe diesen) übergossen, gut durcheinander geschwungen und wenigstens eine Stunde kalt gestellt, worauf man die Torte damit füllt und die Früchte gleichmäßig auseinander streicht. — Für zwölf Personen.

Im Winter kann man diesen sehr angenehmen Kuchen aus eingemachten Früchten bereiten, rothen und weißen Johannisbeeren und klein geschnittenen Aprikosen und eingemachten Nüssen, natürlich dann ohne Zuckersyrup.

224. Einfache Obstkuchen.

Man nehme fertigen Weißbrotteig vom Bäcker, etwa für zehn Pfennig, schlage eigroß Butter hinein, wie bei Blätterteig, überschlage ihn auch ein paar Mal und rolle dann einen ziemlich dünnen Boden daraus, den man auf ein Backblech oder in eine flache Form legt und rund herum einen Rand kneift.

Zu einem Apfelkuchen schäle man nun Aepfel von gleicher Größe, theile sie, je nach Größe, in sechs bis acht Theile und belege damit, immer rund herum, den Kuchen regelmäßig und dicht, wie gepflastert, gebe Zucker, Zimmet, geriebenes Weißbrot oder dergleichen und kleine Bröckchen Butter darüber und backe bei ziemlich frischer Hitze.

Ebenso Zwetschenkuchen, der mit halbirten und entsteinten Zwetschen, die offene Seite nach oben, recht dicht belegt wird; zum Bestreuen nimmt man auch noch etwas Gewürznelken.

Ganz kurz eingekochter Compot von Backobst eignet sich ebenfalls zum Belegen und natürlich kann man den Teig zu diesen Kuchen auch selbst machen und ich lasse sie gewöhnlich Sonnabends, wenn das Weißbrot für die Woche gebacken wird, bereiten, wo wir sie dann ganz frisch zum Thee verzehren und die Leute sie bei der Sonntagsmahlzeit erhalten.

225. Gerührter Obstkuchen. Teig. 5 Eier und so schwer diese sind an Zucker, Butter und feinem Mehl, etwas fein geschnittene Citronenschale.

Zum Belegen. Beliebiges Obst, Zucker.

Man rühre die Butter zu Schaum und dann die Eier und das Uebrige dazu, verrühre es gut und gieße es in eine etwas tiefe Kuchenform. Lege Himbeeren, Johannisbeeren, Kirschen, Aprikosen oder dergleichen darauf, überstreue das Obst stark mit Zucker und backe den Kuchen in einem ziemlich heißen Ofen.

226. Obstkuchen mit Guß.

Man lege eine flache Form mit Mürbteig aus und kneise einen Rand, bestreue den Boden mit geriebenem Zwieback und belege ihn mit beliebigem Obst, gebe etwas Zucker darüber und lasse beinahe gar backen. Verklopfe unterdessen einen kleinen Suppenteller sauren Rahm mit vier Eidottern, zwei Eßlöffeln Zucker und einem Theelöffel Zimmet, rühre vier zu Schnee geschlagene Eiweiß hindurch, gebe es löffelweise über den Kuchen und backe ihn vollends gar. — Besonders gut von Aprikosen und Zwetschen.

227. Orangetorte. 240 Gramm Kartoffelmehl, 250 Gramm Zucker, 250 Gramm Mandeln, 4 Orangen, 21 Eier.

Man schäle das Gelbe der Orangen mit einem kleinen scharfen Messer so fein wie möglich ab und hacke es mit dem gestoßenen Zucker fein, stoße die Mandeln mit drei Eiern ebenfalls fein und rühre dies nun zusammen mit achtzehn Eidottern sehr schaumig. Schlage die achtzehn Eiweiß zu steifem Schnee, ziehe ihn nebst dem ausgepreßten Safte der Orangen und dem Kartoffelmehl leicht unter die Masse und backe die Torte eine Stunde lang bei mäßiger Hitze.

228. Englischer Orangekuchen (Orange-Cake). 250 Gramm gesiebter Zucker, 250 Gramm mit 2 Eßlöffeln Orangeblüthwasser sehr fein gestoßene Mandeln, 375 Gramm geschmolzene, abgekühlte Butter, Schale einer Sevilla-Orange, 8 Eier.

Man mische Zucker, Mandeln, Butter, acht Eidotter und vier Eiweiß gut untereinander und streiche es durch ein Sieb. Koche dann die sehr fein abgelöste Schale der Orange, so lange in Wasser, bis das Bittere herausgezogen ist, hacke sie sehr fein und füge sie zu der Kuchenmasse, welche man in eine mit Blätterteig ausgelegte Form giebt und in guter Hitze backt. In Ermangelung einer Orange kann man einen Eßlöffel Apfelsinen-, Aprikosen- oder Ananas Marmelade nehmen. — Vorzüglich.

P.

229. Torten und Kuchen aus Stollwerck's Puddingpulver.

Dies von der weltberühmten Stollwerck'schen Chocolade-Fabrik zu Cöln in den Handel gebrachte Pulver eignet sich auch sehr zu Torten und Kuchen, deren ich, nach dem den Pulvern beigegebenen Receptenbüchlein, hier einige folgen lasse, wobei ich, um Wiederholungen zu vermeiden, vorab bemerke, daß Mehl und Puddingpulver immer untereinander gemischt und zusammen durch ein Sieb gegeben werden müssen und man die Formen stets mit Butter ausstreichen und mit gesiebtem Zwieback oder Weißbrot bestreuen muß.

I. Sandtorte. 250 Gramm Butter, 250 Gramm Zucker, 125 Gramm Mehl, 2 Mandelpuddingpulver, 6 Eier.

Man rühre die Butter zu Schaum, Zucker und Eidotter dazu und das Ganze nun eine Viertelstunde lang. Gebe jetzt Mehl und Puddingpulver daran und zuletzt den Schnee der Eiweiß darunter; fülle die Masse in die Form, bestreue sie mit einer Mischung von Zucker und gesiebtem Zwieback oder gröblich geschnittenen Mandeln und backe sie eine halbe Stunde bis drei Viertelstunden lang.

II. Auflegekuchen.

Man backe aus vorstehendem Teige drei kleine Kuchen, bestreiche, wenn sie erkaltet sind, zwei derselben mit folgender Masse, lege sie übereinander, den dritten darauf und überziehe sie mit einer Zuckerglasur. Zur Fülle lasse man 125 Gramm feine frische Butter schmelzen, gebe 125 Gramm Zucker, den Saft von drei Citronen, die an Zucker abgeriebene Schale einer Citrone und vier Eidotter hinzu und schlage es über dem Feuer, bis es dicklich wird, kochen darf es nicht.

III. Englischer Kuchen. 125 Gramm Butter, 125 Gramm Zucker, 125 Gramm fein gehackte Mandeln, 125 Gramm Mehl, 1 Orangenpuddingpulver, 2 Eier.

Man rühre die Butter zu Schaum und nachdem man Zucker und Eier hinzugefügt, recht kräftig; gebe dann die Mandeln daran und zuletzt Mehl und Puddingpulver, fülle es ein, bestreue es mit fein gestoßenen Makronen und lasse eine halbe Stunde bis drei Viertelstunden backen.

IV. Punschtorte. 250 Gramm Butter, 250 Gramm Zucker, 125 Gramm Mehl, anderthalb Mandelpuddingpulver, Saft und abgeriebene Schale einer Citrone, 6 Eßlöffel Arak oder Rum, 6 Eier.

Man rühre die Butter zu Schaum, thue Zucker, Eidotter, Citronensaft und Schale dazu und schlage es stark eine Viertelstunde lang; füge nun Mehl und Puddingpulver hinzu, hierauf den Schnee der Eiweiß, zuletzt Arak oder Rum und wenn die Masse in die Form gethan ist, so bestreue man sie mit fein gestoßenen bitteren Makronen oder einem Gemisch von gestoßenem Zucker und Zwieback und backe eine halbe Stunde bis drei Viertelstunden lang.

V. Mandeltorte. 250 Gramm Butter, 250 Gramm Zucker, 250 Gramm fein geriebene Mandeln, 110 Gramm Mehl, 1 Citronenpuddingpulver, 8 Eier.

Man rühre die Butter zu Schaum und mit Zucker und Eidottern eine Viertel=stunde, dann die Mandeln, nun Mehl und Puddingpulver und hierauf den Schnee der Eiweiß hinein, bestreue die in die Form gegossene Masse gleich der vorigen Torte und lasse eine Viertelstunde backen.

VI. Gewürzkuchen. 250 Gramm Butter, 250 Gramm Zucker, 125 Gramm Mehl, 2 Mandelpuddingpulver, 20 Gramm gehackte Succade, die abgeriebene Schale einer halben Citrone, Zimmet, Gewürznelken, Cardamomen, 3 Eßlöffel Rum, 5 Eier.

Man rühre die Butter zu Schaum, gebe Eidotter, Zucker und Gewürz dazu und schlage es eine Viertelstunde kräftig, füge Mehl und Puddingpulver hinzu, ziehe den Schnee der Eiweiß und zuletzt den Rum darunter und backe den Kuchen wie die Punschtorte, jedoch ohne ihn zu bestreuen.

VII. Kleine Mandelkuchen. 125 Gramm Butter, 100 Gramm Zucker, 140 Gramm Mehl, 1 Mandelpuddingpulver, 2 Eßlöffel Rum, 1 Ei.

Man rühre die Butter zu Schaum, schlage sie mit Zucker und Ei eine Weile und mische dann Mehl, Puddingpulver und dann den Rum hindurch, streiche die Masse auf ein mit Butter bestrichenes Backblech, bestreue sie mit länglich ge=schnittenen Mandeln und grob gestoßenem Zucker, backe sie hellgelb und schneide sie, noch warm, in fingerlange und zwei Finger breite Stücke.

VIII. Kleine Obstkuchen.

Man belege die Masse des vorstehenden Kuchens anstatt mit Mandeln mit beliebigem Obst, streue reichlich Zucker darüber und verfahre übrigens wie oben.

Man erhält das Puddingpulver in den meisten Delikatessen = Handlungen und auch in der Fabrik selbst, in zierlichem, bildgeschmücktem Carton, welcher sechs Packetchen enthält, mit Himbeer=, Erdbeer=, Vanille=,Chocolade=, Citronen= und Orangen=Geschmack, nebst einem netten Büchlein, mit fünfzig Recepten zu Pudding, Auflauf, Crèmes, Torten, Kuchen und Suppen, zum Preise von 1 Mark 20 Pfennig, doch sind auch einzelne Packetchen zu 20 Pfennig käuflich.

230. Pyramidentorte. 500 Gramm Mehl, 500 Gramm Zucker, 500 Gramm Butter, die abgeriebene Schale einer Citrone, 8 Gramm Zimmet, 12 Gewürznelken, eine halbe Muskatnuß, 16 Eier.

Man rühre die Butter mit den Eidottern eine halbe Stunde lang recht schaumig und gebe dann die übrigen Zuthaten, unter beständigem Rühren, nach und nach hinein, zu vorletzt das Mehl und zuletzt den Schnee der Eiweiß, welchen man langsam darunter zieht.

Nun habe man neun flache Blechkästchen, wovon acht viereckig, 3 Centimeter hoch und das größte unterste etwa 24 Centimeter groß ist; die nächstfolgenden jedes immer etwas kleiner, das neunte, die Spitze der Pyramide bildend, spitzig und muß einen Reif dazu machen lassen, der es hält, wenn es gefüllt und auf die Spitze gestellt ist.

Diese Formen werden jetzt leicht mit Butter bestrichen und mit der wenig steigenden Masse beinahe voll gefüllt und dann sämmtlich nebeneinander, doch nicht zu nahe, auf ein Backblech gesetzt, ungefähr drei Viertelstunden bei gelinder Hitze gebacken und noch warm auf Papier gestürzt, wo man sie verkühlen läßt, hiernach die einzelnen Theile stark messerrückendick mit beliebiger Marmelade bestreicht und zur Pyramide übereinander stellt.

Natürlich kann man diese vortreffliche Torte auch in einer gewöhnlichen Form backen und die Hälfte der angegebenen Masse giebt schon eine schöne Torte

und eben so kann man eine andere Tortenmasse, Brottorte, Biscuittorte, Zwieback=
torte u. s. w. zu einer Pyramidentorte verwenden.

231. Provençalische Torte (Tourte d'Amour).

Man bereite aus 750 Gramm feinstem Mehl einen Mürb= oder Sahneteig
und forme daraus drei Kuchen, bestreiche sie mit Butter, bestreue sie mit Zucker
und Zimmet und backe sie goldgelb. Sind Sie dann erkaltet, so streiche man auf
den ersten dicklich gekochte Weincrème, auf den zweiten Johannisbeer= oder Him=
beergelee und lege alle drei übereinander. Schneide andern Tages den Rand rings=
herum mit einem scharfen Messer glatt, gebe Citronenglasur auf die Torte und
verziere sie mit Südfrüchten.

Zu der Weincrème nehme man ³/₈ Liter weißen Wein, 125 Gramm
Zucker, an dem die Schale einer halben Citrone abgerieben worden, Saft einer
Citrone, einen Eßlöffel in ein wenig Wasser aufgelöste Weizenstärke, 5 Eier.

Man schlage dies Alles mit dem Schaumbesen bis vors Kochen, gieße es dann
rasch in eine bereit stehende Terrine und setze das Schlagen noch einige Minuten fort.

*232. Pfundtorte. 500 Gramm Mehl, 500 Gramm Zucker,

500 Gramm Butter, 60 Gramm Sultanini, 90 Gramm Korinthen, 15 Gramm
Succade, 15 Gramm Zimmet, 8 Gramm Gewürznelken, etwas Muskatnuß, 11 Eier.

Man verrühre Butter und Zucker und gebe nach und nach die Eidotter dazu;
hierauf Sultanini, Korinthen, Succade und Gewürze, dann das zu Schnee ge=
schlagene Eiweiß und zuletzt das Mehl, thue die Masse in eine Form und backe
sie zwei Stunden lang. — Sehr kräftig und haltbar.

233. Amerikanischer Pfundkuchen (Pound - Cake). 500 Gramm

Mehl, 500 Gramm Zucker, 500 Gramm Butter, 1 Muskatnuß, 1 Theelöffel
Muskatblüthe, ¹/₈ Liter Branntwein, 10 Eier.

Man verrühre die Hälfte des Mehls mit der Butter recht schaumig und thue
Gewürz und Branntwein daran; dann die gut verklopften Eidotter, den Zucker,
den Schnee der Eiweiß und die andere Hälfte des Mehls, wonach man die Masse
noch eine halbe Stunde rührt und den sehr guten, kräftigen Kuchen eine
bis anderthalb Stunde bei mäßiger Hitze backt.

*234. Plum-Cake I. 250 Gramm Mehl, 250 Gramm gesiebter Zucker,

250 Gramm feine Butter (Süßbutter), 250 Gramm Sultanini, 250 Gramm
Korinthen, 32 Gramm Succade, 32 Gramm candirte Orangenschale, abgeriebene
Schale einer Citrone, 8 Gramm Zimmet, 8 Eidotter, 4 Eiweiß.

Man rühre die Butter zu Schaum und dann mit den Eidottern noch eine
halbe Stunde; gebe Zucker, Korinthen Sultanini, Succade, Orangenschale, Citronen=
schale, Zimmet, den Schnee der Eiweiß und zuletzt das Mehl unter fortwährendem
Rühren leicht hindurch, fülle es in eine stark mit Butter bestrichene Tortenform
und backe sie in nicht zu heißem Ofen zwei bis drei Stunden lang. — Hält
sich vortrefflich ein volles Vierteljahr.

235. Plum-Cake II. 500 Gramm Mehl, 500 Gramm Zucker, auf

dem man die Schale einer Citrone abgerieben hat, 125 Gramm fein geschnittene
Mandeln, 125 Gramm feinwürfelig geschnittene Succade, 125 Gramm Sulta=
nini, 8 Eier.

Man rühre Zucker und Eier recht schaumig, gebe dann löffelweise, unter beständigem Rühren, das Mehl hinein und hierauf das Uebrige. Backe die Masse in einer mit gebuttertem Papier ausgelegten länglich-viereckigen englischen Kuchenform — 12 Centimeter Höhe, 15 Centimeter Breite, 25 Centimeter Länge — bei sehr gleichmäßiger gelinder Hitze zwei Stunden lang und servire sie, zu Scheiben geschnitten, gewöhnlich mit Butter oder Marmelade dabei, zum Thee.

236. Prophetenkuchen. 210 Gramm Mehl, 210 Gramm Butter, 150 Gramm Zucker, 105 Gramm fein geschnittene Mandeln, Saft einer Citrone, 2 Eßlöffel süßer Rahm, 2 Eidotter.

Man brösele die Butter in das Mehl, gebe dann das Uebrige dazu und verarbeite den Teig leicht. Schneide ihn dann in drei Stücke, rolle sie in gleicher Größe aus und backe die Blätter bei frischer Hitze schön gelb. Bestreiche zwei derselben mit Confitüre, lege alle drei übereinander und überziehe den obenauf liegenden mit einer Glasur oder übersiebe ihn auch nur mit Zucker.

237. Punschkuchen I. Teig. 250 Gramm Mehl, 250 Gramm Zucker, 250 Gramm Butter. Schale einer Citrone, 5 Eßlöffel Arak, 5 Eier.

Guß. 6 Eier, etwas süßer Rahm.

Man rühre Butter, Zucker und Eier recht schaumig und thue dann Mehl, Citronenschale und einen Eßlöffel Arak langsam darunter. Belege nun eine Springform mit gebuttertem Papier, fülle die Masse hinein, backe den Kuchen langsam gut aus und begieße ihn mit vier Eßlöffeln Arak. Verrühre jetzt sechs Eidotter mit etwas süßem Rahm und ziehe den Schnee der Eiweiß darunter, belege den Kuchen mit eingemachten Johannisbeeren, gebe die Eiercrème darüber und lasse nochmals backen. Tauche zuletzt ein Stück Zucker in Arak, stecke ihn an eine Gabel und zünde ihn an, tropfe ihn auf dem Kuchen herum und verziere ihn, wenn er erkaltet ist, mit eingemachten Früchten.

238. Punschkuchen II. 125 Gramm Mehl, 140 Gramm fein gestoßener Zucker, 140 Gramm Butter, Schale einer halben Citrone, 2 Eßlöffel Arak, 4 Eier, eingemachte Himbeeren.

Man rühre Butter und Zucker recht schaumig, thue dann die abgeriebene Citronenschale, nach und nach die Eier und zuletzt das Mehl daran, verrühre es gut und backe die Masse in zwei mit Butter ausgestrichenen Tortenformen eine halbe Stunde. Nehme sie nun heraus, lege einen Kuchen auf die Tortenschüssel besprütze ihn mit einem Eßlöffel Arak und bestreiche ihn mit den Himbeeren, gebe den zweiten Kuchen darüber, den man ebenfalls mit einem Eßlöffel Arak besprützt und dick mit Zucker bestreut.

239. Punschkuchen III. 750 Gramm Mehl, 250 Gramm Butter, 75 Gramm Zucker, 30 Gramm Hefe, etwas Salz, ½ Liter lauwarme Milch, 2 Eier. Noch 90 Gramm zerlassene Butter, ein paar Eiweiß und eine Handvoll Zucker zum Bestreichen.

Man mache einen Vorteig, schneide die Butter darauf und stelle ihn an die Wärme und wenn er gegangen ist, so klopfe man die Butter hinein, füge das übrige Mehl, ausgenommen das zum Ausarbeiten benöthigte, und Zucker, Salz und Eier hinzu und lasse den Teig in der Schüssel wieder gehen. Nehme ihn dann auf das Backbrett, forme einen zwei Querfinger dicken Kuchen daraus, lege ihn auf ein mit Butter bestrichenes Backblech und wenn er da noch eine Viertelstunde gegangen ist, so sticht man mit einer Gabel hie und da Löcher in den Kuchen, streicht mit einem

Pinsel die zerlassene Butter darauf herum, die in die Löcher eindringen muß, läßt ihn noch eine Viertelstunde gehen, bestreicht ihn mit dem zu Schaum geschlagenen und mit Zucker vermischten Eiweiß und backt ihn bei guter Hitze. — Ist besonders zu Punsch beliebt, daher der Name.

*240. Punschtorte.

Man fülle mit einem Biscuitteig von 500 Gramm Zucker drei gleich große runde flache Formen, so daß jeder Kuchen zwei Querfinger dick wird, backe sie einen Tag vor dem Gebrauche und schneide sie andern Tages der ganzen Breite nach in Hälften. Mische nun unter ½ Liter Arak den Saft und die an Zucker abgeriebene Schale einer Citrone, feuchte damit die Biscuithälften an, lasse sie wieder trocknen und lege dann je zwei und zwei aufeinander. Bestreiche jetzt einen dieser Kuchen mit einer beliebigen Marmelade, gebe einen andern darauf, bestreiche ihn ebenfalls und decke ihn mit dem dritten zu, den man mit einer Glasur aus einem zu Schnee geschlagenen Eiweiß, 125 Gramm fein gesiebten Zucker und einem starken Eßlöffel Arak bestreicht und sie trocknen läßt. Statt mit Confitüren kann man die Torte auch mit Aepfeln füllen, welche mit Zucker, am Zucker abgeriebener Schale einer Citrone und etwas Arak zu Marmelade eingekocht worden sind. — Hält sich lange frisch und feucht.

241. Pfirsichtorte I. 280 Gramm feines Mehl, 175 Gramm kalte

gebröckelte, sehr frische Butter, 1 Eßlöffel gestoßener Zucker, eine Messerspitze Salz, ⅛ Liter Wasser, 6 Eidotter, Zucker zum Bestreuen, Pfirsiche.

Man siebe das Mehl auf das Backbrett, mache ein Häufchen daraus und in die Mitte eine Grube und gebe in diese Butter, Eidotter, Zucker, Salz und Wasser, mache den Teig leicht zusammen, reibe ihn mit dem Ballen der Hände zwei Mal durch, schlage ihn in eine Serviette und lege ihn eine halbe Stunde lang an einen kalten Ort. Dann rolle man ihn zu einer runden Platte aus, versehe sie mit einem 2½ Centimeter hohem Rand und befestige ein vierfaches Papierband darum. Belege sie nun sehr dicht mit gut reifen jedoch nicht überreifen, halbirten und abgezogenen Pfirsichen, die offene Seite nach oben, bestreue sie stark mit Zucker, backe die Torte in guter Hitze und streue, wenn sie aus dem Ofen kommt, abermals reichlich Zucker darüber.

Man kann die Torte aber auch ohne Fülle backen und wenn sie erkaltet ist, mit Pfirsichkompot recht dicht belegen. Die Pfirsiche werden dazu halbirt und eine Minute lang in kochendes Wasser gethan; dann jede mit dem Schaumlöffel einzeln heraus genommen und nachdem man die Haut abgezogen, auf ein Tuch gelegt und hierauf nebeneinander in eine flache Casserole, mit 180 Gramm (für ein Dutzend Pfirsiche) geriebenen Zucker bestreut, mit einem halben Glas Wasser übergossen und in den Ofen gestellt, bis sie weich sind, dann mit einem Bogen Papier bedeckt, zum Auskühlen bei Seite gesetzt.

Ebenso von Aprikosen, Reineclauden, Zwetschen und Mirabellen, die aber nicht geschält werden.

242. Pfirsichtorte II. 135 Gramm Mehl, 200 Gramm Zucker,

135 Gramm Butter, 4 Eier, Pfirsiche, 90 Gramm gesiebter Zucker zum Guß.

Man rühre die Butter zu Schaum und dann Mehl, Zucker und zwei Eidotter kräftig hindurch, gieße es in die Form, backe es und lasse die Torte auskühlen. Lege hierauf eingemachte — besonders aus Büchsen — oder zu Compot eingekochte Pfirsiche (s. Oben) darauf, bedecke sie mit vier zu Schnee geschlagenen und mit 90 Gramm gesiebtem Zucker vermischtem Eiweiß und stelle sie wieder in den Ofen, bis dieser Guß schön gelb geworden ist.

Ebenso von Aprikosen.

243. Pistazientorte.

180 Gramm Pistazien mit 60 Gramm Mandeln und 4 Eiern fein gestoßen, 110 Gramm Zucker, 60 Gramm feinstes Mehl, 10 Eier.

Man rühre Pistazien, Mandeln und Eidotter eine halbe Stunde und ziehe dann den Schnee der Eiweiß und das Mehl darunter, fülle es in eine gut bestrichene Form und lasse in mäßiger Hitze backen.

244. Prünellentorte.

Blätter= oder Mürbteig. 500 Gramm Prünellen, 60 Gramm Zucker, 60 Gramm länglich zart geschnittene Mandeln, 30 Gramm Succade, Schale einer halben Citrone — Beides klein geschnitten — 2 Gramm Zimmet, $^3/_8$ Liter weißer Wein.

Man wasche die Prünellen, koche sie mit Wein, Zucker und Citronenschale ganz kurz ein, thue sie auf eine Schüssel und bestreue sie mit Zimmet, Mandeln und Succade. Belege nun eine Form mit dem Teige, fülle die erkalteten Prünellen hinein und gebe ein Gitter oder einen Deckel darüber, bestreiche mit verklopftem Ei und lasse backen.

245. Pflaumenmuskuchen.

500 Gramm Mehl, 250 Gramm recht kalte Butter, 166 Gramm gesiebter Zucker, 4 Eier, Mus.

Man siebe das Mehl in einer Backschüssel, gebe die Butter in kleinen Stückchen, Zucker und Eier hinein und arbeite es möglichst rasch, damit es unter den Händen nicht warm werde, zu einem steifen Teig, von dem man zwei Drittel recht dünn ausrollt und zu einer runden Platte schneidet, die man auf ein Backblech legt und rund herum einen hohen Rand kneift. Dann vermische man recht steif eingekochtes Pflaumenmus mit reichlich Zucker, gehackten Mandeln, abgeriebener Citronenschale, etwas Gewürznelken und einigen Eßlöffeln Wein und streiche dies fingerdick auf die Platte, mache von dem zurückgelassenen Teig ein feines Gitter darüber und backe den Kuchen sogleich in frischer Hitze.

246. Potizen.

Man bereite aus 775 Gramm Mehl, 500 Gramm Butter, 90 Gramm Zucker, einer Stange Vanille, Salz, 45 Gramm Hefe und $^1/_2$ Liter Milch einen Teig und schneide ihn, wenn er fingerdick ausgerollt ist, zu einer viereckigen Platte; bestreiche sie mit einer Fülle aus 300 Gramm sehr fein gehackten Mandeln, Hasel= oder Wallnüssen, 15 Gramm flüssigem Honig und etwas Zimmet und Gewürznelke und rolle sie wie eine Wurst zusammen, lege sie auf ein Backblech und bestreiche sie mit verklopftem Ei, backe sie eine bis anderthalb Stunden bei Mittelhitze und servire erkaltet zu Scheiben geschnitten. — Slavonisches National=Gebäck.

247. Potkuchen.

500 Gramm Mehl, 125 Gramm Butter, 3 Eßlöffel Zucker, etwas Muskatblüthe, für 12 Pfennig Hefe, lauwarme Milch, 6 Eier.

Man übergieße die Hefe mit etwas von der Milch, lasse sie auf dem Heerde ziehen und in der übrigen Milch die Butter zergehen. Menge nun das Ganze zu einem ziemlich festen Teig, thue ihn in eine Form und backe den Kuchen, wenn er gegangen ist, langsam eine Stunde lang.

248. Plunderbretzel.

1 Kilo feines, mehrmals durchgesiebtes Mehl, $^3/_4$ Kilo frische Butter, 60 Gramm Hefe, $^1/_2$ Liter Milch, 2 Eidotter.

Zur Fülle. Zucker, Zimmet, Sultanini, Korinthen, gehackte Mandeln, Butter.

Man löse die Hefe in einem Theil der Milch auf, rühre sie klar, thue die Eidotter und die übrige Milch dazu und quirle dies gut untereinander; gebe dann das Mehl hinein und verarbeite es zu einem glatten Teig. Rolle ihn fingerdick aus, lege die wie zu Blätterteig vorbereitete und zu einem breiten Klumpen geformte Butter in die Mitte und schlage den Teig wie einen Turban recht dicht und fest darüber, so daß die Butter ganz darin eingehüllt ist, drücke ihn dann nochmals gut an und lege es, die zusammen geschlagenen Enden nach unten, auf das mit Mehl bestäubte Backblech, bestäubt auch das Rollholz mit Mehl und beginnt jetzt den Teig mit leichter Hand fingerdick auszurollen, auch wie Blätterteig, in die Länge und von sich abwärts. Hierauf wird er dreifach zusammen geschlagen, so daß das eine Ende nach innen und das andere ganz darüber zu liegen komme, dann wieder zu Fingerdicke ausgerollt, abermals dreifach zusammen geschlagen, wiederum ausgerollt und jetzt noch ein drittes Mal so verfahren. Ist der Teig nun wieder übereinander geschlagen, so rollt man ihn fingerdick zu einem sehr langen, schmalen Kuchen aus, bestreicht ihn mit Butter, bestreut ihn mit Zucker, Zimmet, Sultanini, Korinthen und Mandeln und rollt ihn der Quere nach wie eine Omelette zusammen, formt aus dieser langen Rolle eine Bretzel, bestreicht sie mit Butter und backt sie in guter Hitze.

Im Gegensatz zu allem anderen Hefenbackwerk müssen bei dieser sehr guten Bretzel alle Zuthaten kalt sein und ebenso der Raum, wo sie bereitet wird.

Q.

249. Quittentorte. Mürbteig. 125 Gramm gesiebter Zucker, etwas fein geschnittene Citronenschale und gestoßener Zimmet, 6 Eier, Quitten.

Man koche einige Quitten in Wasser weich, lasse sie erkalten, schäle sie und reibe sie auf dem Reibeisen. Nehme dann 250 Gramm davon in eine Schüssel und rühre es mit Zucker, Zimmet und Citronenschale eine Weile. Gebe hierauf die Eidotter daran und zuletzt, eben vor dem Einfüllen der Masse, den Schnee der Eiweiß. Belege nun eine Tortenform mit einem ganz dünnen Teigboden, fülle die Masse darüber und backe die Torte langsam, in mäßiger Hitze.

250. Quitten-Baisertorte. Blätterteig.

Man lege davon, in eine flache Tortenform, einen dünnen Boden, backe ihn hellgelb und lasse ihn erkalten. Schäle dann einige in Wasser weich gekochte Quitten, reibe das Fleischige auf einem Reibeisen ab und thue 375 Gramm davon in eine Schüssel, siebe 250 Gramm Zucker, schlage sechs Eiweiß zu Schnee und gebe nun einen Eßlöffel Schnee und ebensoviel Zucker an das Quittenmark, rühre dies eine Weile und fahre so, immer löffelweise, fort, bis Beides aufgebraucht ist. Füge nun noch die abgeriebene Schale und den Saft einer Citrone hinzu, streiche die Masse recht gleichmäßig und glatt über den Tortenboden und lasse sie langsam in einem sehr kühlen Ofen trocknen, denn der Guß muß hart sein, aber weiß bleiben. — Sehr gut und fein.

251. Quittenkuchen. Mürbteig. Ein Dutzend schöne Quitten, womöglich Birnquitten, 125 Gramm Zucker, Schale einer Citrone, Stückchen Zimmet, 6 Gewürznelken, $^3/_8$ Liter weißer Wein, Zwieback und Zucker zum Bestreuen.

Man schneide die geschälten Quitten in vier Theile und entferne das Kernhaus, koche sie in Wasser halb weich und thue sie auf ein Sieb. Lasse dann Wein, Zucker, Citronenschale und Gewürz aufkochen und die Quitten nebst ihren in ein Mulläppchen gebundenen Kernen darin vollends weich kochen, gut ablaufen und erkalten

und koche den Saft dick ein. Rolle nun den Teig zu einer runden, messerrücken=
dicken Platte aus, kneife einen Rand und belege sie ganz dicht und pünktlich rund
herum mit den Quitten, gebe den Saft darüber, bestreue sie reichlich mit gesiebtem
Zwieback und Zucker und backe den Kuchen bei frischer Hitze. Wenn man keine
frische Quitten hat, so kann man eingemachte Quittenschnitze nehmen.

R.

252. Rumänische Torte.
250 Gramm Mehl, 125 Gramm gesiebter
Zucker, 30 Gramm Butter, 2 Eiweiß und ein wenig an Zucker abgeriebene
Citronenschale.

Hiervon bereitet man einen Teig, rollt ihn dünn aus und schneidet ihn zu
drei runden Blättern, stupft sie mit einem Messer, damit sie beim Backen keine
Blasen bekommen und backt sie auf mit Butter bestrichenem Backblech gelb. Auch
hat man mit 280 Gramm Butter Blätterteig gemacht, ebenfalls drei Böden, wie
die ersten geschnitten, gestupft und gebacken und läßt jetzt alle über Nacht liegen.

Andern Tags nun legt man ein Blätterteigblatt auf ein rundes Backblech ohne
Rand und überstreicht es mit eingemachten Himbeeren, überlegt es mit einem Zucker=
teigblatt und fährt so, mit den Blättern abwechselnd fort, indem man zum Ueber=
streichen zuerst Hagebuttenmarmelade, dann eingemachte Kirschen, hierauf eingemachte
Aprikosen und zuletzt eingemachte Johannisbeeren nimmt, die Blätter fest aufein=
andergedrückt und die Torte ringsum mit einem großen scharfen Messer beschneidet,
oben und an den Seiten mit weißer Glasur bestreicht und schließlich mit eingemachten
Früchten in Form eines Blumenbouquets verziert, z. B. mit Stiefmütterchen (Pensées)
aus eingemachten Nüssen und Aprikosen, Rosen, Rosenknospen, Fuchsien, Nelken,
Ringelblumen u. s. w. aus recht steifer Johannisbeer= oder Quittengelee. Die
Blätter aus Succade oder Angelika. — Originalrecept aus Carmen Sylva's
Hofhalt. Neuwied.

253. Rehschlegeltorte.
Man muß sich dazu vom Dreher, aus trockenem weißbuchenen Holze, einen
Rehschlegelknochen nachmachen lassen und koche dann getrocknete Kirschen, am besten
Weichseln, in $3/8$ Liter weißem Wein weich und hacke sie, nachdem die Steine ent=
fernt worden, mit 60 Gramm Succade und der Schale einer halben Citrone klein,
füge 15 Gramm gestoßenen Zimmet, 4 Gramm Gewürznelken, 250 Gramm fein
gestoßene Mandeln und 250 Gramm gesiebten Zucker hinzu und gebe das Ganze
in eine Messingcasserole, trockne es auf gelindem Feuer unter beständigem Rühren
und lasse es in einer Schüssel stehen.

Hierauf trocknet man 125 Gramm klein gestoßene Mandeln und 125 Gramm
gesiebten Zucker in gleicher Weise, thut es auch in eine Schüssel und vermischt es
mit einem Eiweiß, bestreicht nun den Knochen mit Butter, bedeckt ihn mit der
Mandelmasse und läßt es im Ofen antrocknen, zieht es vom Holze ab und füllt es
mit eingemachten Himbeeren, wonach man die Kirschenmasse in Gestalt eines Reh=
schlegels um den Knochen herum legt, mit länglich geschnittenen, abgebrühten Mandeln
spickt und langsam backt. — Besonders passend zu Jagd=Diners.

254. Rehziemertorte.
140 Gramm Zucker, 140 Gramm Chocolade,
140 Gramm fein geschnittene, nicht abgezogene Mandeln, 40 Gramm geriebenes
altbackenes, mit einem Eßlöffel Arak angefeuchtetes Schwarzbrot, fein geschnittene
Citronenschale, etwas Arak, 6 Eier.

Man erweiche die Chocolade auf der Heerdplatte, verrühre sie mit den Eidottern,
Zucker, Citronenschale, Mandeln und Schwarzbrot und ziehe den Schnee der Eiweiß

darunter, gebe es in eine gut mit Butter bestrichene Form in Gestalt eines Reh=
ziemers und backe die Torte bei guter Hitze, wonach man sie mit einem Guß aus
125 Gramm gesiebtem Zucker, 30 Gramm geriebener Chocolade, einem Eiweiß und
etwas Citronensaft und Arak gerührt, bestreicht und mit abgezogenen, stiftlich ge=
schnittenen Mandeln besteckt, als wenn sie gespickt wäre.

Hat man keine Form, so macht man aus freier Hand einen länglichen, stumpfen
Wecken, den man auf ein Backblech legt, mit Papierstreifen umgiebt und übrigens
wie oben verfährt.

255. Reismehltorte. 125 Gramm feinstes Reismehl (Crème de Riz),
125 Gramm gesiebter Zucker, 125 Gramm frische Butter, 1 Eidotter.

Man menge dies genau untereinander, knete es zum Teig und rolle zwei
Platten daraus; belege eine derselben mit Confitüre und decke die andere darüber,
bestreiche sie mit verklopftem Ei und schlitze sie in zierliche Figuren aus, besiebe sie
mit Zucker, fasse die Torte mit Papierstreifen ein und backe sie langsam.

256. Reistorte I. Blätter= oder Mürbteig. 150 Gramm Reis,
375 Gramm Zucker, 4 Citronen.

Man koche den Reis in Wasser nicht ganz weich und rühre, wenn er erkaltet
ist, den gesiebten Zucker, die fein abgeriebene Schale der Citronen und deren Saft
leicht hindurch. Rolle dann von dem Teig eine runde Platte aus und lege sie auf
ein Backblech oder in eine ganz flache Form, kneife rund herum einen Rand und
bestreue sie mit gesiebtem Zwieback, fülle den Reis darauf und backe die Torte bei
gemäßigter Hitze, besonders von oben, damit der Reis hell bleibe, kann auch zu
größerer Vorsicht noch ein Papier darüber legen. — S e h r   e r f r i s c h e n d   und be=
s o n d e r s   zu   e m p f e h l e n,   w e n n   f r i s c h e s   O b s t   f e h l t.

257. Reistorte II. 250 Gramm Reis, 500 Gramm Zucker, sechs
Citronen, 1 Sandtorte.

Man wasche den Reis drei bis vier Mal ab, koche ihn dann in Wasser, bis
er sich mit den Fingern zerdrücken läßt und spüle ihn hierauf so lange in frischem
Wasser, bis es ganz klar bleibt. Lasse nun den Saft der Citronen mit dem Zucker
kräftig aufkochen und gebe den Reis hinein, welcher nun kochen muß, bis kein Saft
mehr da ist, wonach man ihn absetzt. Die ganz fein abgeschnittene Schale von
drei Citronen, ohne das mindeste Weiße, hat man unterdessen mürbe gekocht und
in feine Streifchen geschnitten, die man unter den erkalteten Reis mischt, diesen
über eine vorher gebackene Sandtorte streicht und mit Gelee verziert.

258. Reistorte mit Wein. Blätterteig. 250 Gramm blanschirter
Reis, 300 Gramm Zucker, 90 Gramm klein geschnittene Succade, 2 Citronen,
$^3/_4$ Liter weißer Wein, $^3/_{16}$ Liter Wasser.

Man koche den Reis mit dem Wein weich, läutere den Zucker mit dem Wasser,
wiege die Schale der Citronen fein und schneide das Mark zu Scheiben, gebe Beides
nun nebst dem Reis in den Zucker und lasse ihn noch so lange kochen — etwa eine
Viertelstunde — bis sich am Rande der Casserole etwas Bräunliches zeigt und
hierauf erkalten. Mische nun die Succade darunter, fülle die Masse in eine mit
Blätterteig belegte Form und backe die Torte bei mittler Hitze.

259. Reistorte mit Chocolade. Blätterteig. 250 Gramm
blanschirter Reis, 125 Gramm Zucker, 180 Gramm Butter, 180 Gramm fein

gestoßene Mandeln, 30 Gramm Mehl, Schale einer Citrone, 90 Gramm ge=
riebene Chocolade, Milch, 8 Eier.

Man koche den Reis in Milch weich und dick und rühre die Butter leicht,
thue den erkalteten Reis, acht Eidotter, Citronenschale, Mandeln und Zucker dazu
und mische den Schnee von sechs Eiweiß und das Mehl darunter. Lege nun eine
Form mit Blätterteig aus und fülle die Hälfte der Masse hinein, vermenge die
andere Hälfte mit der Chocolade, gebe sie auf die erste und lasse in ziemlich frischer
Hitze backen.

260. Reiskuchen mit Kirschen. 185 Gramm Reis, 125 Gramm Zucker, 125 Gramm Butter, 4 Eier, eingemachte Kirschen.

Man koche den Reis in Wasser dick ein und beinahe gar und stelle ihn kalt.
Rühre unterdessen die Butter schaumig und ebenso die Eidotter mit dem Zucker und
Beides an den Reis, zuletzt den Schnee der Eiweiß. Gebe dann in eine gebutterte
und bestreute Form eine Schicht von dem Reis und darüber eine von Kirschen und
wechsele so ab, schließe mit einer Reisschicht und lasse backen.

Ebenso von allen Sorten eingemachter Beeren.

261. Rahmschneetorte mit Chocolade. 200 Gramm Stärkemehl, 280 Gramm gesiebter Zucker, an dem die Schale einer Citrone abgerieben worden, 6 Eier, 6 Eidotter.

Fülle. ½ Liter Rahmschnee, 175 Gramm fein geriebene Chocolade,
100 Gramm gesiebter Zucker.

Man rühre den Zucker mit Eiern und Eidottern drei Viertelstunden lang und
ziehe dann Mehl und Schnee der sechs Eiweiß langsam darunter, fülle die Masse
in eine flache mit Butter ausgestrichene Form und streiche sie glatt; backe sie langsam
und stürze sie zum Auskühlen auf ein großes Haarsieb. Höhle sie nun aus, fülle
sie mit dem Rahmschnee, den man mit Zucker und Chocolade vermischt hat und
streue auch noch Chocolade darüber.

262. Rahmtorte. Mürbteig. 45 Gramm fein geriebener Zucker, 45 Gramm Rosinen oder gut abgetropfte eingemachte Kirschen, 1½ Eßlöffel feines Mehl, ¼ Liter süßer und ¼ Liter saurer Rahm, 6 Eier.

Man lege eine mittelgroße, flache Tortenform mit dem Teige aus und belege
den Boden mit den Rosinen oder den Kirschen; rühre Mehl und Zucker mit etwas
von dem süßen Rahm glatt an, dann die Eier dazu, hierauf den sauren und zuletzt
den süßen Rahm, gieße das Ganze in die Form und lasse backen. — Sehr gut,
auch warm als Mehlspeise.

263. Rahmkuchen mit Pflaumen. 250 Gramm Katharinapflaumen, 90 Gramm Zucker, 2 fein gesiebte Zwieback, 3 Citronen, Mandeln, ¾ Liter süßer Rahm, 10 Eier.

Man koche die Pflaumen in knappem Wasser weich und nehme die Steine
heraus, lege an deren Stelle eine abgezogene Mandel und die Pflaumen dann dicht
nebeneinander in eine, mit weißem, gebuttertem Papier ausgelegte Springform.
Schlage nun Eier und Zucker recht kräftig und füge nach und nach Rahm, Zwieback, den Saft der Citronen und die geriebene Schale einer halben Citrone hinzu,
gieße diesen Teig über die Pflaumen und backe den Kuchen anderthalb Stunden.
— Dänische Küche.

264. Rhabarbertorte.

250 Gramm Mehl, 180 Gramm Butter, 60 Gramm Zucker, etwas Zimmet und Salz, 3 Eidotter, Rhabarber.

Man bereite den Teig, rolle ihn aus, belege mit dem größten Theil desselben eine Tortenform und streue gestoßenen Zwieback darüber. Schäle nun, falls der Rhabarber nicht getrieben ist, die Stiele, schneide sie in 3 Centimeter lange Stückchen und lege sie ein, bestreue sie mit Zucker — 125 Gramm für 250 Gramm Rhabarber — und schließe mit einem Deckel von dem Teigreste, den man mit verklopftem Ei bestreicht und eine Stunde backt. — Rhabarber, zugleich eine Zierde für den Garten, ist als das erste Frische im Jahr — schon im April — sehr zu empfehlen und gilt als sehr gesund.

265. Reineclaudentorte.

500 Gramm feines Mehl, 250 Gramm frisches Schmalz (Schmelzbutter), 250 Gramm fein gestoßene Mandeln, 60 Gramm Hefe, 4 Eßlöffel lauwarme Milch, 10 Eidotter, 1 Ei, Reineclauden.

Man rühre das Schmalz zu Schaum und nachdem man die Mandeln hinzugefügt hat, noch eine Viertelstunde, hierauf nach und nach die Eidotter — immer nur eins auf einmal — Hefe und Milch daran und arbeite das Mehl hinein. Nehme nun den Teig auf das mit Mehl bestreute Backblech, rolle ihn aus und belege mit der Hälfte eine gebutterte und bestreute Form, fülle sie mit den ausgesteinten aber nicht halbirten Früchten und mache von dem übrigen Teig ein doppeltes Gitter darüber, lasse an einer warmen Stelle recht steigen, bestreiche es mit verklopftem Ei und backe in frischer Hitze.

266. Rollkuchen.

$\frac{3}{4}$ Kilo Mehl, 250 Gramm Butter, 125 Gramm Zucker, 125 Gramm Sultanini, 125 Gramm Korinthen, 60 Gramm fein geschnittene Succade, 45 Gramm Hefe, $\frac{3}{4}$ Liter Milch, 2 Eier.

Man bröckele die Hefe auf das Mehl, menge dies mit der lauwarmen Milch und einem Ei an und lasse es gehen. Verrühre unterdessen die erwärmte Butter mit dem Zucker und dem zweiten Ei und vermische es mit dem ersten Teig, der nun ziemlich flott sein und wieder gehen muß. Hiernach stürzt man ihn auf das Backbrett, rollt ihn aus, überschlägt ihn zwei Mal wie Blätterteig und lasse ihn, wenn er zum zweiten Mal ausgerollt ist, zwei Minuten lang ruhen. Bestreue ihn jetzt mit etwas Zucker und dem größten Theil von Sultanini, Korinthen und Succade und schneide mit einem Messer oder dem Backrädchen aus dieser Platte Streifen, die man übereinander rollt, in die mit Butter bestrichene Form nebeneinander setzt und dann abermals ein wenig ruhen läßt, wonach man zwischen dieselben die Reste der Zuthaten giebt, oben darüber verklopftes Ei streicht, Zucker darauf streut und den Kuchen in frischer Hitze backt. — Vorzüglich.

S.

267. Sandtorte.

150 Gramm Stärkemehl, 150 Gramm Zucker, 150 Gramm Butter, Schale einer Citrone, 10 Eier.

Man rühre den fein gesiebten Zucker mit den Eidottern recht schaumig und in einer andern Schüssel die Butter ganz leicht; vermische dann Beides, füge die am Zucker abgeriebene Schale der Citrone und das Mehl hinzu, ziehe den steifen Schnee der Eiweiß darunter, fülle die Masse in eine mit Butter bestrichene Form und backe sie in nicht zu heißem Ofen.

268. Königliche Sandtorte.

500 Gramm Kartoffelmehl, 1 Eßlöffel feinstes Weizenmehl, 500 Gramm fein gesiebter Zucker, 500 Gramm frische,

feine, ungesalzene Butter, 6 Eier, 6 Eidotter, am Zucker abgeriebene Schale einer Citrone, 2 Eßlöffel feinster Rum.

Die Butter wird abgeklärt und wenn sie wieder kalt geworden, zu Schaum gerührt und nun, immer nach und nach, ein Ei oder Eidotter, ein Löffel Zucker und ein Löffel Mehl hinein gerührt und wenn nun Alles darin ist, welches gewöhnlich eine Stunde lang dauert, so giebt man den Rum, hebend, nicht rund rührend dazu, legt eine Springform mit weißem Papier aus, bestreicht es mit Butter, backt die Torte bei mäßiger Hitze eine Stunde lang und nimmt sie nicht eher aus der Form, bis sie völlig erkaltet ist, weil sie sonst auseinander brechen würde.

269. Französische Sandtorte (Gâteau de Sable). 500 Gramm feinstes Mehl, 500 Gramm Butter, 500 Gramm Zucker, eine Handvoll zerdrückte, candirte Orangenblüthe, 12 Eidotter, 6 Eiweiß.

Man wasche die Butter in lauwarmem Wasser, um sie zu erweichen und thue sie in einen Mörser, wo man sie stößt und während des Stoßens zuerst Zucker, dann Mehl und zuletzt Eidotter nach und nach und unter beständigem Stoßen hinein giebt, zuerst dann einen Löffel Zucker und wenn dieser überstoßen ist, einen Eßlöffel Mehl und wenn er ebenfalls überstoßen ist, ein Eidotter und so fort, unter immer währendem Stoßen nach jedem Theil, denn es hängt die Güte der Torte davon ab, daß der Teig recht gut verarbeitet werde. Nun füge man noch die Orangeblüthe und den Schnee der sechs Eiweiß hinzu, gieße den Teig in eine gebutterte Form und backe die Torte, welche beim Verspeisen wie Sand zerbröckeln muß, in mäßig warmem Ofen. — Von einem Pariser Chef.

270. Schnee=Baba. 12 Theelöffel Kartoffelmehl, 180 Gramm gesiebter Zucker, 1 Theelöffel Vanille, 12 Eiweiß.

Man schlage die Eiweiß zu steifem Schnee und verrühre sie mit den andern Ingredienzen, gieße den Teig in eine mit Butter bestrichene und mit grob gestoßenem Zucker bestreute Form und stelle sie eine Stunde lang in mäßig heißen Ofen. — Rußland.

271. Sagotorte. Mürbteig Nr. 11. 125 Gramm echter Sago, 125 Gramm Zucker, 125 Gramm Butter, Zimmet, abgeriebene Schale einer Citrone, 3/4 Liter Milch, 6 Eier.

Man wasche den Sago mit warmem Wasser und brühe ihn mit kochendem Wasser an, lasse ihn eine Viertelstunde darin stehen, hierauf in der kochenden Milch dick einkochen und erkalten. Unterdessen rühre man die Butter zu Schaum, füge Eidotter, Sago und Citronenschale hinzu und wenn dies eine Viertelstunde lang gerührt ist, Zucker, Zimmet und den Schnee der Eiweiß hinein, fülle es in die mit dem dünn ausgerollten Teig belegte Form und backe die Torte schön gelb.

272. Syruptorte. Blätterteig. 250 Gramm Mandeln, 125 Gramm Zucker, 2 Citronen, 3/8 Liter Wasser.

Man koche aus Mandeln und Citronenschale, Beides länglich geschnitten, Saft der Citrone, Zucker und Wasser einen Syrup und belege eine flache Kuchenform mit Blätterteig, hebe das Geschnittene aus dem Syrup und gebe es auf den Teig, lasse die Torte schnell backen und gieße, wenn sie erkaltet ist, den Syrup darüber.

273. Sterntorte. 420 Gramm Mehl, 420 Gramm Butter, 140 Gramm Zucker, 140 Gramm gestoßene Mandeln, etwas Citronenschale, 3 Eidotter, Gelee oder Marmelade.

Man verarbeite dies zu einem Teig und lasse ihn an einem kühlen Orte ruhen, bis er fest wird. Rolle ihn dann aus, schneide nach Papiermuster runde Blätter, immer eins kleiner als das andere daraus und nun jedes Blatt in spitzige Zacken, wie Sterne, bestreiche sie mit Eiweiß, bestreue sie mit Zucker und backe sie, neben einander liegend, auf einem großen Backblech. Nach dem Erkalten werden sie dann mit Gelee oder Marmelade überstrichen und nach ihrer Größe aufeinander gelegt, so daß der kleinste Stern oben auf kommt. Die Größe muß so verschieden sein, daß die Zacken immer vorstehen und diese dürfen natürlich nicht bestrichen werden.

274. Wiener Schmalztorte.

250 Gramm frisches Schmalz (Schmelzbutter), 250 Gramm Mehl, 250 Gramm fein gestoßene Mandeln, 60 Gramm gesiebter Zucker, etwas klein geschnittene Citronenschale, 2 Eier, 8 Eidotter, Confitüre.

Man rühre das Schmalz recht leicht, schlage Eier und Eidotter hinein, thue Mandeln und Zucker dazu und rühre es noch eine Viertelstunde, wonach man Citronenschale und Mehl darunter giebt und es gut untereinander rührt. Hierauf bestreiche man eine flache Tortenform mit Schmalz, bestreue sie mit geriebenem Zwieback, fülle die Masse halbfingerdick hinein und bestreiche sie mit etwas Confitüre, ohne viel Saft. Füge nun zu dem übrigen Teig noch etwas Mehl und Zucker, daß man ihn ausrollen könne, mache davon ein Gitter über die Torte und backe sie gelb.

275. Schmelztorte.

125 Gramm Kartoffelmehl, 125 Gramm Weizenmehl, 250 Gramm gesiebter Zucker, 250 Gramm Butter, 60 Gramm fein gestoßene halb süße, halb bittere Mandeln, 6 Eier. Noch ein Eiweiß zur Glasur.

Man rühre die Butter zu Schaum und den Zucker mit den Eidottern recht schaumig und beide Massen dann nach und nach zusammen, füge Mandeln, Kartoffel- und Weizenmehl und den Schnee der Eiweiß hinzu, fülle es in die Form und überziehe die Torte nach dem Backen mit einer Vanilleglasur, zu der man 125 Gramm mit einer halben Schote Vanille sehr fein gestoßenen und danach durchgesiebten Zucker mit vier Eiweiß recht schaumig rührt.

276. Sachertorte.

125 Gramm Mehl, 200 Gramm Zucker, 200 Gramm feine erweichte Chocolade, 200 Gramm Butter, 1 Eßlöffel Vanille und 1 Eßlöffel Citronenzucker, 8 Eier.

Guß. 100 Gramm gesiebter Zucker, 75 Gramm fein geriebene Chocolade, 1 Eßlöffel Wasser. — Rahmschnee.

Man rühre die Butter zu Schaum und gebe dann, unter stetem Rühren, Zucker, Eidotter, Chocolade, Vanille- und Citronenzucker und Mehl hinzu und schlage es eine Viertelstunde lang, ziehe den Schnee von sechs Eiweiß darunter, fülle es in eine Form und backe die Torte bei gelinder Hitze eine Stunde, wonach man sie mit dem Guß überzieht und vor dem Serviren zwei Centimeter hoch Rahmschnee darüber häuft.

277. Schlangentorte.

Teig. 500 Gramm Mehl, 225 Gramm Zucker, 180 Gramm geschmolzene Butter, 1 Eßlöffel süßer Rahm, 10 Eidotter.

Fülle. 225 Gramm gesiebter Zucker, 500 Gramm fein gestoßene Mandeln, 90 Gramm geriebene Chocolade, 8 Gramm Zimmet, abgeriebene Schale einer halben Citrone, Eier.

Man rolle den Teig, der nicht zu fest sein darf, ziemlich dünn aus und forme zwei lange, vier Querfinger breite Streifen daraus. Streiche auf den einen die mit Eiern zu recht steifem, dicken Brei verrührte Fülle, lege den andern darüber und drücke die Ränder fest aneinander. Schneide dann mit dem Backrädchen an einem Ende einen Schlangenkopf und am andern den Schweif aus, biege Kopf und Schweif gegeneinander, daß sie sich fast berühren und bilde mit einem Messer auf dem oberen Theil der Schlange die Schuppen; drücke als Augen zwei schöne Korinthen ein und bestreiche das Ganze, ehe es in den Ofen kommt, mit verklopftem Ei.

278. Sonnenkuchen. Teig. 10 Eier, so schwer diese wiegen an Zucker, 5 Eier schwer Mehl.

Zum Bestreichen und Verzieren: Himbeerglasur, Ananas.

Man verrühre die Eidotter gut, gebe den Zucker dazu, hierauf das zu Schnee geschlagene Eiweiß und zuletzt das Mehl, thue es in die Form und backe es eine Stunde lang. Bestreiche den Kuchen nun mit der Glasur, lege in die Mitte eine schöne, kreuzweise durchgeschnittene und wieder zusammen geschobene Ananasscheibe und umgebe sie strahlenförmig mit möglichst fein geschnittenen Ananasstreifen. — Aus Hofküche und besonders gut und hübsch.

279. Spiegelkuchen. Teig. 250 Gramm feines Mehl, 60 Gramm gesiebter Zucker, 60 Gramm fein gestoßene Mandeln, 150 Gramm in kleine Stückchen zerpflückte Butter, 4 hart gekochte, ganz fein gehackte Eidotter, 1 Ei, etwas weißer Wein.

Fülle. 150 Gramm Zucker, 15 Gramm in einer halben Tasse Wasser aufgelöste Gelatine, $\frac{1}{2}$ Liter weißer Wein, in dem man die sehr fein abgeschälte Schale einer halben Citrone ausziehen lassen.

Man bereite nun aus den oben angegebenen Ingredienzen einen Teig, der sich rollen läßt und backe daraus einen länglich viereckigen Kuchen mit Rand, welcher den Spiegelrahmen vorstellt und den man noch mit kleinen, aus den dünn ausgerollten Teigabfällen geschnittenen Figuren, Sternen, Epheublättern, Arabesken, verzieren kann. Dann lasse man die Ingredienzen der Fülle aufkochen, gebe es durch ein mit einem Mullläppchen ausgelegtes Haarsieb, gieße es, noch flüssig aber nicht warm, recht glatt auf den Kuchen und wenn es vollkommen fest geworden ist, so überziehe man den Rahmen mit einer Chocoladeglasur.

280. Sächsischer Kuchen. 560 Gramm feinstes Mehl, 280 Gramm sehr frische Butter, 105 Gramm Vanillezucker, 60 Gramm Hefe, Salz, 140 Gramm Sultanini, 140 Gramm Korinthen, $\frac{1}{8}$ Liter lauwarme Milch, etwas süßer Rahm, 6 Eier, 6 Eidotter, gehackte Mandeln, Grobzucker.

Man rühre die Butter zu Schaum, schlage nach und nach Eier und Eidotter daran und füge Vanillezucker und Salz hinzu. Siebe nun das Mehl in eine irdene Schüssel, mache in die Mitte eine Vertiefung und setze mit Hefe, Milch und etwas von dem Mehl einen Vorteig an, den man mit Mehl überstäubt, zudeckt und zum Gehen an einen warmen Ort stellt, wonach man das Mehl hinein giebt und soviel lauwarmen süßen Rahm, daß man einen zarten Teig erhält, den man mit dem Kochlöffel so lange schlägt, bis er Blasen wirft und in den man jetzt Sultanini und Korinten mengt. Fülle ihn dann in eine handhohe, glatte, mit Butter gut ausgestrichene Blechform mit Rohr halbvoll, lasse gehen, bestreiche es oben mit Ei, bestreue es reichlich mit Mandeln und Grobzucker, backe den Kuchen bei Mittelhitze lichtbraun und lege ihn zum Auskühlen auf ein Sieb.

281. Schweizer Kuchen.

Man rolle von Mürbteig Nr. 10 eine federkieldicke Platte aus und lege sie über einen Bogen Papier, schneide sie rund zu und biege aus freier Hand einen 2½ Centimeter hohen Rand auf, um den man einen ebenso hohen Papierstreifen befestigt. Bestreiche dann den Boden des Kuchens mit Aprikosen=Marmelade, lege darüber Stückchen von Dessert=Biscuits und streue eingemachte Kirschen darauf, mit Flöckchen von sehr frischer Butter dazwischen, wonach man wieder Biscuitstückchen legt und das Ganze mit 70 Gramm fein gewiegtem Ochsenmark übersäet. Thue den Kuchen nun auf ein Backblech und backe ihn bei Mittelhitze, bis der äußere Rand halb ausgebacken ist. Unterdessen hat man sechs Eidotter mit 140 Gramm Zucker, ⁵⁄₁₆ Liter süßem Rahm und ⅛ Liter Kirschwasser verrührt und gießt dies nach und nach über die Biscuits, bis diese die Crème ganz eingesogen haben und man den Kuchen jetzt langsam vollends gar backt, beim Anrichten behutsam vom Papier auf eine Kuchenschüssel schiebt, mit noch etwas Kirschwasser beträufelt und lauwarm servirt.

282. Breslauer Streußelkuchen.
Teig. 600 Gramm Mehl, 200 Gramm Butter, 125 Gramm Zucker, 75 Gramm fein gestoßene Mandeln, 1 Citrone, ½ Theelöffel Zimmet, etwas Salz, 50 Gramm Hefe, ¾ Liter Milch, 6 Eidotter.

Streußel. 100 Gramm Mehl, 150 Gramm Zucker, 150 Gramm Butter, 125 Gramm gehackte Mandeln, Rosenwasser.

Man rühre von der Hälfte des Mehls und der in etwas lauwarmer Milch aufgelösten Hefe ein Hefenstück an und lasse es an warmer Stelle aufgehen. Rühre während dessen die Butter zu Schaum, gebe nach und nach die Eidotter, die Milch, die andere Hälfte des Mehls, den Zucker, an dem die Schale der Citrone abgerieben worden, Mandeln, Zimmet, Salz und zuletzt das Hefenstück dazu, wirke das Ganze zu einem festen, glatten Teig, stelle ihn abermals zum Aufgehen hin und bereite indessen den Streußel, zu dem man die Butter zergehen läßt und das Klare davon vorsichtig zu dem Mehl gießt, dann Mandeln und Zucker hinzufügt und es mit einer Holzgabel durcheinander rührt, daß es recht klümperig wird oder mit der Hand lose zu kleinen Krümeln durchmengt. Nun rolle man den Teig zu 2 Centimeter Dicke aus, lege ihn auf ein großes, mit Mehl bestäubtes Backblech und kneife ringsum einen Rand, bestreue ihn mit dem Streußel und backe ihn, nachdem er nochmals gegangen, in mäßig heißem Ofen eine halbe Stunde lang gar und goldbraun, besprenge ihn, so wie er aus dem Ofen kommt, mit zerlassener Butter, bestreue ihn dick mit Zucker, unter den man etwas Zimmet gemischt hat und spritze dann noch rasch Rosenwasser darüber. — Soll ein Lieblings=Backwerk des Deutschen Kaisers sein, welches er sich sogar auf Reisen durch einen Breslauer Bäcker nachsenden lasse, so zuletzt noch nach Rom.

283. Schrotkuchen.
Teig. 2½ Kilo Weizenschrot, 500 Gramm Zucker, 500 Gramm zerlassene Butter, 750 Gramm Sultanini, 500 Gramm Korinthen.

Hefenstück. 3 Eßlöffel Schrotmehl, 2 Eßlöffel gestoßener Zucker 125 Gramm Hefe, 1 Liter Milch, welches man gut untereinander rührt und an warmer Stelle gehen läßt.

Nun gebe man Mehl, Zucker und Butter des Teiges in eine Schüssel, füge das Hefenstück hinzu und wenn dies gut vermischt ist, Sultanini und Korinthen und menge es zu einem mittelfesten Teige. Bestreiche die Formen gut mit Butter, fülle sie zur Hälfte und stelle sie so lange warm, bis der aufgegangene

Teig die Formen füllt, welches eine Stunde andauern wird, wonach man sie über Dreifüße oder in deren Ermangelung über umgestülpte Blumentöpfe in den Ofen setzt, eine gute Stunde backen und in den Formen halb erkalten läßt, dann stürzt, mit zerlassener Butter bestreicht und mit Zucker bestreut. — Sehr kräftig.

284. Savarin. Teig. 280 Gramm Mehl, 210 Gramm Butter, 1 Eßlöffel gestoßener Zucker, auf Zucker abgeriebene Schale einer Citrone oder Apfelsine, eine Messerspitze Salz, 30 Gramm Hefe, $\frac{1}{8}$ Liter süßer Rahm, 5 Eier.

Saft zum Eingießen. 210 Gramm Zucker, den man mit $\frac{1}{4}$ Liter Wasser aufkocht, abschäumt, durchseiht und dann Kirschwasser, Marasquino, Curaçao und Eau de Noyaux, von jedem 6 Eßlöffel, dazu giebt, oder falls man solche nicht zur Hand hat, 6 Eßlöffel feinsten Arak, Rum oder Cognac und 18 Eßlöffel eines beliebigen feinen süßen Liqueurs.

Man verarbeite die Hefe mit 4 Eßlöffeln Mehl, mache sie zu einem runden Stück zusammen, in die Mitte desselben einen Einschnitt und lege es in lauwarmes Wasser. Unterdessen wird das Mehl auf das Backbrett gethan, in die Mitte eine Grube gemacht, Butter, Eier, Salz, Zucker und Rahm hinein gegeben und zu einem sehr feinen Teig verarbeitet, zu dem man nun das Hefenstück fügt, es nochmals fein abarbeitet und hierauf in eine mit Butter gut ausgestrichene Gugelhopfform einfüllt, die aber nur halbvoll sein darf und zum Gehen an einen warmen Ort gestellt wird. Ist sie dann beinahe voll geworden, so setzt man sie in den mäßig heißen Ofen und backt den Gugelhopf 40 Minuten langsam zu schöner lichtbrauner Farbe, läßt ihn in der Form und schneidet die obere Rinde rein ab, gießt den Saft langsam hinein und stürzt, wenn er gut eingesogen ist, den Savarin auf eine flache Schüssel.

285. Gefüllter Savarin.

Man bereite ihn aus demselben Teige wie den vorigen, backe ihn aber in einer handhohen runden Form, höhle ihn, wenn er erkaltet ist, bis auf zwei Querfinger Dicke vom Rande aus und fülle ihn beim Serviren mit einem kurz eingekochten, feinem Compot, dem man sechs Eßlöffel Kirschwasser oder Marasquino oder sonst einen feinen Liqueur beigefügt hat, gehäuft an oder mit Vanille = Rahmschnee. Folgender Compot ist dazu besonders zu empfehlen. Man halbire und entsteine zwei Dutzend schöne, nicht überreife Aprikosen, thue sie in einen Syrup aus 360 Gramm Zucker, $\frac{1}{2}$ Liter Wasser und dem Safte von zwei Citronen, lasse sie ein paar Mal aufkochen und schäume sie ab; richte sie an, koche den Saft kurz ein, vermische ihn mit dem Liqueur und gieße ihn über die Früchte.

286. Türkisches Sultanbrot (Rechatlocum Sutschuck).

Man stoße 500 Gramm Mandeln mit einem Ei recht fein und koche 250 Gramm Zucker zu Caramel, gebe die Mandeln hinein und rühre die Masse bis sie ganz erkaltet ist. Füge nun 8 Gramm fein gestoßenen Zimmet, acht Eidotter und den Schnee von drei Eiweiß hinzu, fülle es in eine mit Butter ausgestrichene Papierkapsel und lasse bei mäßiger Hitze eine Stunde backen, dann erkalten und servire zu Scheiben geschnitten mit Confitüre dabei.

Um Caramel zu bereiten, bringe man die 250 Gramm Zucker mit $\frac{1}{8}$ Liter Wasser auf mäßiges Feuer und koche ihn, nachdem er abgeschäumt ist, so lange, bis er anfängt sich zu färben, muß dann aber sehr Acht geben, daß er nicht verbrenne.

287. Süßter. 500 Gramm Mehl, 100 Gramm Zucker, 300 Gramm Butter, 50 Gramm in Milch verrührte Hefe, 125 Gramm Sultanini, 75 Gramm Korinthen, 50 Gramm fein geschnittene Succade, 100 Gramm fein gehackte Mandeln, 1 Citrone, 12 Eier.

Man rühre die Butter zu Schaum und gebe dann, unter fortwährendem Rühren, ein Ei, einen Eßlöffel Mehl, einen Theelöffel Zucker und ein Löffelchen Hefe daran; hierauf die fein geschnittene Schale der Citrone, Sultanini, Korinthen, Succade und Mandeln und vermische alles gut, fülle den Teig in eine gebutterte, mit Zucker und etwas gehackten Mandeln bestreute Napfkuchenform, lasse an warmer Stelle aufgehen und in nicht zu heißem Ofen backen. Etwas erkaltet, wird der Kuchen gestürzt und mit Zuckerglasur überzogen. Holland.

288. Stachelbeertorte I.

Man schneide aus Mürbteig Nr 10 einen runden Boden und lege rund herum eine fingerdicke Rolle, backe ihn zu lichtgelber Farbe, fülle, so wie sie aus dem Ofen gekommen ist, dick gekochten Stachelbeercompot darauf und bestreue sie nach dem Erkalten reichlich mit Zucker.

Zum Compot nimmt man grüne, harte noch nicht ausgewachsene Stachel= beeren und entfernt Stielchen und Blüthen, läßt sie in siedendem Wasser einmal aufwallen und auf einem Siebe ablaufen. Koche nun für 1 Kilo Beeren ¾ Kilo in Wasser getauchten Zucker klar, lasse sie darin aufkochen und hebe sie dann gleich mit dem Schaumlöffel aus dem Safte, den man nun ganz kurz einkocht und über die Beeren gießt.

289. Stachelbeertorte II.

Man schneide an ausgewachsenen, aber noch ganz harten und unreifen Stachel= beeren, Stiel und Blüthe ab und thue 500 Gramm davon einige Minuten lang in kochendes Wasser, nehme sie dann schnell mit dem Schaumlöffel heraus und lege sie in kaltes Wasser bis sie erkaltet sind und man sie nun abtropfen läßt. Unter= dessen hat man 250 Gramm Zucker mit etwas Wasser zu dickem Faden gekocht, giebt die Beeren hinein, läßt sie einige Mal ganz sanft aufkochen und hebt sie heraus; kocht den Zucker abermals zum Faden, doch muß er weiß bleiben und gießt ihn erkaltet über die Beeren.

Auch hat man von Bröselteig einen runden Tortenboden mit hohem Rand gebacken und füllt ihn nun mit den Stachelbeeren, schlägt vier frische Eiweiß zu sehr steifem Schnee, vermischt ihn mit vier Eßlöffeln gesiebtem Zucker und streicht dies auf die Torte, besiebt es noch mit Zucker und läßt in mäßig heißem Ofen Farbe wie Biscuit nehmen.

290. Stachelbeerkuchen. Mürbteig Nr. 11. ¾ Kilo unreife Stachelbeeren, 500 Gramm geriebener Zucker, 2 Theelöffel Zimmet.

Man bringe die gereinigten Beeren, um ihnen etwas von ihrer Säure zu entziehen, reichlich mit kaltem Wasser bedeckt zu Feuer, lasse sie langsam ganz heiß werden und gieße sie dann auf ein Sieb. Rolle den Teig nicht zu dünn aus und schneide ihn zu einer runden Platte, gebe sie in eine Form, bestreue sie dick mit gesiebtem Zwieback und lege die Beeren ganz dicht nebeneinander darauf, bestreue sie mit Zucker und Zimmet, mache ein Gitter darüber und backe den Kuchen bei guter Hitze eine bis anderthalb Stunden lang, kann ihn auch ohne Gitter, bloß mit einem Rand machen. Sollten die Beeren von einer großen Sorte sein, so muß man sie durchschneiden, kann den Kuchen übrigens auch aus reifen Stachelbeeren bereiten, die dann natürlich nicht erst in Wasser kommen und auch weniger Zucker und Zimmet bedürfen.

291. Russische Sauerkrauttorte.

Man suche aus Sauerkraut nur das lange, zarte heraus, wässere es acht Tage lang in einer irdenen Schüssel und gebe ihm jeden Tag frisches Wasser, wobei man es mit der Hand heraus nimmt; bringe es dann mit kaltem Wasser zu Feuer, lasse es rasch zum Kochen kommen und zehn Minuten lang kochen, nun erkalten und trockene es in einer Serviette ab. Jetzt schäle man für 375 Gramm Sauerkraut sechs schöne, feinschalige Citronen scharf ab, koche die Schalen in Wasser halbweich, schabe das Weiße rein davon und schneide hierauf das Gelbe in ganz feine längliche Streifen, wie das Sauerkraut. Die Citronen schneide man der Länge nach von einander, entferne von dem Mark die weißen Häutchen, welche dazwischen liegen, läutere 500 Gramm Zucker mit stark ¼ Liter Wasser, schäume sorgfältig ab, thue das Mark hinein und lasse es ein wenig mitkochen, wonach man das Sauerkraut und die Citronenschalen dazu giebt, das Ganze ganz kurz einkocht, erkalten läßt und gleich gebrauchen oder es auch wie anderes Eingemachte bewahren kann.

Soll die Torte nun gemacht werden, so vermischt man sauren Rahm, weißen Wein und Zucker, von jedem drei Eßlöffel, zwei Eßlöffel Rum und drei Eidotter und arbeitet soviel feines Mehl hinein, daß es einen festen Teig giebt, den man ausrollt, halb soviel Butter nimmt als es Teig ist und ihn wie Blätterteig behandelt. Dann schneidet man, nachdem er zwei Messerrücken dick ausgerollt worden, einen Boden daraus, belegt damit eine mit Butter bestrichene und mit Zwieback bestreute Tortenform und füllt die Masse hinein. Von dem übrigen Teig sticht man kleine Figuren aus und legt sie ziemlich dicht auf die Fülle, bestreicht sie mit Ei und backt die Torte in frischer Hitze. Sehr gut macht sich, wenn man sie ganz mit Sternen belegt, so daß die Fülle hauptsächlich nur zwischen deren etwas scharf eingeschnittenen Strahlen sichtbar ist. — Von dem Koch einer uns befreundeten russischen Familie.

T.

292. Gekochte Torten.

Es gehört dazu eine Form, wie man sie zu Pudding hat, nur natürlich größer, nicht zu hoch, glatt und überall von gleicher Weite, kurz eine etwas hohe Tortenform mit gut schließendem Deckel. Die Form wird mit Butter bestrichen und mit gestoßenem Zimmet bestreut, damit sie braun wird, dann wenn der Teig eingefüllt ist, gleich in kochendes Wasser gestellt und eine Stunde lang ununterbrochen gekocht, wonach man mit einem Besenreischen hineinsticht und falls der Teig noch roh herauskommt, so muß sie noch länger kochen.

Man hat jetzt zwar meistens gute Backöfen in den Heerden, indessen mag es doch wohl Fälle geben, wo die wenig bekannten gekochten Torten vielleicht eine gute Aushülfe sein möchten und eben weil wenig bekannt, eine angenehme Abwechselung, wie sie denn auch einen andern Geschmack haben, als die gebackenen Torten und immer gelingen, welches, namentlich bei noch unerfahrenen Hausfrauen, beim Backen oft recht fraglich ist.

Gekochte Biscuittorte.

Man rühre 250 Gramm fein gesiebten Melißzucker — Raffinade ist zu diesen Torten nicht tauglich — mit sechs Eidottern eine halbe Stunde, gebe dann die abgeriebene Schale einer Citrone und etwas Cardamomen hinzu, hierauf den Schnee von sechs Eiweiß, rühre zuletzt 250 Gramm feinstes Mehl hindurch und fülle gleich ein.

Gekochte Brottorte.

Man befeuchte 180 Gramm getrocknete, gestoßene und fein gesiebte Schwarzbrotkrusten mit Rothwein, rühre dann 12 Eidotter mit 180 Gramm Zucker und der fein geschnittenen Schale einer Citrone recht schaumig, gebe das Schwarzbrot, einen Theelöffel Zimmet und eine Prise Gewürznelken hinein und danach den Schnee der Eiweiß.

Gekochte Zwiebacktorte.

Wie Schwarzbrottorte, nur daß der Zwieback natürlich nicht getrocknet wird.

Gekochte Chocoladetorte.

Man rühre zwölf Eier, 180 Gramm Zucker, 90 Gramm fein gestoßene Mandeln und die fein geschnittene Schale einer Citrone eine gute Weile, füge dann eine starke Prise Zimmet und etwas Gewürznelken hinzu und zuletzt 180 Gramm fein geriebenes, nicht frisches Schwarzbrot und 90 Gramm fein geriebene Chocolade. — Aus der Küche einer Cölner Patrizier-Familie.

293. Tausendblättertorte.

Man bereite aus 560 Gramm Butter einen Blätterteig und rolle so viele stark messerrückendicke runde Blätter in Größe der Tortenschüssel daraus, als man von dem Teig erhalten kann, lege sie auf Backbleche, bestreiche sie mit Ei und backe sie goldgelb, bestäube dann jedes Blatt mit Zucker und stelle sie wieder in den Ofen bis der Zucker geschmolzen ist und die Blätter schön glasirt sind. Nach dem Erkalten werden sie abwechselnd mit Himbeer- und Aprikosenmarmelade bestrichen und man setzt sie übereinander, drückt sie mit einem flachen Deckel, so groß wie die Torte, sanft zusammen und schneidet den Rand gleichmäßig zu; bestreicht die Oberfläche mit Aprikosenmarmelade und belegt diese mit kleinen Figuren, Blumen, Blätter und dergleichen, welche man aus den Abfällen des Blätterteigs geschnitten und in mäßig heißem Ofen ganz hell gebacken hat.

294. Theekuchen. Teig. 180 Gramm Mehl, 125 Gramm Butter, 60 Gramm Zucker, 1 Ei.

Aufstrich. Confitüre, 125 Gramm gesiebter Zucker, 4 Eiweiß.

Man menge den Teig und rolle ihn aus, schneide ihn zu einer runden Platte, kneife rund herum einen Rand und lasse backen. Belege den Kuchen nach dem Erkalten mit Confitüre, am besten Marmelade und schlage die Eiweiß zu dickem Schaum, vermische ihn mit dem Zucker, streiche ihn über den Kuchen, besiebe ihn mit Zucker und stelle ihn wieder in den Ofen, bis er schöne Farbe wie Biscuit genommen hat.

*295. Englischer Theekuchen (Plumcake). Mehl, Zucker, Butter, Korinthen, Sultanini, fein geschnittene Succade, von jedem 165 Gramm, die abgeriebene Schale einer Citrone, 1 Eßlöffel Rum, 3 Eier.

Man rühre Butter und Zucker recht schaumig und gebe die Eier nach und nach dazu, hierauf Mehl und die übrigen Ingredienzen. Bestreiche dann eine länglich viereckige Blechform, wie man sie für Anisbrot hat, mit Butter, belege sie mit Papier, fülle die Masse hinein und backe den Kuchen eine Stunde in nicht zu heißem Ofen. — Dieser vorzügliche Kuchen hält sich lange und ist besonders angenehm zum Thee, wo man ihn aufgeschnitten zu serviren pflegt.

296. Englisches Theebrot.

Man rühre 500 Gramm Mehl mit lauwarmer Milch und 30 Gramm Hefe zu einem Vorteig und wenn er aufgegangen ist, so thut man noch so viel lauwarme Milch dazu, daß man einen gewöhnlichen Hefeteig erhält, ferner Salz und reichlich

Kümmel, wonach man ihn auf dem Backbrett mit der Hand trocken arbeitet und in eine Schüssel giebt. Ist er dann nochmals gegangen, so wird er in eine gut gebutterte, länglich=viereckige Form (s. voriges Recept) gethan, man läßt ihn nochmals ein wenig anziehen und backt ihn in sehr heißem Ofen. — Dünn auf= geschnitten und mit Butter bestrichen sehr beliebt zum Thee und von Herren, zumal mit Radieschen oder Rettig, zum Bier sehr geschätzt.

297. Tyroler Brot. Teig. 500 Gramm Mehl, 250 Gramm Butter, 45 Gramm Hefe, 6 Eßlöffel Milch, 2 Eier, 5 Eidotter.

Fülle. 250 Gramm Mandeln, 250 Gramm Zucker, 60 Gramm fein geschnittene Succade, ganz klein geschnittene Schale einer Apfelsine, 3 Eier, 4 Eidotter.

Man bereite den Teig, lasse ihn gehen und rolle ihn fingerdick aus. Stoße dann Mandeln mit Zucker, füge Apfelsinenschale, Eier und Eidotter hinzu, bestreiche damit den Teig und bestreue es mit der Succade. Forme nun eine Rolle daraus und aus dieser einen Kranz, den man auf ein mit Butter bestrichenes Backblech legt, mit Eiweiß bestreicht, mit Zucker bestreut und in guter Hitze backt.

298. Traubenkuchen I. Teig. 250 Gramm Mehl, 180 Gramm Butter, 375 Gramm Zucker, etwas Zimmet und Salz, 3 Eidotter. Zum Bestreuen 60 Gramm fein gestoßene Mandeln.

Fülle. 6 Eiweis, 6 Eßlöffel gesiebter Zucker, $^3/_4$ Kilo recht reife, weiße Trauben, am besten **frühe Leipziger**.

Man rolle den gehörig gekneteten Teig aus, belege eine Tortenform damit und streue die Mandeln auf den Boden. Schlage dann das Eiweiß zu Schnee, gebe den Zucker und die Traubenbeeren darunter, fülle es in die Form und lasse backen.

299. Traubenkuchen II.

Man belege eine mit Butter ausgestrichene und mit gesiebtem Zwieback be= streute flache Tortenform mit dünn ausgerolltem Mürbteige Nr. 11, streue ge= siebten Zwieback ziemlich dick darüber und gebe Beeren von recht reifen Trauben recht dicht darauf, dann so viel Zucker als die Beeren schwer waren und lege einen Deckel von dem Teige darüber, drücke ihn am Rande gut an und schneide mit einem feinen Messerchen kleine Zierrathen hinein, wobei der Teig jedoch nur halb durchschnitten werden darf, bestreiche ihn mit Ei und backe den Kuchen bei Mittelhitze.

300. Topfkuchen. 1 Kilo Mehl, 125 Gramm Butter, 125 Gramm Rosinen oder in Stückchen geschnittene Birnen, 3 nicht ganz weich gekochte, er= kaltete Kartoffeln, 30 Gramm Hefe, 1 Theelöffel Salz, etwas Muskatblüthe, $^3/_8$ Liter lauwarme Milch, 2 Eier.

Man verklopfe die Eier, rühre Hefe, Kartoffeln, Salz, Muskatblüthe und Milch dazu und vermenge damit das Uebrige. Schlage dann den Teig recht kräftig, thue ihn in eine mit Butter bestrichene Pfanne und stelle ihn, zugedeckt, zum langsamen Aufgehen hin und wenn dies nach anderthalb bis zwei Stunden erfolgt ist, so wird er, zugedeckt, auf dem Heerde ganz langsam gebacken und nachdem er oben trocken geworden ist, umgewendet und vollends gar gebacken. Es verbessert diesen kräftigen Kuchen sehr, wenn man ihn am Tage vor dem Backen anrührt und bis zum Aufgehen in den Keller stellt.

U.

301. Ulmer Torte. Teig. 200 Gramm Maismehl, 250 Gramm Zucker, 250 Gramm Butter, Citronenschale, 6 Eier.

Crème. 200 Gramm Zucker, 100 Gramm geriebene Mandeln, eine Viertelstange gestoßene Vanille, $\frac{1}{2}$ Liter saurer Rahm, 6 Eier.

Man verrühre die Butter schaumig, füge Eidotter, Zucker, Citronenschale, Mehl und zuletzt den Schnee der Eiweiß hinzu und backe bei gelinder Hitze aus der Masse zwei dunkelgelbe Tortenböden, lasse sie erkalten und bestreiche den einen mit der ebenfalls erkalteten, dicken Crème, welche man auf sehr gelindem Feuer gekocht hat, lege den andern darüber, gebe eine Citronenglasur darauf und verziere die Torte mit eingemachten Früchten.

*302. Ulmer Brot. Feinstes Mehl, 210 Gramm gesiebter Zucker, $17\frac{1}{2}$ Gramm candirte Pomeranzenschale, $17\frac{1}{2}$ Gramm Succade, Beides fein geschnitten 9 Gramm Anis, 9 Gramm Fenchel, etwas Salz, eine halbe Obertasse Rosenwasser, 75 Gramm Hefe, $\frac{1}{2}$ Liter lauwarme Milch.

Man bereite aus 280 Gramm Mehl, Hefe und Milch ein Hefenstück und lasse es gehen; gebe dann das Uebrige und noch soviel Mehl hinzu, daß man daraus einen festen, aber sehr feinen Teig arbeiten könne, den man so lange auf dem Backbrett abknetet, bis der Anis anfängt heraus zu fallen. Forme nun zwei gleich große, lange Rollen daraus, lege sie über ein mit Mehl bestäubtes Backblech und lasse sie, zugedeckt, gut aufgehen, bestreiche sie mit Ei, mache der Länge nach einen Einschnitt und backe sie in mittelheißem Ofen, schneide sie, erkaltet, der Quere nach in feine Scheiben und röste sie im Ofen ganz leicht, denn sie dürfen keine Farbe nehmen. — Sehr gut und sehr haltbar.

303. Ungarischer Kuchen (Pité).

Man rolle Mürb- oder Bröselteig aus, schneide ihn zu zwei gleichen runden Platten und lege eine davon in die Form. Schäle dann zehn große säuerliche Aepfel, schneide sie in Scheibchen und gebe sie auf den Teig, streue gesiebten Zwieback, Rosinen, Zucker und Zimmet darüber und bedecke dies mit der andern Platte, bestreiche sie mit Ei und bestreue sie mit gestoßenen Mandeln, backe den Kuchen, schneide ihn in viereckige Stücke, richte sie gehäuft an und besiebe sie mit Vanille-Zucker. — Ebenso von anderen Früchten, besonders von Aprikosen, die man ebenfalls zu Stücken schneidet, von geschälten Zwetschen, welche man der Länge nach viertheilt und von ausgesteinten Kirschen, doch kommt zu Aprikosen und Kirschen nur Zwieback, Zucker und Citronenschale und zu den Zwetschen auch Zucker, Zwieback und etwas Zimmet und Gewürznelke.

W.

304. Wiener Torte I. 480 Gramm feinstes Mehl, 420 Gramm Zucker — beides fein gesiebt — 420 Gramm sehr frische, feine, ungesalzene Butter, die fein abgeriebene Schale einer Citrone, ein halber Theelöffel Zimmet, 6 Eier, 6 Eidotter.

Man gebe Zucker, Citronenschale und Zimmet in eine irdene Schüssel, schlage nach und nach Eier und Eidotter dazu und rühre es eine halbe Stunde lang recht schaumig. Unterdessen wird die Butter geklärt, abgeseiht und mit dem Mehl unter die Zuckermasse gerührt, welches sehr achtsam geschehen muß, damit die Butter nicht zu heiß, sondern nur warm sei und langsam mit dem Mehl untermengt werde, sonst wird die Masse leicht bröckelig. Zuletzt zieht man den festen Schnee von sechs Eiweiß darunter, streicht drei gleiche, federkieldicke runde Platten auf Backbleche und backt sie bei mittlerer Hitze schön lichtbraun. Löse sie dann gleich mit einem dünnen langen Messer vom Bleche ab und bestreiche zwei dieser Platten, wenn sie kalt sind, mit zweierlei Eingemachtem und zwar, falls es ganz richtig sein soll, mit Aprikosenmarmelade und Gelee von weißen Johannisbeeren, lege sie übereinander und bestreiche die obere Platte mit weißer Glasur.

305. Wiener Torte II. 375 Gramm feines gesiebtes Mehl, 375 Gramm gesiebter Zucker, 375 Gramm ungesalzene Butter, etwas an Zucker abgeriebene Citronenschale, 12 Eier.

Man rühre die Butter zu Schaum und nach und nach die Eidotter, Zucker, Mehl, zuletzt den Schnee der Eiweiß dazu.

Nun lege man fünf Bogen Papier, einzeln über eine ungefähr 25 Centimeter weite umgekehrte Casserole, umbinde sie fest mit Bindfaden und streiche sie glatt an; hebe sie dann ab und bestreiche sie, nachdem man sie bis auf einen fingerbreiten Rand abgeschnitten hat, mit zerlassener Butter. Fülle jetzt in diese Formen die Masse zu fünf gleichen Theilen, backe sie in mäßiger Hitze schön gelb und entferne das Papier, wonach man vier Böden abwechselnd mit Johannisbeer-, Himbeer- und Aprikosenmarmelade bestreicht, sie übereinander und den fünften als Deckel darauf legt, die Ränder glatt schneidet und die Torte mit Zucker besiebt oder mit einer Glasur überzieht. Nach vierundzwanzig Stunden schmeckt sie am besten.

306. Wiener Kuchen. Teig. 500 Gramm Mehl, 125 Gramm Butter, 30 Gramm Zucker, 45 Gramm Hefe, 1½ Tassen Milch.

Fülle. Rosinen, Korinthen, länglich geschnittene Mandeln, Zucker, von jedem 30 Gramm, fein geschnittene Schale einer Citrone, 1 Eiweiß.

Zum Bestreuen länglich geschnittene Mandeln, Zucker.

Man zerlasse die Butter in der Milch, menge damit das Mehl an und füge Hefe und Zucker hinzu, schlage den Teig, bis er sich von Schüssel und Löffel löst und lasse ihn langsam gehen. Rolle hierauf den dritten Theil desselben zu einer runden Platte, vermische die Ingredienzen der Fülle mit einem halben Eiweiß und belege die Teigplatte damit, gebe den Rest des Teiges darüber und lasse es wieder gehen, bestreiche den Kuchen, ehe man ihn in den Ofen schiebt mit der andern Hälfte vom Eiweiß und streue Zucker und Mandeln darüber.

*307. Weinsberger Torte. 180 Gramm geröstetes und durchgesiebtes Weiß- oder Schwarzbrot, 180 Gramm gesiebter Zucker, 8 Gramm Zimmet, 4 Gramm Gewürznelken, 8 Gramm fein geschnittene Citronenschale, 9 Eier.

Man schlage Eier und Zucker eine Viertelstunde lang mit der Schneeruthe, füge dann das Brot und die Gewürze hinzu und fülle es in eine Form, backe die Torte bei Mittelhitze und wenn sie ausgekühlt ist, so lasse man ⅓ Liter Rothwein mit 15 Gramm ganzem Zimmet und 60 Gramm Zucker aufkochen und tränke die Torte damit, bis es vollständig eingesogen ist. — Aus dem Hause von Justinus Kerner. Sehr gut und dabei haltbar.

*308 Washingtonkuchen. ½ Liter Mehl, ⅜ Liter Zucker, ¼ Liter Butter, ⅛ Liter Milch, 250 Gramm gut gewaschene und mit Mehl bestäubte

Korinthen, 250 Gramm gehackte und mit Mehl bestäubte Sultanini, eine Hand=
voll fein geschnittene Succade, Zimmet und Muskatnuß, von jedem ein Thee=
löffel, 5 Eier.

Man mische Mehl, Zucker, Butter, Milch und Eier, wie gewöhnlich, gebe dann
das Uebrige dazu und backe den Kuchen in guter, gleichmäßiger Hitze. — Halt=
bar. — Amerika.

309. Weißbrottorte. 200 Gramm zwei Tage altes, fein geriebenes,
durchgesiebtes Weißbrot ohne Kruste, 330 Gramm gesiebter Zucker, 300 Gramm
süße, 30 Gramm bittere, fein gestoßene Mandeln, 1 Citrone, 12 Eier.

Man reibe die Citrone an dem Zucker ab und rühre diesen nebst dem Safte
der Citrone und den Eidottern eine Viertelstunde, gebe nun die Mandeln dazu
und rühre wieder eine Viertelstunde, mische das Weißbrot und nach diesem den
Schnee der Eiweiß schnell durch die Masse und lasse fünf Viertelstunden bei Mittel=
hitze backen.

*310. Altdeutscher Weihnachtskuchen. 500 Gramm Eier, mit den
Schalen gewogen, 500 Gramm frische ungesalzene Butter, 500 Gramm fein
gesiebter Zucker, 250 Gramm Korinthen, 125 Gramm fein geschnittene süße
und einige bittere Mandeln und etwas abgeriebene Citronenschale.

Nun verrührt man die Butter zu Schaum und verklopft die Eidotter, schlägt
die Eiweiß zu Schnee und rührt jetzt löffelweise, in nachstehender Folge, Eidotter,
Zucker, Mehl, Mandeln und Schnee nach und nach zu der Butter, fügt dann Ko=
rinthen und Citronenschale hinzu und füllt die Masse in eine gut gebutterte Form
mit Rohr, am besten Schneckenform, backt sie in gut durchheiztem, jedoch nicht zu
heißem Ofen anderthalb bis zwei Stunden und steckt beim Serviren ein zierliches
mit Lichtchen und feinstem Confekt geschmücktes Christbäumchen in das Rohr.
— Haltbar.

*311. Englischer Weihnachtskuchen (Christmas Cake). 500 Gramm
sehr feines, gesiebtes Mehl und eben so viel Zucker, Butter, Rosinen und fein
geschnittene Succade, 250 Gramm Korinthen, etwas Zimmet, Gewürznelken und
fein geschnittene Citronenschale, 10 Eier.

Man rühre die Butter recht schaumig und einige Löffel Zucker hinein, hierauf
etwas Mehl, etwas von allen übrigen Zuthaten und ein Ei und fahre so mit dem
Einrühren fort, bis Alles darin ist. Bestreiche dann eine Form mit Butter, be=
stäube sie mit Mehl, fülle die Masse hinein und backe sie bei guter Hitze, die erst
nach zwei Stunden etwas nachlassen darf, drei Stunden lang, lasse den Kuchen
kalt werden und bis den andern Tag stehen und schmücke ihn beim Auftragen mit
einem Stechpalmzweig. — Hält sich lange frisch und gut.

*312. Russischer Weihnachtskuchen. 2½ Kilo feinstes Mehl,
500 Gramm Butter, 375 Gramm Zucker, 500 Gramm eingemachte Beeren,
1 Theelöffel Salz, ein Spitzglas feiner Branntwein, ¾ Liter Wasser, 6 Eier.

Man schlage die Eier in eine tiefe Schüssel, gebe das Wasser, in dem man den
Zucker aufgelöst hat, Branntwein und Salz dazu, dann nach und nach 2¼ Kilo
Mehl und klopfe den Teig solange, bis er sich vom Löffel löst. Lege ihn nun auf
das mit dem Rest des Mehls bestreute Backbrett und schneide ihn in sechszig Theile,
aus denen man kleine runde Brötchen formt und sie hierauf zu kleinen Fladen, in
Größe einer Untertasse ausrollt, die man, jeder ganz leicht mit Mehl bestäubt,

damit sie nicht kleben, aufeinander legt. Jetzt bestreicht man eine große runde Schüssel mit geschmolzener Butter und dehnt jeden Fladen ganz fein aus, wie zu Strudel — man soll eigentlich grobe Schrift hindurch lesen können — welches mit den Fingern, immer nach dem Rande zu, sehr vorsichtig geschehen muß, um keine Löcher zu reißen. Ist nun ein Fladen groß genug, um die Schüssel zu bedecken, so legt man ihn darauf und biegt den Teigrand unter die Schüssel, bestreicht den Fladen mittelst einer Feder mit Butter, fährt so fort, immer den Rand unterbiegend, bis fünfundzwanzig Fladen aufeinander gelegt sind und giebt auf den fünfundzwanzigsten, welchen man besonders vor Löchern bewahren muß, die gut abgelaufenen Beeren, meistens Johannisbeeren, schlägt den Rand gegen dieselben etwas zurück, um sie festzuhalten und schichtet die übrigen Fladen, immer mit Butter überstrichen, vollends auf, schneidet den überstehenden Teig am Rande der Schüssel ab, bestreicht den Kuchen mit Butter, backt ihn in nicht zu heißem Ofen, wie andern Blätterteig und besiebt ihn mit Zucker. Hält sich einen Monat lang und kann natürlich auch kleiner bereitet werden, aber man liebt in Rußland die hohen Kuchen und die Ostern-Baba's sind oft eine Elle hoch.

313. Elsasser Weihnachtskuchen. 500 Gramm Mehl, 125 Gramm frische Butter, 100 Gramm Sultanini, 20 Gramm Hefe, 2 Eßlöffel Zucker, 2 Eßlöffel Rum, eine Prise Salz, $^1/_4$ Liter Milch, 2 Eier, einige Mandeln.

Man löse in einem Drittel der lauwarmen Milch die Hefe auf und mache damit und mit etwas Mehl in einer Schüssel einen kleinen Vorteig, den man gehen läßt, bis er um die Hälfte größer geworden ist, etwa eine halbe Stunde lang. Unterdessen hat man Butter, Zucker und Rum in den Rest der noch immer lauwarmen Milch gethan, gießt das über den Vorteig und verrührt es zusammen, giebt nun nach und nach das Mehl dazu und knetet den Teig so lange, bis er nicht mehr an der Schüssel und den Händen klebt, fügt die Eier hinzu und nachdem man das Ganze noch einige Minuten lang verknetet hat, die Sultanini.

Zum Backen nimmt man vorzugsweise eine irdene Form — Gugelhopfform — doch kann sie auch von Metall sein, wird mit Butter bestrichen und ganz mit halbirten Mandeln ausgelegt; sie darf nur halb gefüllt sein, der Teig muß an warmer Stelle langsam gehen und wenn die Form ganz gefüllt ist, so backt man den Kuchen eine Stunde lang.

314. Sächsischer Weihnachtsstollen. 560 Gramm Mehl, 210 Gramm Butter, 70 Gramm Zucker, 140 Gramm Korinthen, 18 Gramm fein geriebene Mandeln, 8 Gramm Muskatblüthe, etwas Zimmet und abgeriebene Citronenschale, ein wenig Salz, 45 Gramm Hefe, $^1/_2$ Liter süßer Rahm, 3 Eidotter.

Man siebe das Mehl in eine Schüssel und schlage es mit Hefe, Rahm, Eidottern, Gewürz, Salz und Zucker zu einem Teig ab, unter den man auch die zerlassene Butter nach und nach einrührt, feinblasig abschlägt und dann Korinthen und Mandeln hinzufügt, den Teig nun zudeckt und zum Gehen warm stellt. Hiernach formt man auf dem mit Mehl bestäubten Backbrett einen langen Stollen daraus, dessen beide Enden spitzig zulaufen und den man nun über ein mit Mehl bestäubtes Backblech legt, der ganzen Länge nach in der Mitte mit dem Stiel eines Holzlöffels bis zur Hälfte des Kuchens niederdrückt, die beiden hohen Enden wieder zusammen schlägt und ihn zugedeckt wieder gehen läßt, mit geklärter Butter bestreicht, langsam bei mäßiger Hitze, eine halbe Stunde lang, zu schöner Farbe backt und dann sogleich nochmals mit Butter bestreicht.

315. Gelber Weihnachtskringel. 2 Kilo feines Mehl, 250 Gramm gestoßener Zucker, 375 Gramm ungesalzene, geschmolzene, aber nicht heiße Butter,

140 Gramm Hefe, 375 Gramm Sultanini, 250 Gramm fein gehackte Mandeln, etwas Safran, ½ Liter Milch, 8 Eier.

Man lasse in der Milch über schwachem Feuer so viel Safran zergehen, daß die Milch sich dunkelgelb färbt und gieße sie durch ein Mullläppchen. Rühre sie, wenn sie abgekühlt ist, mit der Hefe klar durch und arbeite dann die Hälfte des Mehls hinein, so daß man einen flotten Teig erhält, den man an einer warmen Stelle aufgehen läßt. Gebe dann alle Zuthaten und das Mehl dazu, verarbeite Alles gehörig und lasse es wieder gehen. Forme hierauf, nach Belieben, einen sehr großen breiten oder zwei kleinere Kringel in Gestalt eines geschlossenen Kranzes und wenn sie zum dritten Mal gegangen sind, so bestreiche man sie mit geschmolzener, warmer Butter, bestreue sie mit Zucker und backe sie in gut geheiztem Ofen zu schöner Farbe. — Sie müssen durchweg goldgelb aussehen und sind zu Thee und Kaffee vorzüglich.

*316. Weihnachtsstritzel. 1½ Kilo feines Mehl, 125 Gramm Butter, 125 Gramm Schweineschmalz, 80 Gramm Zucker, 60 Gramm Hefe, 500 Gramm Sultanini, 250 Gramm klein und länglich geschnittene Mandeln, abgeriebene Schale einer Citrone, 5 Eier, Milch.

Man bereite aus Mehl, Butter, Schmalz, Zucker, Citronenschale, Hefe, Eiern und der nöthigen Milch einen ziemlich festen Teig, den man so lang schlägt, bis er Blasen wirft und sich leicht von Schüssel und Löffel löst, mische nun das Uebrige gut darunter, stelle den Teig an die Wärme und lasse ihn stark gehen. Nehme ihn dann aufs Backbrett, theile ihn in so viele Theile, als man Stritzel bereiten will, rolle jeden Theil aus und schneide ihn in zehn Streifen, vier ziemlich große, drei etwas kleiner und die letzten drei wieder etwas kleiner und mache runde Rollen und hierauf Flechten daraus, eine von den vier größten Rollen, eine von den drei kleineren und eine von den zwei kleinsten, setze sie übereinander und die letzte Rolle gewunden darauf. Nun überstreiche man das Ganze dick und sorgfältig mit Eidottern, bestreue es mit stiftlich geschnittenen Mandeln und lege die Stritzel über gebuttertes Papier auf das Backblech, lasse sie nochmals gehen und backe sie in guter Hitze. — Halten sich vierzehn Tage lang und werden zu sehr dünnen Scheiben geschnitten servirt.

3.

*317. Zwiebacktorte I. 300 Gramm gesiebter Zwieback, 300 Gramm fein gesiebter Zucker, 180 Gramm fein gestoßene Mandeln, worunter einige bittere, 8 Gramm Zimmet, 1 Theelöffel fein gestoßene Gewürznelken, die abgeriebene Schale einer Citrone und deren Saft, 20 Eier.

Man rühre Eidotter, Zucker, Mandeln, Citronen und Gewürz eine Viertelstunde ohne Unterlaß, ziehe nun das zu Schnee geschlagene Eiweiß darunter und danach den Zwieback, gieße die Masse in eine mit Butter bestrichene und mit gesiebtem Zwieback bestreute Form und lasse eine Stunde backen. — Ganz vortrefflich und hält sich sechs Wochen lang.

318. Zwiebacktorte II.

Man lege eine reichlich gebutterte Tortenform mit kleinem Zwieback recht dicht aus und fülle die Lücken mit Zwiebackstückchen. Verklopfe nun für eine große Form vier Eier und 60 Gramm Zucker mit ½ Liter Milch, übergieße die Zwieback nach und nach damit, bis sie ganz durchweicht, jedoch nicht matschig sind und drücke sie mit einem Löffel fest ein. Bestreue sie dann mit einer Handvoll geriebener Mandeln, unter denen einige bittere, gebe kleine Butterflöckchen darauf und backe die Torte bei guter Hitze eine halbe bis drei Viertelstunden lang zu goldbrauner Farbe.

319. Zuckerkuchen. 3 Eier und so schwer diese sind, Mehl, Butter und Zucker, an dem etwas Citronenschale abgerieben worden.

Man verrühre den Zucker gut mit den Eidottern und verbrösele Butter und Mehl auf einen Teller, gebe dies zu der ersten Masse und mische es gut untereinander, streiche es 1½ Centimeter hoch auf ein gebuttertes rundes Backblech und backe es. Gebe dann eine dünne Schicht von beliebigem Eingemachten darüber, schlage die Eiweiß zu festem Schnee und vermenge ihn mit 140 Gramm gesiebtem Zucker, breite dies über den Kuchen und lasse den Guß im Ofen trocknen.

320. Geläuterte Zuckertorte. 750 Gramm Zucker, 500 Gramm klein gehackte Mandeln, 125 Gramm eingemachte Citronenschale und 125 Gramm eingemachte Quitten, beides klein geschnitten, doppelte Backoblaten.

Man koche den Zucker in einer Messing-Casserole mit ½ Liter Wasser so lange, bis ein auf einen Teller gegossener Tropfen steht und gebe dann Mandeln, Citronenschale und Quitten dazu, rühre es gut untereinander und hernach, abgesetzt, noch so lange, bis es stocken will und anfängt weiß zu werden. Lege nun auf ein rundes Backblech weißes, mit Mandelöl bestrichenes Papier und darüber die Oblaten, streiche von dem Teige fingerdick darauf, lasse ihn trocknen und verziere die vorzügliche Torte mit eingemachten Früchten.

321. Zimmettorte. 280 Gramm Zucker, 280 Gramm fein gestoßene Mandeln, 35 Gramm Zimmet, etwas abgeriebene Citronenschale, 12 Eier.

Man rühre die Ingredienzen mit den Eidottern recht schaumig, füge dann den Schnee von acht Eiweiß hinzu und backe die Torte in einer mit geklärter Butter bestrichenen und mit geriebenem Zucker ausgestreuten Form bei mäßiger Hitze. — Sehr fein.

322. Zimmetkuchen. Teig. 560 Gramm feinstes gesiebtes Mehl, 280 Gramm frische Butter, ½ Liter süßer Rahm, 60 Gramm Hefe, 2 Eier, 2 Eidotter, etwas Salz.

Guß. 2 Eier, 17 Gramm aufs feinste gestoßenen Zimmet, gesiebter Zucker.

Man rolle den Teig zu einem fingerdicken Kuchen aus und lege ihn über einen mit Butter bestrichenen Bogen Papier auf das Backblech, kneipe ihn ringsherum leicht auf und backe ihn, wenn er gegangen ist, lichtbraun. Verrühre nun die zwei Eier und den Zimmet mit so viel Zucker, daß es einen dickflüssigen Guß giebt, überstreiche damit den Kuchen, während er noch warm ist und stelle ihn wieder in den Ofen, bis der Guß trocken ist.

323. Zwetschentorte I. 100 Gramm geriebenes, nicht frisches Schwarzbrot, 250 Gramm gesiebter Zucker, 250 Gramm fein geriebene Mandeln, einige bittere, 60 Gramm geriebene Chocolade, 1 Liqueurglas Rum oder Arak, 9 Eier, Zwetschen.

Man halte die recht reifen Zwetschen in einem Sieb über kochendes Wasser, bis sich die Schale leicht lösen läßt und ziehe sie ab, entferne die Steine und zuckere die Früchte gut ein. Rühre dann die angegebenen Ingredienzen zum

Teige und thue die Hälfte davon in eine gut gebutterte Tortenform, belege sie dicht mit den Zwetschen und fülle den übrigen Teig darüber, backe die Torte in mäßig heißem Ofen und übersiebe sie mit Zucker.

324. Zwetschentorte II.

Man vorbereite die Zwetschen wie bei dem vorhergehenden Recepte, schneide sie der Länge nach in vier Theile und lege sie, von der Mitte aus beginnend, sehr dicht neben=, ja fast übereinander auf einen ³/₄ Centimeter dick ausgerollten, rund geschnittenen Boden von Mürbteig Nr. 10, den man vorher mit Zucker bestreut hat, wobei man aber einen fingerbreiten Rand unbestreut und unbelegt läßt. Nun schneide man den übrigen Teig zu 1 Centimeter breiten Streifen und einen von Daumenbreite, bestreiche den frei gelassenen Raum mit Ei, lege von den schmalen Streifen ein Gitter über die Torte und hierauf den breiteren Streifen rings herum. Ueberstreiche die Oberfläche mit Eierschnee, besiebe sie dick mit Zucker, besprenge sie mit etwas kaltem Wasser und backe die Torte in mäßig heißem Ofen sehr langsam, so daß sie recht weiß glänzend glaciren kann. Ist die Oberhitze zu groß, so muß man Papier über die Torte legen.

Ebenso von Aprikosen, die aber, wenn sie nicht ganz klein sind, mehrmals zerschnitten werden müssen, von Aepfeln, die man feinblättrig schneidet und mit Korinthen und Zucker, an dem die Schale einer Citrone abgerieben worden, ver= mischt, mit Marmelade oder sonst eingemachten Früchten und, besonders gut und fein, mit einer beliebigen Crème.

325. Zwetschentorte III. von getrockneten Zwetschen. Teig. 570 Gramm Mehl, 500 Gramm ausgewaschene Butter, 70 Gramm Zucker, eine halbe Tasse kaltes Wasser.

Man siebe das Mehl hügelartig auf das Backbrett, mache in die Mitte eine Vertiefung, gebe die in kleine Stückchen zerpflückte Butter, Zucker und Wasser dazu und verarbeite es, von der Mitte aus beginnend und indem man das Mehl nach und nach hinein wirkt, leicht und schnell zum Teige, den man dann, wenigstens eine halbe Stunde lang, an einem kalten Ort ruhen läßt, aber auch über Nacht stehen lassen kann.

Zu der Fülle werden die Zwetschen in heißem Wasser abgewaschen und dann mit wenig Wasser so lange langsam gekocht, bis sich die Steine heraus= drücken lassen, entferne diese und koche die Zwetschen mit ihrer Brühe, Wein, Zucker, Saft und Schale einer Citrone in einer kleinen irdenen Casserole fest zu= gedeckt, langsam weich, nachdem man eine Viertelstunde zuvor, Korinthen oder Succade hineingegeben hat und nun die Brühe gut einkochen und den Compot vollständig erkalten läßt.

Jetzt rollt man den Teig aus und schneidet aus dem größten Theil des= selben eine runde Platte, bestreut sie mit Zwieback und streicht die Fülle darauf; rädelt aus dem Teigreste schmale Streifen, legt davon ein Gitter über die Fülle und läßt die Torte bei guter Hitze eine bis fünf Viertelstunden lang dunkel= gelb backen.

326. Zwetschenkuchen I. Mürb= oder Blätterteig. 125 Gramm Zucker, 90 Gramm nicht abgezogene, gehackte Mandeln, 60 Gramm Succade 60 Gramm candirte Pomeranzenschale, beides fein geschnitten, 1 Theelöffe Zimmet, eine Messerspitze Gewürznelken, eine Handvoll geriebenes Schwarzbrot etwas Butter, ausgesteinte, recht reife Zwetschen.

Man belege eine Kuchenform mit dem Teige und dann reichlich mit den Zwetschen, die man nach Belieben auch schälen kann, mische die angegebenen Zuthaten gut untereinander, streue sie über die Zwetschen, gebe kleine Butterstückchen darauf und backe den Kuchen bei guter Hitze.

Ebenso von allem Steinobst und sehr gut.

327. Zwetschenkuchen II.

Teig. 250 Gramm Mehl, 180 Gramm Butter, 90 Gramm Zucker, 2 Eier. Ferner 2 Eßlöffel fein gehackte Mandeln, 2 Eßlöffel geriebenes feines Weißbrot, 5 Eßlöffel Zucker.

Man bereite aus Mehl, Butter, Zucker und Eiern den Teig und rolle ihn nicht zu dünn aus. Schneide eine runde Platte davon und drehe aus dem Abfall fingerdicke Röllchen für den Kuchenrand, lege die Platte auf das Backblech und die Röllchen rings herum. Bestreue den Teig mit dem Weißbrot, den Mandeln und zwei Eßlöffeln Zucker, belege ihn recht dicht und regelmäßig mit gut reifen, halbirten und entsteinten Zwetschen und darüber mit haselnußgroßen Stückchen sehr frischer Butter, bestreiche den Rand mit verklopftem Ei, backe den Kuchen bei guter Hitze und bestreue ihn, wenn er nach dem Herausnehmen einen Augenblick geruht hat und abgeschoben ist, mit dem Rest des Zuckers.

328. Zwetschenkuchen III.

Man schneide aus Mürbteig Nr. 11 eine runde Platte, kneise einen Rand und belege sie mit halbirten und entsteinten, recht reifen Zwetschen, bestreue sie mit Zucker und Zimmet und lasse den Kuchen fast gar backen, wonach man $1/2$ Liter dicken sauren Rahm mit vier Eiern, zwei Eßlöffeln Zucker und einem Theelöffel Zimmet kräftig schlägt und löffelweise über den Kuchen giebt, denselben nun vollends gar backt und dann noch recht dick mit geriebenem Zucker bestreut.

A.

329. Apfelsinen=Küchel. 250 Gramm Zucker, 100 Gramm Mandeln, 35 Gramm Mehl, 1 Theelöffel Zimmet, 2 Apfelsinen, 2 Eiweiß, Backoblaten.

Man reibe die Apfelsinen auf dem Zucker ab, stoße diesen mit den Mandeln und füge Mehl, Zimmet und Eiweiß hinzu. Rühre Alles gut untereinander, setze kleine Häufchen davon auf die Oblaten und backe sie auf einem Backblech bei mäßiger Hitze.

330. Apfelsinen=Darioten. Blätter= oder Mürbteig. 1 Apfelsine, 95 Gramm Reismehl, 165 Gramm Zucker, 95 Gramm Butter, etwas Rahm, eine Prise Salz, 6 Eßlöffel Rahmschnee (Schlagsahne), 8 Eier.

Man reibe die Schale der Apfelsine am Zucker ab, schabe den Apfelsinenzucker herunter und stelle ihn zugedeckt bei Seite. Rühre das Reismehl mit ein wenig Rahm glatt an und dann mit Butter, Zucker und Salz über gelindem Feuer zu einer dicklichen Crême, die man erkalten läßt und nun Apfelsinenzucker, Eidotter, Rahmschnee und zuletzt den Schnee der Eiweiß darunter mischt. Hierauf legt man vierundzwanzig Tortenförmchen mit Teig aus, füllt sie mit der Crême, stellt sie auf ein Backblech, backt sie bei gelinder Hitze und richtet sie gehäuft über einer gebrochenen Serviette an.

331. Ananas=Törtchen. Teig. 100 Gramm Reismehl, 200 Gramm Zucker, 200 Gramm geschmolzene Butter, etwas Citronenschale und Salz, zwei Theelöffel Rum, 6 Eier. Fülle. Eine Büchse Ananas, deren Scheiben man in Würfel schneidet und mit 180 Gramm Aprikosenmarmelade und 2 Theelöffel Madeira vermischt.

Zum Teig schlage man den Zucker mit den Eiern schaumig und verrühre dies mit dem übrigen Ingredienzen recht fein. Fülle kleine, glatte, gebutterte Förmchen damit an und lasse sie in Bain=Marie eine halbe Stunde kochen, stürze sie und schneide nach dem Erkalten oben eine Scheibe ab, höhle die Törtchen behutsam bis auf 2 Centimeter Rand aus, gebe die Fülle hinein, lege die Deckel auf und stelle die Törtchen noch eine Viertelstunde in den Ofen.

332. Anis=Brötchen. 250 Gramm Mehl, 250 Gramm Zucker, an dem die Schale einer Citrone abgerieben worden, 3 Eier, Anis.

Man rühre Zucker und Eier eine halbe Stunde und menge dann das Mehl darunter, setze davon, den Abend vor dem Backen, eigroße Brötchen auf ein mit Butter bestrichenes und mit Anis bestreutes Backblech und backe sie bei Mittelhitze hellgelb.

333. Anis-Plätzchen. 250 Gramm feines Mehl, 125 Gramm Zucker, 30 Gramm gestoßener und fein durchgesiebter Anissamen, 8 Eier.

Man verrühre den Zucker mit den Eidottern und dem Anissamen, ziehe den recht steifen Schnee der Eiweiß und zuletzt das Mehl hindurch, setze 5 Centimeter große Plätzchen auf ein mit Butter bestrichenes Backblech und backe sie zu schöner, lichtgelber Farbe.

334. Aufläuferchen I.

Man schlage zwei Eiweiß zu Schnee und vermische ihn mit auf Zucker ab-geriebener Schale einer Citrone, deren Saft und soviel gesiebten Zucker, etwa 500 Gramm, daß sich die Masse ausstechen läßt. Nehme sie dann auf das Backbrett, rolle sie mit Zucker und ein wenig Mehl dünn aus und steche sie mit beliebigen Förmchen oder auch nur rund aus, lege sie über mit Zucker bestreutem Papier auf Backbleche und backe sie in etwas abgekühltem Ofen hellgelb, wo sie dann drei Mal so hoch herauskommen müssen, als sie hineingekommen sind. Bisweilen fügt man auch noch eine halbe Stange fein gestoßene und durchgesiebte Vanille dazu und nimmt dann nur die Hälfte an Citrone, oder ein Täfelchen geriebene Choco-lade, färbt auch wohl nur die halbe Masse mit Chocolade und läßt die andere weiß.

335. Aufläuferchen II.

Man stürze ein Weinglas auf weißes Papier und schneide mit einem scharfen Messer Blättchen danach aus, drücke ein rundes Hölzchen in Größe eines Fünf-markstücks in die Mitte und lege von dem Rande rundum, ganz kleine, dichte Fältchen, daß es wie ein großer Fingerhut erscheint. Schlage nun drei Eiweiß zu steifem Schnee, vermische ihn mit 125 Gramm gesiebtem Zucker, an dem man die Schale eines Citronenviertels abgerieben hat und rühre es, bis es ganz dick ist. Lege hierauf in jede Kapsel eine gut abgetropfte eingemachte Kirsche oder ein Stückchen Succade und streue ein wenig geschnittene Mandeln darüber, fülle sie mit der Masse nicht ganz voll, stelle sie auf ein Backblech und backe sie langsam in einem kühlen Ofen.

336. Amerikanische Oblaten. ½ Liter Mehl, ³/₁₆ Liter Zucker, ⅛ Liter Milch, 60 Gramm zerlassene Butter, 1 Theelöffel Muskatnuß, 6 Eier.

Man schlage Eidotter und Eiweiß, jedes für sich, verbrösele den Zucker mit der Butter und gebe dann zuerst die Eidotter, hierauf die Milch, nun das Mehl und zuletzt den Schnee der Eiweiß dazu, backe die Oblaten im gut mit Butter bestrichenen Oblateneisen (Hippeneisen) sehr schnell und so blaß wie möglich und rolle sie über ein kleinfingerdickes, rundes Holz.

337. Aprikosen-Hohlhippen. 140 Gramm Aprikosenmarmelade, 280 Gramm fein gestoßener Zucker, Saft einer halben Citrone und zwei, ein wenig verklopfte Eiweiß.

Man rühre dies eine Weile, bestreiche dann ein kupfernes Backblech leicht mit Wachs und setze von der Aprikosenmasse halb messerrückendicke und 4 Centimeter im Durchmesser haltende Küchlein darauf, backe sie im abgekühlten, offenen Ofen und bleibe dabei stehen, denn sobald sie sich zu färben beginnen, muß man dies

überaus feine Backwerk in der größten Geschwindigkeit vom Blech heben und nach=
einander, so lange sie noch warm sind, aus freier Hand, ohne Form hohl biegen.
Ebenso von Hagebutten=Marmelade.

338. Aprikosen=Mirlitons.

Man belege kleine runde Förmchen mit Blätter= oder Mürbteig, fülle sie mit
dicker Aprikosen=Marmelade, bestreue sie mit fein gehackten Mandeln und Hagelzucker
und backe sie bei Mittelhitze.

339. Aprikosen=Schnitten.

Man schneide aus messerrückendick ausgerolltem Blätterteig zwei viereckige
Platten und lege die eine auf ein Backblech; überziehe sie mit Aprikosen=Marmelade
bis fingerbreit vom Rande, bestreiche diesen mit Ei, breite die andere Platte darüber
und drücke sie am Rande leicht an. Ueberstreiche sie dann mit verklopftem Ei und
mache hierauf leichte, zweifingerbreite und fingerlange Einschnitte darüber, jedoch
nur durch den halben Teig, backe den Kuchen bei guter Hitze, bestäube ihn mit
Zucker, glacire ihn im Ofen und schneide ihn, wenn er kalt ist, nach den Einschnitten
auseinander. — Ebenso von andern Marmeladen.

340. Aprikosen=Brötchen.

Man gebe vier Eßlöffel recht feste Aprikosen=Marmelade mit dem Saft einer
halben Citrone über 250 Gramm ganz fein gesiebten Zucker auf das Backbrett und
knete sie, wie man Brot knetet, in den Zucker, bis sie gar nicht mehr klebt. Forme
dann runde Kugeln in Wallnußgröße daraus, drehe sie in grob gestoßenem Zucker
um und trockne sie, auf Papier gelegt und dick mit Zucker bestreut, in einem
gänzlich verkühlten Ofen. Schneide, wenn die Brötchen trocken sind, aus weißem
Papier kleine Rundungen von 8 Centimeter Durchmesser und falte die Ränder
fingerbreit mit einem kleinen Messer, wie gepreßt (Plissé), wodurch halbgeschlossene
Käpselchen entstehen, die man mit Zucker bestreut, die Brötchen hineinlegt und sie
an einem trockenen Orte bewahrt. — Ebenso von allen andern Marmeladen.

341. Aprikosen=Confect. 125 Gramm feinstes Mehl, 125 Gramm
fein gesiebter Zucker, 125 Gramm Aprikosenmarmelade, Eiweiß.

Man knete obige Ingredienzen mit Eiweiß zu einem festen Teig, steche ihn
mit beliebigen Förmchen aus und lasse ihn in abgekühltem Ofen mehr trocknen als
backen. — Ebenso von andern Marmeladen.

B.

342. Heilbronner Bretzeln. 250 Gramm Mehl, 250 Gramm Butter,
180 Gramm Zucker, ein halbes Glas ($\frac{1}{16}$ Liter) Rosenwasser, 2 Eier.

Man vermenge es gut, forme kleine Bretzeln, bestreiche sie mit verklopftem Ei
und backe sie gelb. — Sehr gut.

*343. Nerdinger Bretzeln. 180 Gramm Mehl, 105 Gramm fein
gestoßener Zucker, etwas Vanille, 4 Eier.

Man bereite daraus einen ganz dicken Teig, forme ihn zu Ringen in Größe
einer gewöhnlichen Obertasse und lasse sie an der Luft abtrocknen, und wenn sie
ganz trocken sind, so thue man sie in kochendes Wasser, bis sie in die Höhe kommen,

nehme sie dann heraus, lege sie auf ein Backblech und backe sie schön gelb. Sollte der Teig nicht dick genug sein, so muß man noch etwas Mehl hinzufügen. — Gut und haltbar.

344. Reudnitzer Bretzeln.

500 Gramm feinstes Mehl, 250 Gramm Butter, 125 Gramm Zucker, 125 Gramm fein gestoßene Mandeln, 5 große Eßlöffel dicker süßer Rahm, eben so viel Madeira oder ähnlicher Wein, etwas Zimmet und abgeriebene Citronenschale, eine Prise Salz, 4 Eidotter.

Man rühre die Butter zu Schaum und vermische sie dann mit dem Uebrigen, verrühre es gut und lasse den Teig, an einem kalten Orte, einige Stunden ruhen. Forme nun Bretzeln daraus, lege sie auf ein mit Butter wohl überpinseltes Backblech, bestreiche sie mit zerlassener Butter und backe sie in milder Hitze, wonach man sie, so wie sie aus dem Ofen kommen, abermals mit Butter bestreicht und mit Zucker bestreut.

345. Englische Bretzeln.

360 Gramm Mehl, 150 Gramm Butter, 90 Gramm Zucker, 15 Gramm ganzer Zimmet, Schale einer Citrone, 45 Gramm Hefe, 3 Tassen (³/₈ Liter) süßer Rahm.

Man koche den Rahm mit Zimmet und Citronenschale zu anderthalb Tassen ein und seihe dies über die Butter; thue Mehl, Zucker, Salz und die Hefe in eine Schüssel und verarbeite dies mit dem Rahm zu einem zarten Teig, dem man, falls er zu fest sein sollte, noch etwas Rahm zusetzen muß und nachdem er gegangen ist, kleine Bretzeln daraus macht, auf ein gebuttertes Backblech legt und wenn sie noch einmal gegangen sind, mit Citronenglasur bestreicht und backt.

*346. Ungarische Jäger-Bretzeln.

Man thue 500 Gramm Mehl auf das Backbrett und knete es mit acht Eidottern, einer Messerspitze Salz und etwas Milch, zu einem festen Teig, den man dann mit dem Kochlöffel so lange schlägt, bis er sich vom Backbrett und Löffel löst, wonach man ihn zu kleinen Ringen (7 Centimeter Durchmesser) formt, die man in kochendes Wasser giebt und wenn sie in die Höhe kommen, mit dem Kochlöffelstiel herausnimmt und zum Abtrocknen auf ein Tischtuch legt. Hiernach bestreicht man ein Backblech mit Butter, thut die Ringe darauf, bepinselt sie mit Butter, bestreut sie mit fein gestoßenem Zucker und backt sie in einem mäßig heißen Ofen, so daß sie mehr trocknen als backen, aber doch schön braun und rösch (spröde) werden. Ziehe die Bretzeln nun zu je zehn oder zwanzig Stück, auf ein Band und knüpfe es zusammen, und wenn der ungarische Jäger dann auf die Jagd geht, so hängt er diese, bei den Jägern besonders beliebte Bretzeln, an den Rockknopf oder auf die Jagdtasche. Uebrigens auch zum Thee sehr beliebt und haltbar. — Aus Szegedin.

*347. Kloster-Bretzeln.

125 Gramm Mehl, 125 Gramm fein gestoßener Zucker, 125 Gramm fein gestoßene Mandeln, 4 Eier.

Man knete dies zu einem Teig und mache kleine Bretzeln daraus, die man mit Eidotter bepinselt und mit Zucker bestreut, auf ein mit Butter bestrichenes Backblech legt und bei sehr gelinder Hitze backt, weil sie sonst leicht verbrennen. — Sehr wohlschmeckend, halten sie sich an einem trockenen Orte sehr lange und werden je älter, je mürber.

348. Fasten-Bretzeln.

750 Gramm Mehl, 180 Gramm Butter, ¼ Liter Wasser, etwas Salz, 4 Eier.

Man erhitze die Butter mit dem Wasser bis zum Schmelzen und verarbeite sie dann mit dem Uebrigen zu einem festen Teige, binde ihn in eine mit Mehl bestreute Serviette und bewahre ihn so eine Nacht hindurch an einem kühlen Orte. Am anderen Morgen knete man den Teig nochmals gut zusammen, mache handgroße fingerdicke Bretzeln daraus und koche sie in siedendem Wasser so lange, bis sie oben aufschwimmen; lege sie alsdann in kaltes Wasser, ziehe sie aus diesem gleich auf ein ausgebreitetes Tuch und lasse sie abtrocknen, wonach man sie nebeneinander auf ein Backblech thut, mit kaltem Wasser bestreicht und mit Salz bestreut, in gut geheiztem Ofen hellgelb backt und möglichst frisch — nicht warm — mit frischer Butter servirt, welche auf die halbirten Bretzeln gestrichen wird.

349. Heilbronner Fasten=Bretzeln. 1 Kilo Weizenmehl, 1 Eßlöffel Salz, 30 Gramm in warmem Wasser aufgelöste Hefe, warmes Wasser.

Man bereite hiervon einen Teig, der noch steifer als ein Brotteig sein und ein wenig aufgehen muß und dann so lange geknetet wird, bis er ganz glatt und klar ist. Nun rollt man ihn zu einer Wurst, schneidet Stücke davon, rollt sie mit den Händen fingerdick aus und formt sie zu Bretzeln, die man in kochendes Wasser giebt und so lange darin läßt, bis sie, welche Anfangs untersinken, wieder in die Höhe kommen und man sie jetzt in kaltes Wasser legt, aus diesem genommen, mit Salz bestreut und am besten im Bäckerofen, jedenfalls aber nicht auf Backblechen, rasch backt. Ganz frisch sind sie am wohlschmeckendsten und werden gespalten und mit Butter bestrichen, häufig auch noch mit geriebenem Kräuterkäse oder mit überzuckerten Aniskörnern bestreut.

350. Ingwer=Bretzeln. 140 Gramm feines Mehl, 140 Gramm gesiebter Zucker, in feine Streifchen geschnittene Schale einer Citrone, ein Eßlöffel fein gestoßener Ingwer, 4 Eidotter.

Man rühre Zucker und Eidotter kräftig untereinander und füge das Uebrige hinzu, forme kleine Bretzeln daraus, lege sie auf ein gebuttertes Backblech und backe sie bei mäßiger Hitze.

*351. Eier=Bretzeln. 125 Gramm Mehl, 125 Gramm Zucker, 125 Gramm Butter, 4 hart gekochte Eidotter.

Zum Bestreichen und Bestreuen Ei, gehackte Mandeln, Zucker und Zimmet.

Man vermenge die angegebenen Ingredienzen zu einem Teig, rolle ihn aus und theile ihn zu länglichen Streifen, aus denen man kleine Bretzeln formt, sie mit Ei bestreicht, mit Zucker, Zimmet und Mandeln bestreut und rasch backt. — Lange haltbar.

352. Zucker=Bretzeln. 250 Gramm Mehl, 250 Gramm Butter, 125 Gramm Zucker, 1/2 Liter saurer Rahm, 3 Eidotter, 1 Eiweiß.

Man knete dies zu einem Teig und forme 18 Centimeter lange, fingerdicke Stengel daraus und aus diesen Bretzeln, die man mit Schaum aus den zwei übrig gebliebenen Eiweiß bestreicht, mit grob gestoßenem Zucker und gehackten Mandeln bestreut und hellbraun backt.

*353. Biscotten. 140 Gramm feines Mehl, 4 Eier, Zucker zum Bestreuen.

Man rühre die Eidotter und zwei Eiweiß zusammen recht schaumig, schlage die andern Eiweiß zu Schnee und mische sie nebst dem Mehl unter die gerührte

Masse; spritze davon durch einen dütenförmigen Trichter kleine viereckige Häufchen auf ein mit Butter bestrichenes Backblech, bestreue sie vermittelst eines kleinen Siebchens mit feinem Zucker und backe sie bei gelinder Hitze erst oben goldbraun, wende sie dann um und lasse sie auch auf der Unterseite braun werden. — Sehr haltbar und sehr gut, besonders zu Crèmes und dergleichen.

354. Butter-Biscuits. 250 Gramm Mehl, 250 Gramm Zucker, 250 Gramm Butter, 6 Eier.

Man rühre die Butter zu Schaum und dann Eier und Zucker dazu, immer abwechselnd ein Ei und einen Eßlöffel Zucker und mische nun das Mehl darunter. Fülle den Teig in kleine Formen und backe die Biscuits in ziemlich heißem Ofen. Ein Zusatz von Vanillezucker ist zu empfehlen.

355. Hefen-Biscuits. 375 Gramm feines Mehl, 250 Gramm Butter, eine Hand voll gesiebter Zucker, ein Eßlöffel süßer Rahm, 30 Gramm Hefe, 8 Eidotter, Ei zum Bestreichen, Zucker und Zimmet zum Bestreuen.

Man rühre die Butter leicht, dann die Eidotter hinein und hierauf Hefe, Rahm, Zucker und Mehl. Der Teig muß ganz leicht sein und wäre er noch etwas zu fest, so fügt man noch ein paar Eßlöffel Rahm hinzu, läßt ihn nun gehen, thut ihn auf das mit Mehl bestreute Backbrett und rollt ihn fingerdick aus oder drückt ihn auch nur mit der Hand auseinander. Schneide ihn jetzt zu 3 Centimeter breiten, 12 Centimeter langen Stücken, lege sie etwas weit von einander auf ein mit Mehl besäetes Backblech, lasse sie wieder gehen, bestreiche sie mit verklopftem Ei, streue Zucker und Zimmet darüber und backe sie langsam. — Sehr gut zu Kaffee und Thee.

356. Kartoffel-Biscuits. 125 Gramm feinstes Kartoffelmehl, 250 Gramm gesiebter Zucker, Vanille, 8 Eier.

Man rühre den Zucker mit den Eidottern recht schaumig und gebe nun ein 8 Centimeter langes, mit Zucker gestoßenes und durchgesiebtes Stückchen Vanille dazu, hierauf das zu Schnee geschlagene Eiweiß und zuletzt das Kartoffelmehl, fülle die Masse in fingerlange und fingerdicke, mit Butter bestrichene Biscuitförmchen und backe sie recht langsam.

357. Reis-Biscuits. 250 Gramm Reismehl, 125 Gramm Zucker, 125 Gramm ganz frische Butter, 2 Eier.

Man rühre die Butter zu Schaum und nach und nach Reismehl, Zucker und die wohl verklopften Eier daran, rolle den Teig aus, steche kleine Kuchen daraus und backe sie eine starke Viertelstunde lang, in mäßig heißem Ofen.

358. Moos-Biscuits. 250 Gramm feinstes Mehl, 150 Gramm gesiebter Zucker, 45 Gramm Butter, 60 Gramm fein gestoßene Mandeln, ein Theelöffel Milch, 1 Ei, 1 Eiweiß.

Man rühre sämmtliche Ingredienzen mit Ei, Eiweiß und Milch gut durcheinander und streiche es dann durch ein feines Haarsieb, lege es in kleinen Häufchen auf ein mit Butter leicht bestrichenes Backblech und backe es in einem mäßig heißen Ofen.

359. Citronen-Biscuits. 250 Gramm Mehl, 375 Gramm Zucker, 125 Gramm Butter, 75 Gramm bittere, 50 Gramm süße Mandeln, eine Citrone, ein Glas ($\frac{1}{8}$ Liter) Curaçao, eine kleine Prise Salz, 15 Eier.

Man reibe die Schale der Citrone am Zucker ab, stoße diesen und vermische ihn mit dem durchgesiebten Mehl, den fein geriebenen Mandeln und dem Salze. Rühre dann die Butter zu Schaum und nach und nach die Mischung, die Eier und den Curaçao dazu, fülle die Masse in kleine, gut gebutterte Formen und backe sie in gelinder Hitze; stürze sie nach dem Erkalten und überstreiche sie mit etwas Citronenmarmelade, lege einen Stern von fein geschnittener Succade darauf und gebe eine Citronenglasur darüber.

360. Kapsel-Biscuits. 280 Gramm feines Mehl, 280 Gramm fein gesiebter Zucker, 10 Eier.

Man schlage das Eiweiß zu Schnee, thue die Dotter und den Zucker dazu und schlage es auf gelindem Feuer, bis die Masse dick wird; setze sie dann ab und schlage sie wieder ganz kalt. Rühre nun das Mehl hinein und fülle es in kleine, viereckige, mit Butter ausgestrichene Papierkapseln, besiebe sie oben mit Zucker und backe sie langsam lichtgelb; nehme sie, wenn sie halb ausgekühlt sind, aus dem Papier und lege sie, bis sie ganz kalt geworden sind, auf ein Haarsieb.

361. Biscuit-Hippen.

Man nehme drei Eier, so schwer wie diese wiegen an Zucker und zwei Eier schwer feinstes Mehl, verrühre es und streiche davon immer einen Eßlöffel voll auf ein Backblech, lasse es kurze Zeit backen und rolle es dann über ein rundes Holz.

362. Biscuit-Törtchen mit saurem Rahm. Blätterteig. 280 Gramm feines Mehl, 200 Gramm gesiebter Zucker, an dem die Schale einer halben Citrone abgerieben worden, 3 Eßlöffel guter saurer Rahm, 9 Eier.

Man rühre Zucker und Eidotter eine halbe Stunde lang und hierauf Mehl und Rahm daran, zuletzt den Schnee der Eiweiß und fülle es in kleine, mit dem Teige ausgelegte Förmchen, stelle diese auf ein Backblech und backe die Törtchen schön gelb.

363. Blumen-Törtchen.

Man bedarf dazu kleine glatte Blechförmchen, wie Blumentöpfchen, 5 Centimeter hoch, oben 9, unten 6 Centimeter Durchmesser und eine Tortenschüssel von weißem Porzellan mit Fuß und drei Platten verschiedener Größe übereinander, wie ein Blumentisch; die untere Platte etwa für sechs Törtchen, die zweite für drei bis vier, die obere für eins. Man kann sich aber, wo solche Schüsseln nicht zu haben wären, recht gut helfen, indem man zwei Tortenschüsseln mit Fuß und von ungleicher Größe übereinander stellt und oben darauf eine Tasse ohne Henkel.

Nun bereite man die nöthige Anzahl von den folgenden Rahm-, Mandel-, Rosen- oder Käse-Törtchen und wenn sie kalt geworden sind und servirt werden sollen, so stecke man in jedes eine kleine Blume, möglichst verschieden, oder ein feines Sträußchen, deren Stiele man mit ein wenig Seidenpapier umwickelt hat und arrangire die Törtchen auf der Schüssel. Hat man Rosen-Törtchen gewählt, so nimmt man dann gern nur von den allerkleinsten Röschen; auch Pensees machen sich sehr hübsch und ganz reizend volle Büschchen von Vergißmeinnicht. Natürlich können diese sehr gute Törtchen auch selbstständig und ohne Blumen zum Thee oder als Dessert gegeben werden.

364. Rahm-Törtchen. Blätter- oder Mürbteig. ¼ Liter süßer, ¼ Liter saurer Rahm, 45 Gramm geriebener Zucker, anderthalb Eßlöffel feines Mehl, Sultanini oder eingemachte Kirschen ohne Saft, 6 Eier, Zwieback.

Man rühre Mehl und Zucker mit etwas von dem süßen Rahm glatt an, dann die Eier dazu, hierauf den sauren Rahm und zuletzt den süßen Rahm. Bestreiche nun die Förmchen mit Butter, bestreue sie mit gesiebtem Zwieback und belege sie mit dem dünn ausgerollten Teig, gebe Sultanini oder Kirschen auf den Boden, fülle sie mit der Rahmmasse und backe die Törtchen bei mäßiger Hitze.

Für die folgenden Mandel=, Rosen= und Käse=Törtchen werden dieselben Förmchen gebraucht und ebenso mit Teig ausgelegt.

365. Mandel=Törtchen. 280 Gramm Mandeln, 280 Gramm Zucker, 2 Eßlöffel Mehl, 6 Eßlöffel dicker süßer Rahm, 2 Citronen, etwas Muskatblüthe, 10 Eier.

Man stoße die Mandeln mit zwei Eiern sehr fein, gebe sie mit Zucker, Muskatblüthe, abgeriebener Schale der Citronen und den Eiern, die man nach und nach hineinschlägt in eine Schüssel und rühre es gut eine halbe Stunde lang; thue dann Rahm und Mehl dazu, fülle in die Förmchen, bestäube mit Zucker und backe bei mäßiger Hitze.

366. Rosen=Törtchen. 175 Gramm Mandeln, 315 Gramm gestoßener Zucker, 35 Gramm Mehl, kleine Obertasse Rosenwasser, 9 Eiweiß.

Man stoße die Mandeln mit zwei Eiweiß sehr fein, verrühre sie gut mit dem Zucker, wobei man das Rosenwasser nach und nach dazu gießt und dann den Schnee von sieben Eiweiß und das Mehl darunter zieht. Die Förmchen müssen beinahe voll angefüllt, mit Zucker wohl bestäubt und die Törtchen lichtbraun gebacken werden.

367. Käse=Törtchen. (Richmond Maids of Honour.) 250 Gramm frischer, weißer Käse (Quarkkäse), 180 Gramm frische Butter, 180 Gramm gesiebter Zucker, 30 Gramm süße, 30 Gramm bittere, fein gestoßene Mandeln, die abgeriebene Schale von zwei und der Saft von einer Citrone, eine halbe, geriebene Muskatnuß, eine abgekochte, recht mehlige, fein geriebene große Kartoffel, ein Glas ($^1/_8$ Liter) Franzbranntwein, 4 Eidotter.

Man verrühre Käse mit Butter und in einer anderen Schale Eidotter mit Zucker, gebe zu letzterem nach und nach die übrigen Ingredienzen und vermische dies dann mit der Käse= und Buttermasse, fülle das Ganze in die Förmchen und lasse schnell backen. Diese von dem berühmten englischen Koch Soyer mitgetheilte und in London sehr delikate delikate Kuchen wurden, wie fest stehen soll, von den Ehrendamen der Königin Elisabeth von England, † 1603, für diese, welche einen Palast zu Richmond hatte, gebacken.

368. Frankfurter Brenden. 500 Gramm Mandeln, 500 Gramm Zucker, 60 Gramm feines Mehl, 3—4 Eßlöffel Rosenwasser, 1 Eiweiß.

Man stoße die Mandeln mit dem Rosenwasser fein und rühre sie mit dem ebenfalls fein gestoßenen Zucker so lange über schwachem Feuer, bis die Masse sich trocken anfühlt und von der Casserole löst. Gebe sie dann in ein mit Zucker bestreutes Gefäß, decke sie mit einer Serviette zu und stelle sie bis zum andern Tage an einen kühlen Ort. Nehme sie nun auf das mit feinem Mehl besiebte Backbrett und verarbeite sie mit dem Mehl und Eiweiß zu einem glatten Teig, rolle ihn zu zwei Messerrücken Dicke und drücke ihn mit den mit Mehl besiebten Holzformen aus, lege sie auf ein Brett und lasse sie vierundzwanzig Stunden lang an einem trockenen Orte stehen, wonach man sie auf einem mit Wachs bestrichenen Backblech in kühlem

Ofen langsam backt. — Soll, wie die „Neue Freie Presse", welche dieses Recept kürzlich mittheilte, bemerkt, ein Lieblings-Backwerk von Goethe gewesen sein und von der „Frau Rath" selbst herstammen. — Sehr gut ist's.

369. Blätterteig-Schnitten.

Man rolle Blätterteig zu zwei dünnen Platten aus und bestreiche die eine mit Marmelade, decke die andere darüber und überfahre sie leicht mit dem Rollholz, bestreiche es mit Ei und lasse es backen. Bestreiche es dann mit einer andern Marmelade — Aprikosen- und Johannisbeermarmelade passen besonders gut zusammen — stelle es zum Trocknen in den Ofen, gebe nun eine Wasserglasur darüber und schneide, wenn auch diese getrocknet ist, den Kuchen in fingerlange und zwei querfingerbreite Streifen.

370. Blätterteig-Schnitten (Palmiers).

Man bereite aus 500 Gramm Mehl und kaltem Wasser, welches man langsam nach und nach dazu giebt, um, wie der technische Ausdruck lautet, den Teig nicht zu ersäufen, einen festen Teig und thue 500 Gramm Butter in der Weise hinein, wie man Blätterteig bereitet; rolle ihn auch, wie Blätterteig, sechs Mal aus und bestäube ihn, bei den drei letzten Malen mit gesiebtem Zucker. Lege ihn nun, wenn er zum letzten Mal ausgerollt ist, übereinander, so daß die Enden aneinander stoßen, schneide ihn zu Rauten, backe diese in einem gut geheizten Ofen und wenn sie zu drei Viertel gar sind, so besiebe man sie mit Zucker und lasse vollends fertig backen.

371. Gefüllte Bögen. Mehl, 250 Gramm Butter, 30 Gramm Zucker, 25 Gramm in ³⁄₁₆ Liter Milch verknetete Hefe, 3 Eier, 3 Eidotter, Marmelade.

Man rühre die Butter leicht, gebe dann Hefe, Eier, Eidotter, Zucker und zuletzt so viel Mehl dazu, daß man den Teig ausrollen könne. Rolle ihn aus, schneide ihn zu 15 Centimeter langen und drei Querfinger breiten Streifen und thue Marmelade in die Mitte, bestreiche den Rand mit Ei, schlage sie zusammen und forme sie zu Bögen, die man mit halbgeschlagenem Eiweiß bestreicht, mit Zucker bestreut und backt.

372. Bayerische Butterlaibchen. 350 Gramm feinstes gesiebtes Mehl, 280 Gramm Butter, 70 Gramm Zucker, 60 Gramm Hefe, etwas Salz, 8 Eier, 6 Eiweiß.

Man rühre die Butter eine halbe Stunde lang recht schaumig, dann nach und nach Eier und Dotter der Eiweiß dazu und hierauf Mehl, Salz, Hefe und Zucker, schlage es fein ab und ziehe zuletzt den Schnee der Eiweiß darunter. Nun streiche man kleine, runde Blechförmchen mit Butter aus, fülle sie mit dem Teig halb an, stelle sie zum Aufgehen an einen warmen Ort und wenn sich die Förmchen gefüllt haben, so backe man die Laibchen zu schöner, lichter Farbe und bestäube sie mit Vanillezucker.

373. Augsburger Butterringe. 1 Kilo feines Mehl, 625 Gramm frische Butter, 125 Gramm Hefe, ⁵⁄₈ Liter guter süßer Rahm, die abgeriebene Schale einer Citrone, 2 Eier. — Eidotter, Rahm und Butter zum Bestreichen.

Man bringe Butter und Rahm zu Feuer, rühre es so lange, bis die Butter zergangen ist und wenn es danach lauwarm geworden, die Hefe, Citronenschale, Eier und zuletzt das Mehl hinein und schlage den Teig mit dem Kochlöffel so lange, bis er sich ablöst und so steif wird, daß man auf dem Backbrett runde Ringe, vom Umfang einer gewöhnlichen Untertasse formen könne, die man über mit Butter bestrichenem Papier auf ein Backblech legt und gehen läßt. Dann bestreiche man sie eben vor dem Backen mit Eidotter, worunter man etwas Rahm und zerlassene Butter geschlagen, bestreue sie mit Zucker und backe sie bei gelinder Hitze. — Frisch, zu Kaffee und Thee, ganz ausgezeichnet.

374. Englische Briosch-Wecken. 1 Kilo Mehl, 500 Gramm Butter, 15 Gramm Zucker, 15 Gramm Salz, 25 Gramm Hefe, 8 Eier.

Man thue das Mehl auf das Backbrett, sondere 250 Gramm davon ab und drücke eine Grube hinein, gebe die in 1 Deciliter Wasser aufgelöste Hefe hinein, knete es zu einer zarten, nicht zu festen Masse und rolle sie zu einer Kugel, mache einen Kreuzschnitt hinein und lege sie in eine mit Mehl bestreute Schüssel, die man an eine warme Stelle setzt, bis die Masse gut aufgegangen ist. In das andere Mehl wird dann auch eine größere Grube gemacht und man thut Butter in kleinen Stückchen, Zucker, Salz, drei Eßlöffel Wasser und die Eier hinein, mischt dies zu einem zarten, elastischen Teig und drückt ihn platt nieder, legt den ersten Teig darauf, klappt den andern darüber zusammen und knete das Ganze, bis es recht durchmengt ist; bestreue ein reines Tuch mit Mehl, schlage den Teig hinein und lasse ihn über Nacht an einem kühlen Orte liegen. Forme ihn am andern Morgen auf dem mit Mehl bestreuten Backbrett zu kleinen Wecken, lege sie nicht zu nahe aneinander auf ein Backblech, bestreiche sie mit Ei und backe sie in einem mäßig heißen Ofen. — Vorzüglich.

375. Brandteig-Krapfen. 140 Gramm feines gesiebtes Mehl, 70 Gramm Zucker, 70 Gramm frische Butter, eine Prise Salz, $\frac{1}{4}$ Liter Milch, 3 Eier, 3 Eidotter, Marmelade.

Man lasse Milch, Zucker, Butter und Salz aufkochen, nehme die Casserole vom Feuer und rühre das Mehl schnell ein, bringe es wieder zu Feuer und rühre den Teig so lange, bis er sich von Casserole und Löffel vollkommen ablöst, worauf man, wenn er halb ausgekühlt ist, Eier und Eidotter nach und nach dazu rührt und den Teig sehr fein abarbeitet. Nun thue man ihn auf das mit Mehl über- stäubte Backbrett und rolle fingerlange und fingerdicke Würstchen daraus, die man zwei Finger breit auseinander auf das Backblech setzt, mit verklopftem Ei bestreicht und in einen abgekühlten Ofen stellt, wo sie nach zwölf bis fünfzehn Minuten noch einmal so hoch aufgelaufen sein werden, man sie stark mit Zucker besiebt und zum völligen Ausbacken wieder in den Ofen thut. Während dessen läßt man eine dicke, eiserne Glacirschaufel (Salamander) glühend werden, welche man, wenn die Krapfen aus dem Ofen kommen, darüber hält, bis der Zucker geschmolzen ist und sie einen schönen Glanz haben. Nehme sie nun mit einem Messer vom Blech ab, mache, nachdem sie erkaltet sind, an der Seite einen Einschnitt, fülle sie mit einer beliebigen Marmelade und richte sie über einer flachen Schüssel, auf eine zierlich gefaltete Serviette erhaben an.

376. Brandteig-Ringe.

Man setze von demselben Brandteig eigroße Häufchen auf ein Backblech, aber mit drei Querfinger breiter Entfernung, tauche dann ein rundes Hölzchen in ver- klopftes Ei, drücke es mitten in die Häufchen und schiebe den Teig zu einem kleinen Ring auseinander. Bestreiche sie mit Ei, bestreue mit sie geschnittenen, mit weißem Hagelzucker vermengten Mandeln und backe sie langsam. Löse sie gleich dem Krapfen ab, bestreiche je zwei und zwei mit Aprikosenmarmelade, setze sie zusammen und richte sie erhaben an.

377. Bauern = Küchel. 300 Gramm Mehl, 250 Gramm Butter, 125 Gramm Zucker, 3 Eidotter. — Zum Bestreichen und Bestreuen Eiweiß, Mandeln, Zucker.

Man rühre die Butter schaumig, nach und nach die Eidotter hinein und hierauf den Zucker, womit man es eine halbe Stunde lang rührt und zuletzt das Mehl leicht darunter zieht. Forme nun runde Klößchen und tauche sie zuerst in verklopftes Eiweiß und danach in Mandeln und Zucker, Beides grob gestoßen. Drücke jetzt in die Mitte der Klößchen mit dem Finger eine Vertiefung, backe sie bei gelinder Hitze und fülle, wenn sie kalt geworden sind, eine eingemachte Kirsche oder etwas Gelee in die Vertiefung.

378. Blei=Kuchen. 375 Gramm Mehl, 300 Gramm Butter, 32 Gramm Zucker, 8 Gramm Salz, eine halbe Obertasse süßer Rahm, eine Stange recht fein gehackte Vanille, 2 Eidotter.

Man siebe das Mehl auf das Backbrett, mache in die Mitte eine Grube und gebe die andern Ingredienzen hinein, vermische Alles gut und lasse den Teig eine halbe Stunde ruhen. Rolle ihn dann 1 Centimeter dick aus und steche mit einem krausen Ausstecher kleine Kuchen von 5 Centimeter Durchmesser daraus; lege sie auf ein Backblech, durchsteche sie mit der Messerspitze, bestreiche sie mit Ei und backe sie in mäßig heißem Ofen zu schöner Farbe.

*379. Berliner Rollen. 625 Gramm Mehl, 500 Gramm gelber Farinzucker, 250 Gramm grob geschnittene Mandeln, 60 Gramm klein geschnittene Succade, 60 Gramm geriebene Chocolade, 8 Gramm Zimmet, 4 Gramm Gewürznelken, eine halbe geriebene Muskatnuß, 4 Eier.

Man menge und verarbeite dies mit den Händen, bis der Teig sich gut formen läßt, breche dann Stücke davon und forme sie mit den Händen zu langen, daumendicken Rollen, drücke sie von oben etwas platt, kerbe sie mit einem Messer alle fingerlang ein und backe sie auf einem Backblech, nachdem man sie, so lange sie noch ganz heiß sind, an der eingekerbten Stelle durchbricht und an einem trockenen Orte bewahrt, wo sie sich ungewöhnlich lange halten und äußerst wohlschmeckend sind. — Aus dem geschriebenen Kochbuche meiner Urgroßmutter.

380. Belgrader Brötchen. 280 Gramm feines Mehl, 280 Gramm Zucker, 280 Gramm fein geriebene Mandeln, 30 Gramm Succade, 30 Gramm candirte Pomeranzenschale, 6 Gramm Zimmet, 3 Gramm Gewürznelken, 3 Eier.

Man verarbeite diese Ingredienzen zu einem festen Teig, rolle ihn nicht zu dünn aus und schneide ihn zu 5 Centimeter langen und 2$\frac{1}{2}$ Centimeter breiten Stückchen, backe sie zu schöner Farbe, tauche sie in heißen, zum Bruch gekochten Zucker und lasse sie trocknen.

381. Butterbrötchen. Teig. 70 Gramm Mehl, 170 Gramm gesiebter Zucker, 150 Gramm fein geschnittene, nicht abgezogene Mandeln, 62 Gramm geriebene Chocolade, an Zucker abgeriebene Schale einer Citrone, 6 Eier.

Guß. 140 Gramm gesiebter Zucker, 2 Citronen, etwas in Wasser aufgelöster Safran.

Man verrühre den Zucker mit den Eidottern, gebe dann Mandeln, Chocolade und Citronenschale dazu, hierauf den Schnee der Eiweiß und das Mehl, fülle die gut verrührte Masse in eine mit Butter bestrichene Papierkapsel und backe sie.

Schneide, wenn sie abgekühlt ist, Stücke wie Brotscheiben daraus, bestreiche sie mit dem Guß und lasse sie im lauwarmen Ofen ganz wenig abtrocknen, so daß es wie hellgelbe Butter aussieht. Für den Guß presse man den Saft der Citronen durch ein Tuch und lasse ihn eine Weile stehen, gießt ihn dann klar ab, verrühre ihn kräftig eine Viertelstunde lang mit dem Zucker und färbe ihn mit Safran hellgelb.

Ich pflege diese sehr schmackhaften Butterbrötchen in einer Doppelschale oder zweitheilig gefalteter Serviette mit Braunschweiger Wurst (siehe Nr. 405) oder Obstwurst (siehe Nr. 590) serviren zu lassen.

382. Bischofs=Brot. 3 Eier und so viel diese wiegen auch Zucker und Mehl, eine Hand voll, stiftlich geschnittene, nicht abgezogene Mandeln, und eine Handvoll klein geschnittene Sultanini.

Man rühre Eidotter und Zucker schaumig, dann Mehl, Mandeln und Sul= tanini und zuletzt den Schnee der Eiweiß dazu, fülle die Masse in eine längliche gebutterte Form, lasse sie bei mäßiger Hitze backen, bis die Rinde springt und servire zu Scheiben geschnitten, doch muß es ganz kalt sein.

*383. Bonard=Bäckerei. 250 Gramm Mehl, 250 Gramm Zucker, 4 Centimeter langes Stückchen mit Zucker fein gestoßene Vanille, 3 Eier.

Man rühre es zusammen eine halbe Stunde lang, forme dann fingerdicke Rollen davon, durchschneide sie in fingerlange Stücke und lege sie auf ein mit Wachs bestrichenes Backblech, mache mit einem breiten Messerrücken drei Einschnitte darüber und backe sie langsam. — Hält sich Monate lang.

384. Leichtes Backwerk. 250 Gramm feingesiebter Zucker, ein 4 Centi= meter langes, mit Zucker gestoßenes und durchgesiebtes Stückchen Vanille oder einen Eßlöffel Citronensaft, 5 Eiweiß.

Man schlage die Eiweiß zu recht steifem Schnee und gebe dann unter fort= währendem Rühren den Zucker löffelweise hinein, füge Vanille oder Citronensaft hinzu, setze davon mit einem kleinen Löffel Häufchen auf ein Backblech und lasse es im Ofen bei sehr gelinder Wärme mehr trocknen als backen, kann auch ver= mittelst einer Spritze (s. Jägertorte) allerlei Figuren, Kränzchen, Bretzelchen und dergleichen daraus formen und überstreut dies Backwerk gern mit buntem Zucker (Streuzucker).

385. Polnisches Backwerk (Mazurki). 500 Gramm feinstes Mehl, 500 Gramm aufs feinste gesiebter Zucker, 500 Gramm auf einer Mandelreibe fein geriebene und mit ein wenig Rosenwasser besprengte Mandeln, 500 Gramm feine, frische Butter, fingerlanges, fein gestoßenes Stückchen Zimmet oder Vanille, Eier.

Man verarbeitet die Mandeln mit leichter Hand gut mit der zu Schaum ge= rührten Butter, Mehl und Zucker und würzt zugleich den Teig mit Zimmet oder Vanille, giebt dann so viele Eier hinzu, bis er elastisch ist und sich gut ausrollen läßt und thut ihn in eine mit Mehl bestäubte Serviette, wo er eine Stunde ruhen muß. Nun rollt man ihn 1 Centimeter dick aus und sticht kleine Kuchen davon, die man außen herum mit Eiweiß bestreicht und ein schmales Teigband darauf giebt, die Kuchen bei guter Hitze goldbraun backt und kurz vor dem Serviren mit Roth= und Weißweingelee belegt.

386. Schwedisches Backwerk (Princess - Bakelse). 500 Gramm Mehl, 500 Gramm Butter, 100 Gramm gesiebter Zucker, 40 Gramm fein gestoßene Mandeln, 1 Ei.

Man verarbeite diese Ingredienzen mit den Händen zu einem glatten, leicht auszurollenden Teig und lasse ihn eine halbe Stunde ruhen. Rolle ihn dann auf dem mit Mehl bestäubten Backbrett messerrückendick aus, steche mit Ausstechern verschiedene Figuren, Sterne, Herzen, Kränze u. s. w. daraus und bestreiche sie, kurz vor dem Einschieben in den Ofen, dick mit steif geschlagenem Eiweiß und bestreue sie mit fein gehackten Mandeln und gestoßenem Zucker, backe sie in mäßiger Hitze goldbraun und lasse sie in einem erwärmten Raum erkalten.

*387. Holländisches Backwerk (Saint Nicolaas Gebak) I. 3 Kilo Mehl, 2 Kilo Farinzucker, 1 Kilo Butter, 250 Gramm gehackte Mandeln, 50 Gramm Succade, 50 Gramm candirte Pomeranzenschale, beides fein geschnitten, 50 Gramm Gewürz (Zimmet vorherrschend, etwas Muskatnuß und Gewürznelke, wenig Cardemom), 1/4 Liter Milch.

Man erwärme den Zucker in der Milch, lasse aber nicht kochen, gebe dann alle vorbenannten Ingredienzen hinein und knete es kräftig zu einem schönen Teig, worin Alles gut vermischt ist, rolle ihn zu 1/2 Centimeter Dicke aus, steche mit eigens dazu bestimmten Formen, welche allerlei Gethier und dergleichen vorstellen, aus und lasse bei guter Hitze backen. — Haltbar, Originalrecept.

*388. Holländisches Backwerk (Banket letters) II. Blätterteig. 500 Gramm Mandeln, 500 Gramm Zucker, eine Citrone, drei Eier.

Man vermische die fein gestoßenen Mandeln mit dem gesiebten Zucker, Eiern und abgeriebener Citronenschale, wickele die Masse zu kleinen Portionen in den dünn ausgerollten Blätterteig und steche sie mit Formen in Gestalt der Buchstaben des Alphabets aus, die man im Scherz bisweilen zu Worten aneinander setzt. — Originalrecept.

*389. Türkisches Backwerk (Bitta). 250 Gramm Haselnüsse, sechs Eßlöffel flüssiger Honig, 3 Eßlöffel zerlassene Butter, 3 Eßlöffel Milch, eine halbe Schote Vanille, etwas Salz, feines Mehl.

Man stoße die Haselnüsse ganz fein und vermische sie mit dem Honig; rühre dann in das Uebrige so viel Mehl, daß es ein nicht zu fester Teig wird, theile ihn zu Hälften und rolle jede messerrückendick aus. Gebe nun auf die eine Hälfte, mit einem Theelöffel, Häufchen von der Nußmasse, lege die andere Hälfte des Teiges darüber und steche mit einem kleinen Liqueurgläschen das Confekt aus. Backe es so rasch wie möglich, in heißer Butter schwimmend, lege es noch warm auf eine mit fein pulverisirtem Zucker bestreute flache Schüssel und wende jedes Stück mehrmals in dem Zucker um, so daß dieser sich überall gleich einer Kruste anlegt. — Sehr wohlschmeckend, sehr haltbar und in christlichen Landen besonders zum „Wein" beliebt.

390. Griechisches Backwerk. 125 Gramm fein gesiebter Zucker, 125 Gramm nicht abgezogene Mandeln, 20 Datteln, beides länglich geschnitten, 2 Eiweiß, Backoblaten.

Man rühre Zucker und Eiweiß, eine Viertelstunde lang, zu einer dicklichen Masse und mische dann Mandeln und Datteln darunter, belege ein Backblech mit den Oblaten und setze von der Masse kleine Häufchen darauf, backe sie langsam hellgelb und schneide sie dann aus.

*391. Italienisches Backwerk. 280 Gramm feines gesiebtes Mehl, 280 Gramm Zucker, Succade, candirte Orangenschale, eingemachte Nüsse, von jedem 70 Gramm, 4 trocken eingemachte Aprikosen und 8 trocken eingemachte Reineclauden, alles kleinwürfelig geschnitten, 16 Eier, Backoblaten.

Man rühre den Zucker mit den Eidottern, die man nach und nach dazu schlägt, recht schaumig, ziehe dann das zu festem Schnee geschlagene Weiß der Eier und das Mehl langsam darunter und menge nun die Früchte dazu. Mache von einem Bogen weißem Schreibpapier eine zwei Querfinger hohe Kapsel, belege den Boden mit den Oblaten, fülle die Masse hinein und lasse sie langsam backen. Wenn sie dann aus dem Ofen kommt, so schneidet man die Ecken der Kapsel auf, biegt das Papier ab und überstreicht das Confekt noch warm mit Citronenglasur, theilt es zu fingerlangen und fingerdicken Schnitten und läßt es erkalten. — Es hält sich sehr lange.

392. Amerikanisches Backwerk.
500 Gramm Zucker, ein Theelöffel Kartoffelmehl, eine halbe geriebene Cocosnuß, 5 Eiweiß.

Man schlage die Eiweiß zu sehr steifem Schnee und gebe, unter fortwährendem Schlagen, den Zucker dazu, bis der Schnee wie eine Mauer steht, schlägt nun die Cocosnuß und das Kartoffelmehl darunter und formt mit den Händen kleine hügelartige Häufchen, die man nicht zu nahe aneinander über gebuttertes Papier auf ein Backblech setzt und in einem mäßig heißen Ofen backt.

393. Baisers.
Man schlage sechs Eiweiß zu Schnee, mische sechs Eßlöffel feingesiebten Zucker nebst etwas abgeriebener Citronenschale leicht darunter und setze von dieser Masse Häufchen in Form und Größe von einem halben Ei auf Papier, welches man über ein Brett legt, damit die Baisers unten nicht backen, besiebe sie mit Zucker und thue sie gleich in einen kühlen Ofen, daß sie nur lichtgelb wie Biscuit werden, wonach man das Brett sofort heraus zieht und die Baisers ablöst. Sie sollen inwendig hohl sein, wo nicht, so muß man das Weiche mit einem kleinen Löffel herausnehmen, fügt dann immer zwei und zwei zusammen und füllt sie mit Vanille-Rahmschnee (Schlagsahne) oder Gelee.

394. Baiser-Kränzchen.
Man fülle von der oben angegebenen Baisermasse in eine Spritze mit kleinen Röhrchen und setze davon auf ein mit Mandelöl bestrichenes Backblech kleine Kränzchen, die man mit Hagelzucker und länglich geschnittenen Mandeln oder Pistazien bestreut, sie in der ganz abgekühlten Röhre mehr trocknet als backt und, wenn sie nicht gleich servirt werden können, an einen warmen Ort stellt.

395. Baiser-Schnitten.
Man backe dünn ausgerollten Blätterteig auf einem Backblech, bestreiche ihn, nachdem er etwas abgekühlt ist, mit Pfirsich- oder Aprikosenmarmelade und darüber daumendick mit Baisermasse, bestreue diese mit Zucker und gehackten Mandeln, backe den Kuchen rasch gelb und schneide ihn hernach mit einem naß gemachten Messer zu Schnitten.

396. Französische Bonbons (Tôt-Faits).
250 Gramm gesiebter Zucker, 125 Gramm Butter, 125 Gramm fein geschnittene Mandeln.

Man rühre dies über gelindem Feuer so lange, bis es dunkelbraun ist und gieße es dann auf ein viereckiges, mit Mandelöl bestrichenes Blech, schneide es mit einem in Mandelöl getauchten Wiegemesser in kleine viereckige Stückchen und schiebe sie, so lange sie noch warm sind, ab und auf ein anderes Blech, worauf man sie, völlig erkaltet, in Papier wickelt.

397. Spanische Bonbons (Bollos de Naranjas).

Man schlage 500 Gramm pulverisirten Zucker mit einem Eiweiß, tröpfele 15 Gramm Orangeblüthwasser hinein und füge ein klein wenig Carmin hinzu. Breite dann die Masse auf einem mit pulverisirtem Zucker bestreuten Backbrett aus, schneide sie in haselnußgroße Stückchen, lege sie auf Papier und backe sie bei gelinder Hitze, bis sie aufgehen. — Original-Recept.

398. Rahm-Bonbons.

Man koche 500 Gramm Zucker mit ½ Liter süßen Rahm unter beständigem Rühren über starkem Feuer und füge, wenn die Masse gelb wird, 15 Gramm feine, ganz frische ungesalzene Butter hinzu und lasse, fortwährend rührend, noch so lange kochen, bis sie eine schöne, gelbe Farbe hat. Gieße sie nun auf eine mit Butter bestrichene Steinplatte und schneide sie schnell, bevor sie erkaltet ist, zu viereckigen Täfelchen. — Auch sehr wohlthätig bei Husten.

399. Chocoladen-Bonbons. 180 Gramm gesiebter Zucker, 180 Gramm fein geriebene Chocolade, 2 kleine Eiweiß.

Man schlage die Eiweiß zu Schaum und vermische sie mit Zucker und Chocolade, fülle es in kleine Papierförmchen (siehe Aufläuferchen II.) und backe sie im abgekühlten Ofen.

400. Kaffee-Bonbons.

Man thue 250 Gramm gesiebten Zucker mit 100 Gramm sehr feiner, frischer ungesalzener Butter in ein Pfännchen und lasse es über gelindem Feuer und unter beständigem Rühren zehn Minuten lang kochen; füge nun ⅛ Liter starken Kaffee (von 30 Gramm etwa) und ebensoviel frischen süßen Rahm hinzu und wenn es dann abermals, unter stetem Rühren, zehn Minuten lang gekocht hat und stark schäumt, so ist es gewöhnlich fertig, doch überzeuge man sich davon, indem man einige Tropfen in ein Glas kalten Wassers giebt und falls diese gleich hart werden, so ist die richtige Consistenz erreicht und man vollendet die Bonbons wie die französischen. — Ebenso von Chocolade, wo man dann statt Kaffee und Rahm 62 Gramm geriebene Chocolade und eine halbe Obertasse Wasser nimmt.

401. Stachelbeer-Bonbons.

Man thue die ausgewachsenen, jedoch nicht reifen Früchte in ein Gefäß, stelle dies in einen Topf mit kochendem Wasser, koche sie darin weich und streiche sie durch ein Sieb. Vermische dann je 500 Gramm davon mit 500 Gramm gesiebtem Zucker und rühre es über dem Feuer, bis der Zucker aufgelöst ist, gieße die Masse in flache Schüsseln und lasse sie an der Sonne oder in einem nur überschlagenen Ofen trocknen, schneide sie, wenn sie hart zu werden beginnt, in beliebige Formen, wende sie täglich um, damit sie vollkommen trocken und hart werden und bewahre sie an einem trockenen Orte. — Ebenso von Berberitzen, Aprikosen, Kirschen u. s. w.. die aber reif sein müssen.

402. Liqueur-Bonbons I.

Man läutere 250 Gramm Zucker und koche ihn zum fünften Grade, d. h. bis er, mit einem Löffel aufgenommen und zurück gegossen, in dicken, kleinen Massen geleeartig abrutscht und gieße dann ¼ Liter feinen süßen Liqueur, Marasquino, Vanille, Curaçao oder dergleichen hinein, gebe es in Papierkapseln und setze es sechs Stunden lang zum Trocknen an eine warme Stelle, wo dann der Zucker gerinnt und den flüssig gebliebenen Liqueur umgiebt. Wenn das Papier schön weiß geblieben ist, so kann man es um die Bonbons lassen, sonst befeuchtet man es mit ein wenig Wasser und zieht es ab.

Zu den Kapseln schneide man aus weißem Schreibpapier runde Blättchen von 3½ Centimeter Durchmesser, stelle ein rundes 2½ Centimeter haltendes Holz in die Mitte und presse den überstehenden Rand in ganz feinen Fältchen rund herum oder man rolle Papierstreifen um ein rundes Holz, so daß die Formen 2½ Centimeter Durchmesser und 1 Centimeter Höhe erhalten; das untere Ende wird dann zusammen geschlagen und dadurch diese Oeffnung verschlossen.

403. Liqueur=Bonbons II.

Man vermische gesiebten Zucker mit einem beliebigen feinen süßen Liqueur zu einer dicken Masse und lasse sie heiß werden, gieße sie in Papierkästchen und ritze sie dann in viereckige Stückchen.

404. Bonbons einzuwickeln.

Hierzu eignet sich besonders Seidenpapier in verschiedenen Farben, welches man zu 10 Centimeter Länge und 7 Centimeter Breite schneidet und an einer Langseite, 1 bis 2 Centimeter tief, fein, wie eine Franze, einschneidet, nun das Bonbon hinein wickelt und das Papier unten fest zusammen drückt. Dann habe man einen runden mit Spitzenpapier ausgelegten Schachteldeckel und arrangire die Bonbons nach ihren Farben hübsch hinein.

405. Braunschweiger Wurst. 8 getrocknete Feigen, 125 Gramm Mandeln, Schale einer halben Citrone, alles fein gehackt, ein Eßlöffel Zimmet, ein Theelöffel Gewürznelken, beides fein gestoßen, ein Eßlöffel feines Mehl, sechs Eidotter.

Man verrühre dies zusammen und forme es zu einer Wurst, backe sie eine halbe Stunde und schneide sie hernach in Scheiben.

C.

406. Chocolade=Baisers I. 250 Gramm gesiebter Zucker, 45 Gramm geriebene Chocolade, 3 Eiweiß.

Man rühre den Zucker mit dem Schaum der Eiweiß eine Viertelstunde und dann die Chocolade dazu. Ueberstreue nun weißes Papier mit Zucker, setze von der Masse Häufchen in Größe von halbirten Hühner=Eiern darauf und backe sie in einem kühlen Ofen.

407. Chocolade=Baisers II. 125 Gramm mit etwas Vanille ge= stoßener und durchgesiebter Zucker, 125 Gramm geriebene, nicht abgezogene Mandeln, 70 Gramm geriebene Chocolade, etwas Citronensaft, 2 Eiweiß, Backoblaten.

Man schlage die Eiweiß zu steifem Schnee, mische sämmtliche Ingredienzen darunter und setze davon kleine Häufchen auf Oblaten, lasse sie auf einem mit Wachs bestrichenen Backblech eine Stunde lang stehen und dann in ausgekühltem Ofen mehr trocknen als backen.

408. Chocolade = Baisers III. 125 Gramm fein gesiebter Zucker, 60 Gramm fein geriebene, beste Vanille = Chocolade, ein großes, recht frisches Eiweiß.

Man füge Zucker und Chocolade zu dem steifen Schnee des Eiweiß und knete es zusammen. Besiebe das Backbrett mit Zucker und rolle den Teig fingerdick darauf aus, steche runde Plätzchen davon und backe sie bei sehr mäßiger Hitze.

409. Chocolade-Brötchen. Teig. 180 Gramm feines Mehl, 280 Gramm gesiebter Zucker, 100 Gramm geriebene Chocolade, Marmelade, zehn Eier.

Guß. 250 Gramm Zucker, 60 Gramm Chocolade.

Man vermische in einem tiefen Gefäß die Eier mit dem Zucker, bringe es auf mäßiges Feuer und schlage es lauwarm, dann kalt, nochmals warm und wieder kalt. Menge nun Mehl und Chocolade darunter, fülle es in eine flache, schmale, länglich viereckige Blechform, backe es bei mäßiger Hitze und lasse es, natürlich aus der Form genommen, ein bis zwei Tage liegen, wonach man es in ganz dünne Scheiben schneidet, dieselben mit Himbeer- oder sonst einer Marmelade bestreicht und drei- oder vierfach aufeinander legt. Für den Guß kocht man den Zucker zum Flug, gießt etwas davon, zuerst wenig, dann etwas mehr, zu der Chocolade, rührt es gut um und giebt es dann zu dem übrigen Zucker und wenn sich eine dünne Kruste angesetzt hat, so taucht man die Brötchen hinein und läßt sie trocknen. — Sehr gut.

410. Chocolade-Kringel. 125 Gramm ausgewaschene, geschmolzene Butter, 90 Gramm Chocolade, 100 Gramm fein geriebener Zucker, 100 Gramm feines Mehl, 4 Eidotter.

Man rühre die Butter zu Schaum, dann die Eidotter dazu, hierauf den Zucker und zuletzt die fein geriebene Chocolade und das Mehl. Rolle nun den Teig kleinfingerdick aus, forme davon mit einem Glase kleine runde Platten und steche deren Mitte mit einem kleineren Glase heraus, so daß man fingerbreite Ringe erhält, die man in gelinder Hitze backt.

*411. Chocolade-Schnitten. 250 Gramm Chocolade, 250 Gramm Zucker, 125 Gramm geriebene Mandeln, worunter einige bittere und 125 Gramm in kleine Scheibchen geschnittene, 100 Gramm in kleine Würfel geschnittene Succade, 5 Eßlöffel Wasser.

Man gebe Alles mit Ausnahme von Zucker und Wasser, in eine Schüssel, koche Zucker und Wasser auf, gieße dies kochend in die Schüssel und menge es gut untereinander. Fülle die Masse nun in eine mit Mandelöl ausgestrichene, länglich viereckige Form und lasse sie an einem kalten Orte bis den andern Tag stehen, wo man sie dann stürzt und beim Serviren in feine Scheiben schneidet. — Sehr wohlschmeckend und sehr haltbar.

412. Chocolade-Spähne. 200 Gramm Chocolade, 200 Gramm Mandeln, beides fein gerieben, steifer Schnee von 6 Eiweiß, Backoblaten.

Man vermische dies, streiche es auf Oblatenstreifen von 12 Centimeter Länge und 2½ Centimeter Breite und lasse es in sehr mäßiger Ofenwärme langsam trocknen.

413. Chocolade-Herzchen. 6 Eiweiß, so viel gesiebter Zucker, daß man einen Teig zum Ausrollen erhält, drei große Eßlöffel Cacaopulver.

Man vermische Zucker und Cacao mit dem steifen Schnee der Eiweiß, rolle ihn 1 Centimeter dick aus und steche kleine Kuchen in Herzform daraus, lege sie auf ein mit Zucker bestreutes Backblech und backe sie in schwacher Hitze.

414. Chocolade=Würstchen. 140 Gramm Zucker, 125 Gramm geriebene Chocolade, 105 Gramm geriebene Mandeln, 35 Gramm fein geschnittene Mandeln, 35 Gramm fein geschnittene Succade, 10 Gramm Zimmet, 5 Gramm Gewürznelken, etwas abgeriebene Citronenschale, 1 Ei.

Man erwärme dies, Ei ausgenommen, in einem Steintopfe langsam auf der Heerdplatte, schlage, wenn es heiß ist, das Ei daran, verrühre es gut und fülle es in Schafdärme, theile es in kleine Würstchen, binde sie zu und lasse sie einen Tag lang am Ofen trocknen.

415. Chocolade=Wurst. 125 Gramm Zucker, 125 Gramm geriebene und 65 Gramm fein geschnittene Mandeln, 250 Gramm geriebene Chocolade, 125 Gramm Himbeer=Gelee, 1 Eiweiß.

Man vermenge dies recht gut in einer Schüssel, streue dann etwas Zucker auf das Backbrett und forme aus der Masse eine Wurst, wickele sie recht fest in Papier, lasse sie an einem warmen Ofen trocknen, schneide sie beim Gebrauche in Scheiben und servirt gern Butter=Bröchen, Nr. 381, dazu.

416. Carobi=Busserl. 125 Gramm fein gestoßener Zucker, 80 Gramm fein gestoßene Mandeln, 180 Gramm geriebene Carobi (Johannisbrot, in der Apotheke zu erhalten), 8 Eiweiß, Backoblaten.

Man schlage die Eiweiß zu Schnee, füge das Uebrige hinzu und rühre es leicht zusammen. Belege dann ein Backblech mit den Oblaten, gebe von der Masse je einen Theelöffel darauf und lasse die Busserl im Ofen mehr trocknen als backen, so daß sie hart werden.

Zugleich kann man die Eidotter in folgender Weise benutzen: Man rühre 80 Gramm Butter gut ab und dann die Dotter, 125 Gramm fein gestoßenen Zucker, ein wenig Vanille und so viel feines Mehl dazu, daß es ein fester Teig wird; rolle ihn aus, steche runde Busserl daraus und bestreiche sie mit Ei, gebe auf jedes eine halbirte Mandel und backe sie rösch (spröde), kann aus der Masse auch Bretzeln formen und mit gestoßenen Mandeln bestreuen. — Szegedin.

417. Confect zu Gefrorenem. 125 Gramm feinstes Mehl, 190 Gramm geriebener Zucker, zwei Hand voll fein gestoßene Mandeln, etwas Orangeblüthwasser, 8 Eiweiß.

Man rühre Alles gut untereinander und fülle es in eine Anisbrotform, backe es in nicht zu heißem Ofen und schneide beim Gebrauche in Scheiben.

418. Coteletten.

Man habe etwas Blätterteig, rolle ihn dünn aus und schneide ihn zu Herzchen, wie man Papier zum Eindrehen von Coteletten schneidet, lege auf die Hälfte jedes Herzchens etwas Aprikosenmarmelade und drücke die Ränder zusammen, gebe die Form von Coteletten und backe sie auf einem Backblech im Ofen. Ferner habe man ein wenig mürben Teig, aus dem man schmale Streifchen schneidet, welche die Beinchen der Coteletten vorstellen sollen und die man mehr trocknen als backen läßt, da sie keine Farbe haben dürfen. Sind die Coteletten nun gebacken und die Beinchen daran befestigt, so bestreiche man sie mit etwas verklopftem Eiweiß und bestreue sie mit gestoßenen Makronen, um sie zu paniren.

419. Cannelons.

Man bedarf dazu gedrechselte, hölzerne Röllchen, welche 14 Centimeter lang sind und 2 Centimeter im Durchschnitt haben, nach dem untern Ende aber um einige Millimeter spitziger zulaufen. Nun rollt man Blätterteig messerrückendick aus und schneidet ihn zu 20 Centimeter langen und $1/2$ Centimeter breiten Streifen und umwickelt damit die mit zerlassener Butter bestrichenen Röllchen von einem Ende zum andern, doch so, daß das spitzere Ende mit Teig bedeckt und geschlossen ist, während am andern Ende das Röllchen aus dem Teige hervorsehen muß. Hiernach legt man sie reihenweise auf ein Backblech, bestreicht sie mit Ei und läßt sie bei guter Hitze goldgelb backen, überzieht sie mit einer Zuckerglasur, nimmt sie, wenn diese angetrocknet ist, von den Röllchen, füllt sie mit Crème, Rahmschnee oder Confitüre und richtet sie gehäuft auf einer gebrochenen Serviette an.

420. Crème-Schnitten.

Man rolle Blätterteig aus, theile ihn in zwei Theile, lege den einen auf das Backblech und bereite dann folgende Crème: Man verrühre zwei Eßlöffel Mehl und 90 Gramm Vanillezucker mit sechs Eidottern, gebe dann $1/3$ Liter süßen Rahm dazu und lasse es unter stetem Schlagen mit der Schneeruthe dicklich aufkochen und hierauf abkühlen. Mische nun den Schnee der sechs Eiweiß leicht darunter und streiche es über den auf dem Blech befindlichen Teig, lege den andern Teig darüber und drücke ihn ringsum nieder, bestreiche ihn mit Ei, backe ihn lichtgelb, schneide ihn in längliche Stücke und besiebe ih mit Zucker.

421. Crème-Pastetchen.

Man lege Blechförmchen mit dünn ausgerolltem Blätterteig aus und fülle sie mit Mandel-Crème, bestreue die Oberfläche mit gehackten Mandeln, stelle die Förmchen in eine größere Form und mit dieser in den Ofen und backe sie bei mäßiger Hitze.

Zur Crème rühre man 60 Gramm feines Mehl mit $5/8$ Liter Milch nach und nach an, dann ebenfalls nach und nach 4 Eidotter dazu und hierauf 60 Gramm fein gestoßene Mandeln und 60 Gramm Zucker und koche es unter beständigem Rühren zu gehöriger Dicke.

422. Citronen-Törtchen. Blätterteig aus 280 Gramm Butter, sechs Citronen, 6 feine Aepfel, 60 Gramm fein stiftlich geschnittene Mandeln, 170 Gramm fein gestoßener Zucker, eine Tasse ($1/8$ Liter) frisches Wasser.

Man löse die Schale der Citronen ganz dünn ab, schneide sie nudelartig ganz fein und koche sie zwei Minuten lang in siedendem Wasser, seihe sie ab und thue sie in eine Casserole mit den Mandeln, den geschälten und in feine Scheibchen geschnittenen Aepfeln, Zucker und Wasser, bringe es zu Feuer und dämpfe es, bis die Aepfel ganz verkocht sind. Rolle nun den Teig messerrückendick aus, steche ihn mit einem Glase zu runden Böden und lege die Hälfte davon über ein leicht mit Butter bestrichenes Backblech, gebe von der erkalteten Citronenfülle darauf und bestreiche sie rundum mit Ei, bedecke sie mit der andern Hälfte der Böden, drücke sie am Rande an, bepinsele sie mit Ei und backe sie bei guter Hitze. Kurz bevor sie ganz fertig sind, bestreut man sie mit Zucker und stellt sie noch so lange in den Ofen, bis der Zucker geschmolzen ist.

423. Citronen-Küchel I. 180 Gramm Mehl, 250 Gramm gesiebter Zucker, 250 Gramm Butter, fein gehackte Schale von 2 Citronen, 7 Eier.

Man rühre die Butter schaumig und nach und nach die Eier darunter und wenn dann auch das Uebrige darin ist, das Ganze noch eine Viertelstunde. Setze nun mit einem Löffel kleine Häufchen auf ein mit Mehl bestreutes Backblech und backe sie langsam.

424. Citronen-Küchel II.

250 Gramm Zucker, 100 Gramm Mandeln, 35 Gramm feinstes Mehl, 1 Theelöffel Zimmet, 2 Citronen, 2 Eiweiß, Backoblaten.

Man reibe die Schale der Citrone am Zucker ab und stoße diesen mit den Mandeln, verrühre es mit Mehl, Zimmet und Eiweiß, setze kleine Küchel auf die Oblaten und backe sie bei gelinder Hitze.

425. Citronen-Stangerl.

140 Gramm Zucker, 140 Gramm fein geriebene Mandeln, abgeriebene Schale einer halben Citrone, 1 Eiweiß, Marmelade.

Man verarbeite obige Ingredienzen, mit Ausnahme der Marmelade, zu einem Teige, den man ausrollt und sich dabei, anstatt Mehls, gesiebten Zuckers bedient. Theile ihn dann in Hälften, bestreiche die eine mit Marmelade, thue die andere darauf und schneide 5 Centimeter lange und 2 Centimeter breite Stangerl daraus, gebe eine Citronenglasur darüber, belege die Mitte mit einem zierlich ausgeschnittenen Stückchen Succade und lasse im Ofen mehr trocknen als backen.

426. Citronen-Thaler.

250 Gramm gesiebter Zucker, 30 Gramm fein geschnittene Succade, 1 Citrone, 1 Eiweiß.

Man rühre Zucker und Citronensaft mit dem Schaum der Eiweiß eine Viertelstunde und füge dann die Succade hinzu. Bestreiche hierauf ein weißes Papier mit Wachs, setze von der Masse kleine Häuflein darauf, drücke sie ein wenig platt, bestreue sie mit grob gestoßenem Zucker und trockne sie in einem kühlen Ofen.

427. Citronen-Confect.

Man schlage drei Eiweiß zu festem Schnee, gebe so viel ganz fein gestoßenen Zucker hinein, als er annimmt und würze mit einem Eßlöffel Citronenzucker. Rolle diese Masse nun über dem mit Zucker bestäubten Backbrett kleinfingerdick aus, steche es zu beliebigen Figuren aus und lege sie über Papier auf ein Backblech, backe sie langsam, glacire sie mit weißer Glasur recht glatt und lasse sie antrocknen.

D.

*428. Dorcumer braune Kuchen.

2 Kilo Syrup, 500 Gramm Zucker, 375 Gramm Butter, 375 Gramm Schweineschmalz, 500 Gramm gröblich gestoßene Mandeln, 100 Gramm Succade, 100 Gramm candirte Pomeranzenschale, beides gröblich gehackt, die auf dem Zucker abgeriebene Schale von 3 Citronen, 75 Gramm feinen Zimmet, 30 Gramm Gewürznelken, 125 Gramm in Rosenwasser aufgelöste Pottasche, 4 Kilo Weizenmehl.

Man bringe Syrup, Zucker, Butter und Schmalz zum Kochen und rühre, sobald die Masse etwas abgekühlt ist, alle andern Ingredienzen hinein, zuletzt das Mehl, und zwar nach und nach, und lasse den Teig an einem warmen Orte etwa zehn Tage lang stehen. Mische nun in den vierten Theil desselben 75 Gramm pulverisirten Ingwer, rolle ihn aus und forme kleine Kuchen daraus, sowie auch von dem übrigen Teig und bestreue eine Anzahl derselben mit Hagelzucker oder grob gestoßenem Candiszucker, belege einige mit gespaltenen Mandeln, andere mit Stückchen Succade und backe sie auf Backblechen in nicht zu heißem Ofen gar. — Vorzüglich und sehr haltbar.

429. Düten I.

8 Eier, so schwer wie diese an Zucker, halb so viel an Mehl, am Zucker abgeriebene Schale einer Citrone.

Man rühre Zucker und Eidotter eine halbe Stunde, gebe dann Mehl, Citronen=
schale und den steifen Schnee der Eiweiß dazu und streiche die Masse messerrückendick
auf ein gut gebuttertes Backblech, bestreue sie mit feingeriebenen Mandeln und backe
sie in mäßiger Hitze goldbraun. Schneide sie nun, so wie sie aus dem Ofen kommt,
in handgroße Stücke und forme Düten daraus, welche man kurz vor dem Serviren
mit Rahmschnee (Schlagsahne) füllt, den man, nach Belieben, zum Theil weiß lassen,
zum Theil mit Chocolade und Confitüre färben kann.

430. Düten II. 250 Gramm Zucker, 125 Gramm Mandeln, 65 Gramm Mehl, etwas Citronenschale, ein Eßlöffel Wasser, 6 Eiweiß.

Man stoße die Mandeln mit dem Eiweiß recht fein und füge Wasser, Zucker,
Citronenschale und Mehl hinzu, setze davon runde Plätzchen auf ein mit Butter
bestrichenes Backblech und backe sie schön gelb. Nehme sie dann gleich aus dem
Ofen, drehe sie, noch warm, in Form von Düten über ein spitziges Holz und fülle
sie erkaltet und unmittelbar vor dem Serviren mit Rahmschnee (Schlagsahne), über
den man ein wenig Johannisbeergelee geben kann oder auch mit einer feinen Crême.

E.

431. Eier=Kränze. 500 Gramm feines Mehl, 500 Gramm Butter, 125 Gramm Zucker, ein halbes Glas ($^1/_{16}$ Liter) Arak oder Rum, sechs recht hart gekochte Eidotter.

Man reibe die Eidotter und vermische sie mit den andern Ingredienzen, forme
Kränze daraus und bestreiche sie mit geschmolzener Butter, drücke sie in 125 Gramm
mit etwas Zimmet vermischtem Zucker platt und backe sie in frischer Hitze.

432. Eierschnee=Schnitten. 4 Eier schwer fein gestoßener Zucker, 2 Eier schwer Mehl, 1 Ei schwer Butter, 50 Gramm Korinthen, 35 Gramm fein geschnittene Succade, abgeriebene Schale einer halben Citrone, 4 Eier.

Man lasse die Butter in einer Schüssel zergehen, gebe die Citronenschale und
ein Ei dazu und wenn dies gut abgerührt ist, den Zucker, fahre dann mit dem
Rühren fort, bis die Masse dick und schaumig ist, schlage die übrigen Eier eins
nach dem andern daran, verrühre auch diese wohl und füge zuletzt Mehl, Korinthen
und Succade hinzu. Fülle es nun in eine längliche, gebutterte und mit Zucker
bestreute Form (wie zu Anisbrot) und backe bei mäßiger Hitze, stürze zum Aus=
kühlen auf ein Sieb, überziehe es mit einer beliebigen Glasur und servire zu
dünnen Schnitten aufgeschnitten.

433. Wiener Eisbogen. 375 Gramm fein gestoßener Zucker, 375 Gramm feines durchgesiebtes Mehl, abgeriebene Schale einer Citrone, 7 Eier, fein gehackte Mandeln.

Man rühre Zucker, Citronenschale und Eier recht gut durcheinander und dann
nach und nach das Mehl daran, streiche es stark messerrückendick auf ein gebuttertes
Backblech, bestreue es mit Mandeln und backe es bei mäßiger Hitze; schneide, so
wie es aus dem Ofen kommt, dreifingerbreite Streifen daraus und biege sie über
ein rundes Holz.

434. Gebackenes Eis.

Man lasse beliebiges Gefrorene möglichst fest werden, rolle Blätterteig sehr
dünn aus und schneide ihn in kleine Vierecke; bringe einen Löffel Gefrorenes in

die Mitte, umschließe es fest mit dem Teige und lasse rasch backen und rasch serviren, wo dann, wenn die Hitze im Ofen richtig war, der Teig gar sein wird, ohne daß das Eis geschmolzen wäre. — Chinesische Küche.

F.

435. Flot=Kuchen. 750 Gramm feines Mehl, 375 Gramm frische Butter, saurer und süßer Rahm, eine starke Messerspitze Salz, 4 Eidotter. Zum Bestreichen und Bestreuen zerlassene Butter, Zucker, Zimmet.

Man nehme das Mehl auf das Backbrett und mache in die Mitte eine Grube, schlage die Eidotter hinein, gebe Butter und Salz dazu und bereite mit dem Rahm einen nicht zu festen Teig daraus, den man, wie Blätterteig, einige Mal über= schlägt. Dann rolle man ihn aus, steche runde Kuchen in beliebiger Größe daraus und bestreiche sie mit zerlassener Butter, bestreue sie mit Zucker und Zimmet und backe sie in mäßiger Hitze. Wenn sie gerathen sind, so müssen sie große Blasen haben.

436. Füllhörnchen. 5 Eier, 5 Eier schwer Zucker, an dem die Schale einer Citrone abgerieben worden, 3 Eier schwer Mehl.

Man verklopfe die Eier mit dem Zucker, gebe das Mehl dazu und rolle den Teig ganz dünn aus. Schneide ihn in fingerlange und 8 Centimeter breite Streifen, lege sie auf ein mit Wachs gut bestrichenes Backblech und backe sie in mäßig heißem Ofen zu hellgelber Farbe. Nehme sie dann ab und drehe sie so rasch wie möglich in die Form eines Füllhorns, lasse sie an einem warmen Orte trocken werden und fülle sie beim Gebrauche mit Rahmschnee (Schlagsahne).

437. Finger=Küchel. 360 Gramm Mehl, 125 Gramm Zucker, 125 Gramm Butter, 125 Gramm Schweineschmalz, eine Messerspitze Salz, 3 Eidotter.

Man rühre Butter und Schmalz zu Schaum, mische die übrigen Zuthaten und die Eidotter darunter und mache dann aus dem Teig kleine runde Kugeln, in deren Mitte man mit dem Finger eine kleine Vertiefung drückt; lege sie auf ein unbe= strichenes Backblech, lasse sie langsam backen und gebe, nach völligem Erkalten, in jede Vertiefung etwas Confitüre, am besten eine Kirsche.

438. Flock=Küchel. 500 Gramm feines Mehl, 250 Gramm frische Butter in Stückchen, 60 Gramm gesiebter Zucker, ein Eßlöffel dicker, saurer Rahm, 1 Eidotter.

Man gebe das Mehl in eine Schüssel, sämmtliche Ingredienzen dazu und menge Alles gut untereinander, knete es zu einem Teig und steche ihn, nachdem man ihn so dünn wie möglich ausgerollt hat, mit einem Wasserglas aus, lege die Blättchen auf ein mit Mehl bestäubtes Backblech, stippe sie ein wenig mit einer Gabel und bestreiche sie mit zerlassener Butter, überstreue sie stark mit Zucker und Zimmet und backe sie in einem kühlen Ofen gelblich, wobei man aber sehr Acht geben muß, damit sie nicht verbrennen.

439. Englische Fladen (Buns). 1½ Kilo Mehl, 250 Gramm Zucker, 250 Gramm Butter, 250 Gramm Korinthen, ein wenig Salz, 60 Gramm in ⅙ Liter warmem Wasser aufgelöste Hefe, ½ Liter Milch.

Man rühre die Hefe mit etwas Mehl zu einem dünnen Teig an und lasse ihn an einem warmen Orte gut aufgehen; füge dann das Uebrige hinzu — die Butter in der erwärmten Milch zergangen — und mische es gut zu einem ziemlich weichen

Teig, der wieder an einem warmen Orte stehen muß, bis er ganz leicht aufgegangen ist. Kehre ihn nun auf das mit Mehl bestreute Backbrett um, durchknete ihn mit den Händen und streue leicht Mehl darüber. Forme kleine Kugeln, doppelt so groß wie Wallnüsse, daraus und lege sie, 10 Centimeter auseinander, auf ein mit Butter bestrichenes Backblech, befeuchte die obere Seite mit Milch, lasse sie an warmer Stelle nochmals aufgehen, doch dürfen sie nicht aufspringen und backe sie in einem heißen Ofen.

440. Petits Fours.

Man backe eine oder nach Bedarf auch mehrere 1 Centimeter dicke Platten von Biscuitmasse und lasse sie über Nacht stehen. Dann habe man kleine zierliche Ausstechförmchen, Sterne, Halbmonde, Herzen, Kleeblättchen, Rauten u. s. w. und steche andern Tags die Teigplatten damit aus. Habe auch möglichst verschiedene Marmeladen und Glasuren in verschiedensten Farben und bestreiche nun die Hälfte der Biscuits mit Marmelade, drücke die andere Hälfte darauf, glasire sie und lasse die Glasur in der Röhre antrocknen, die aber nicht gar zu sehr abgekühlt sein darf, da sonst die Glasur nicht glänzend wird.

Auch aus Resten von Biscuit- oder Sandtorte kann man die sehr beliebten Petits Fours bereiten, indem man sie in 1 Centimeter dicke Scheiben schneidet, mit Marmelade bestreicht, wozu ebenfalls Reste benutzt werden können und übereinander legt, zu viereckigen, 4 Centimeter großen Stückchen theilt und mit Glasur überzieht.

Ganz dünn ausgerollter Blätterteig eignet sich ebenfalls zu Petits Fours. Man sticht kleine Blättchen daraus und backt sie, setzt dann immer vier bis fünf übereinander und streicht zwischen jedes Confitüre oder Crême.

G.

441. Genueser Roulade. 140 Gramm Mehl, 140 Gramm Zucker, 140 Gramm geklärte Butter, abgeriebene Schale einer Citrone, 8 Eier, Hagebuttenmarmelade.

Man rühre Zucker und Eidotter schaumig, dann Citronenschale, Mehl und Butter dazu und zuletzt den festen Schnee der Eiweiß. Streiche nun die Masse federkieldi auf ein Backblech und stelle sie so lange in die Röhre, bis sie sich lichtgelb färbt. Nehme sie dann heraus, überstreiche sie messerrückendick mit der Marmelade und schiebe sie wieder in den Ofen, bis sie gut ausgebacken, löse sie mit einem langen dünnen Messer von dem Bleche ab, rolle sie der Länge nach auf und thue sie noch einmal in den Ofen, bis die Roulade sich leicht gefärbt hat, wonach man sie erkalten läßt, mit einer Punschglasur überzieht und zu fingerdicken Scheiben geschnitten servirt.

442. Genueser Kuchen. 200 Gramm Mehl, 200 Gramm Zucker, 200 Gramm Butter, 125 Gramm fein gestoßene Mandeln, abgeriebene Schale einer Citrone, ein Eßlöffel Rum, 2 Eier, 6 Eidotter.

Man rühre die Butter mit Eiern und Eidottern, Zucker und Citronenschale recht schaumig und vermische es dann mit Mandeln, Mehl und Rum. Streiche davon eine halbfingerdicke Platte auf ein Backblech, umgebe sie mit einem starken Papierstreifen, dessen Enden mit ein wenig Mehlkleister zusammen geklebt werden und lasse den Kuchen bei mäßiger Hitze schöne hellgelbe Farbe nehmen. Schneide ihn nun in kleine viereckige Stücke und überziehe sie nach dem Erkalten mit Glasur, kann sie auch noch mit eingemachten Früchten verzieren.

*443. Gewürz-Küchel. 375 Gramm Mehl, 375 Gramm Zucker, 375 Gramm Butter, 100 Gramm äußerst fein gehackte Succade, die Körner

aus einer Cardemomenschale, 4 Gramm Zimmet, 4 Gramm Gewürznelken, Alles fein gestoßen, die abgeriebene Schale einer Citrone, 4 Eidotter.

Man rühre die geklärte Butter zu Schaum, gebe die Cardemomen dazu und hierauf Eidotter, Zucker, Mehl und die übrigen Ingredienzen; rolle den Teig halb= fingerdick aus und forme ihn mit einem Weinglase zu kleinen Kuchen, lege sie auf ein mit Mehl bestreutes Backblech, bestreiche sie mit Ei und backe sie schön gelb. — Sehr kräftig und wohlschmeckend und lange haltbar.

*444. Geduld=Küchel.
250 Gramm feines Mehl, 250 Gramm ge= siebter Zucker, etwas Zimmet, 7 Eidotter, 1 Eiweiß.

Man rühre Zucker und Eidotter eine halbe Stunde lang, gebe dann Zimmet, Eiweiß und Mehl dazu und mische es gut untereinander; setze mit einem Theelöffel Häuschen auf ein Backblech und backe sie langsam. — Sehr haltbar.

445. Guß=Schnitten.
Blätterteig. 150 Gramm fein gesiebter, mit einer halben Schote Vanille gestoßener Zucker, 1 Eiweiß.

Man rolle den Teig stark messerrückendick aus und rühre dann den Guß so lange, bis er ganz glatt und weiß ist, streiche ihn eben so hoch, als der Teig dick ist, auf den Kuchen, schneide diesen mit einem langen, dünnen Messer in 14 Centi= meter lange und 6 Centimeter breite Streifen, lege sie sogleich auf ein Backblech und backe sie bei mäßiger Hitze. Statt Vanille kann man einen Theelöffel Citronen= saft nehmen.

446. Guß=Brötchen.
Man nimmt dazu am besten sogenannten Einback, d. h. von den Brötchen, aus denen Zwieback gemacht wird, ehe sie durchschnitten und geröstet sind, kann aber auch gute frische Milchbrötchen (s. Milchbrötchen) nehmen, an welchen man dann die Kruste mit einem Reibeisen ein wenig abreibt. So oder so, schneide man oben ein kleines Deckelchen weg, mache eine kleine Höhlung, fülle einen halben Eß= löffel von beliebigem Eingemachten hinein und lege das Deckelchen wieder auf, wende die Brötchen in Milch um und thue sie auf ein Backblech. Schlage nun drei Eiweiß über drei Eßlöffel gesiebten Zucker, verrühre dies wohl, bestreiche die Brötchen damit, jedoch erst in dem Augenblick, wo man sie in den Ofen setzen will, der aber nicht zu heiß sein darf und backe sie schön gelb wie Biscuit. Sie eignen sich sehr, um Reste von Eingemachtem zu verwenden, da man in jedes Brötchen eine andere Sorte geben kann.

447. Gries=Makronen.
125 Gramm feines Griesmehl, 250 Gramm gesiebter Zucker, 250 Gramm fein gestoßene Mandeln, fein geschnittene Schale und Saft einer Citrone, 4 Eiweiß.

Man schlage die Eiweiß zu Schnee, rühre Zucker und Citrone, Saft und Schale hinein, dann Griesmehl und Mandeln und wenn dies eine halbe Stunde lang ge= rührt worden, so setze man runde Häufchen davon auf ein Backblech und backe die Makronen schön gelb.

448. Grundeln.
500 Gramm Mehl, 250 Gramm Zucker, 125 Gramm Butter, Schale einer Citrone, 15 Gramm Zimmet, 2 Gramm Gewürznelken, 4 Eier.

Man rühre Zucker und Eier schaumig und in einer andern Schüssel die Butter, gebe dann beide Massen in eine Schüssel, vermenge sie mit Citronenschale, Gewürz und Mehl und stelle es eine Stunde lang kalt. Rolle es nun fingerdick aus, steche mit einem Fischförmchen Grundeln daraus und lasse sie wie zuvor kalt stehen, wende sie in verklopftem Eiweiß und grob gestoßenem Zucker um und backe sie schön gelb.

H.

449. Hohl=Küchel. 250 Gramm Mehl, 125 Gramm Butter, 100 Gramm Zucker, etwas Citronenschale, Salz, 6 Eier.

Man rühre Mehl, Butter, Zucker, Citronenschale und Salz über dem Feuer zu einem Teige, der sich von der Casserole löst, verrühre ihn, wenn er ausgekühlt ist, nach und nach mit den Eiern, setze mit einem Eßlöffel runde Kuchen auf ein bestrichenes Backblech und backe sie hellbraun. Sie laufen hoch auf, sind sehr leicht und innen hohl, daher man sie auch aufschneiden und mit Confitüre oder einer Crême füllen kann.

*450. Hohlhippen I. Butter, Zucker, Mehl, von jedem 125 Gramm, 8 Gramm gestoßener Zimmet, 1 Ei.

Man lasse die Butter in einer Schüssel weich werden und rühre den Zucker hinein, danach das Mehl, den Zimmet und endlich das Ei, forme wallnußgroße Kugeln daraus und lege sie auf eine mit Mehl bestreute Schüssel, bis alle beisammen sind. Mache nun das Hippeneisen heiß, bestreiche es mit einer Speckschwarte und gebe in die Mitte eine Kugel, drücke das Eisen langsam zu, backe die Hippe gold= braun und krümme sie gleich über ein rundes Holz. — Gut und haltbar, gleich den folgenden.

*451. Hohlhippen II. Eine aufgehäufte Tasse (stark ⅛ Liter) Mehl, eine Tasse gesiebter Zucker, eine Tasse geschmolzene Butter, eine Tasse Eier; Zimmet, Muskatblüthe und Cardemomen, nach Geschmack, zusammen etwa 8 Gramm.

Man verklopfe die Eier gut, rühre das Uebrige hinein und backe und krümme wie oben.

452. Italienische Hohlhippen. 250 Gramm Mehl, 250 Gramm Zucker, 90 Gramm süßer Rahm, 90 Gramm Milch, 65 Gramm Orangeblüth= wasser, abgeriebene Schale einer Citrone, 4 Eier.

Man verklopfe die Eier, menge dann das Andere darunter und rühre es eine Viertelstunde lang recht kräftig, backe die Hippen in gewöhnlicher Weise, biege sie über ein rundes Holz und bringe sie, eine nach der andern in den Ofen, um sie vollends zu trocknen. — Sehr gut.

453. Vanille=Hohlhippen. 280 Gramm Zucker, 280 Gramm feinstes, gesiebtes Mehl, 70 Gramm zerlassene Butter, eine Stange Vanille, ein Stäubchen Salz, 4 Eier, 4 Eidotter, süßer Rahm.

Man stoße den Zucker mit der Vanille und gebe es durch ein Sieb, füge das Mehl hinzu und wenn dies mit Eiern und Eidottern schaumig abgerührt ist, die Butter, Salz und nach und nach so viel süßen Rahm, bis der Teig leichtflüssig vom Löffel rinnt, worauf man die Hippen wie gewöhnlich backt.

454. Hippen für Butterbrot. 180 Gramm Mehl, 30 Gramm Zucker, 30 Gramm Butter, ¼ Liter kochende Milch.

Man lasse die Butter in der Milch zergehen und rühre dann mit einem Theil davon das Mehl an; gebe nun Zucker und den Rest der Milch dazu, backe den Teig in einem etwas tiefen Hippeneisen und servire die Hippen glatt aufeinander gelegt mit frischer Butter. — Auf dem Lande, wo man oft kein frisches Weißbrot haben kann, sind diese Hippen manchmal eine willkommene Aushülfe.

455. Honig=Brötchen I.

1 Kilo feines Mehl, 250 Gramm Butter, 125 Gramm Zucker, 125 Gramm Sultanini, 125 Gramm Korinthen, 45 Gramm Hefe mit $^3/_{16}$ Liter lauwarmer Milch angerührt, 4 Eier. Zum Bestreichen Honig und Eidotter.

Man rühre die Butter leicht, gebe das Uebrige dazu, schlage es zu einem leichten Teige und lasse ihn gehen. Forme nun Brötchen in Größe einer Untertasse daraus, bestreiche sie, wenn sie wieder gegangen sind, mit Eidotter und Honig und backe sie zu schöner Farbe. — Besonders gut zum Thee.

456. Honig=Brötchen II.

625 Gramm Mehl, 500 Gramm Zucker, 2 Eßlöffel Honig, Zimmet und Gewürznelken nach Geschmack, 4 Eier, 1 Eidotter.

Man rühre Zucker, Eier und Eidotter eine halbe Stunde lang, gebe dann das Uebrige — das Mehl zuletzt — dazu und wenn es danach noch kräftig gerührt worden, so wird der Teig ausgerollt, mit viereckigen Förmchen ausgestochen und, nachdem man ihn einige Zeit stehen gelassen, in kühlem Ofen gebacken.

457. Westphälische Hylikmaker.

$^5/_4$ Kilo Mehl, 625 Gramm brauner Farinzucker, 375 Gramm brauner Honig, 70 Gramm candirte Orangeschale, 70 Gramm Succade, beides in Stückchen geschnitten, 4 Gramm Zimmet, eine geriebene Muskatnuß, 30 Gramm in etwas Wasser aufgelöste Pottasche.

Man koche Honig und Zucker zusammen auf und nehme dann den Topf vom Feuer, rühre Orangenschale, Succade und Gewürz hinein und wenn es etwas abgekühlt ist, die Pottasche gut hindurch und lasse es über Nacht stehen. Backe den Teig halbfingerdick auf einem Backblech und schneide ihn warm in beliebige kleine Stücke.

458. Hartauer Kuchen.

250 Gramm Mehl, 125 Gramm Zucker, 8 eingemachte, ganz fein geschnittene Nüsse, 4 Eier.

Man rühre die Eier mit Zucker und Nüssen drei Viertelstunden lang und dann mit dem Mehl noch eine Viertelstunde, setze Häufchen auf ein mit Butter bestrichenes Backblech und backe sie hellbraun.

459. Hörnlein.

Mehl, 90 Gramm zerlassene Butter, $^1/_8$ Liter süßer Rahm, Wallnuß großes Stückchen Hefe, Salz, 6 Eidotter.

Man verklopfe Eidotter, Butter, Rahm und Hefe gut, füge Salz hinzu und rühre dann soviel Mehl hinein, daß man den Teig gut verarbeiten könne, forme nun Hörnlein (halbmondförmig) daraus, lege sie auf ein mit Butter bestrichenes Backblech, bestreiche sie mit Ei und backe sie schön gelb.

460. Hufeisen (Porte-Bonheurs).

666 Gramm feines Mehl, 500 Gramm Butter, 90 Gramm Hefe, $^1/_4$ Liter süßer Rahm, etwas Citronenschale, 4 Eier, 8 Eidotter, Confitüre.

Man rühre dies, mit Ausnahme der Confitüre, durcheinander, rolle den Teig 1 Centimeter dick aus und schneide handlange und halb so breite Stücke davon, belege sie der Länge nach mit Confitüre, welche aber dick sein muß, damit sie nicht ausfließen könne und rolle sie in den Teig ein. Biege diesen in Hufeisenform, lege sie auf ein Backblech und lasse sie gehen; bestreiche sie dann mit halb geschlagenem Eiweiß, bestreue sie mit Grobzucker und gehackten Mandeln und backe sie. — Sehr gut.

461. Hütchen. 250 Gramm Zucker, 125 Gramm Mandeln, 65 Gramm Mehl, etwas Citronenschale, 1 Eßlöffel Wasser, 6 Eiweiß, kleine Makronen und Pfeffermünzküchel.

Man stoße die Mandeln mit dem Eiweiß recht fein, gebe Wasser, Zucker, Citronenschale und Mehl dazu, lege hiervon runde Plätzchen auf ein mit Butter bestrichenes Backblech und backe sie bei mittler Hitze. Nehme sie dann gleich vom Blech, thue auf jedes noch warme Plätzchen eine Makrone, drücke es von drei Seiten in die Höhe und an die Makrone und forme so ein dreieckiges Hütchen. Die Ränder des Hütchens bespritzt man mit Glasur, bestreut sie mit Hagelzucker und klebt an eine Seite ein kleines farbiges Pfeffermünzküchel als Cocarde. — Besonders für Weihnachten.

462. Hobelspäne I. 500 Gramm mit einer halben Schote Vanille gestoßener und durchgesiebter Zucker, 500 Gramm fein gestoßene Mandeln, Eiweiß, Oblaten.

Man vermische die Mandeln mit dem Zucker und so viel steif geschlagenem Eiweißschnee, bis man eine dicke Masse hat und schneide die Oblaten zu 18 Centimeter langen und 2 Centimeter breiten Streifen, bestreiche jeden mit der Masse und stelle sie bei Seite. Andern Tags biegt man sie in Gestalt von Hobelspänen um ein rundes Holz, zieht sie davon ab und backt sie bei mäßiger Wärme, bis sie trocken sind, dürfen aber nicht Farbe nehmen. — Ebenso mit Pistazien.

*463. Hobelspäne II. 2 Eier und so schwer diese wiegen Zucker und Mehl.

Man schlage Eier und Zucker schaumig und dann das Mehl dazu, bestreiche ein kaltes Backblech mit ungesalzener Butter und hierauf mit Teig so dünn als es nur geht, der ganzen Länge nach, aber nur 15 Centimeter breit und backe es in dem nicht sehr heißen Ofen gelb; schneide ihn nun der Quere nach in 3 Centimeter breite Streifen, schiebe das Blech wieder in den Ofen und lasse die Streifen schön braun backen, wonach man sie gleich um ein dickes Holz windet, wie einen Hobelspan und auch gleich wieder abzieht, weil sie rasch hart werden und sollte dies einmal passiren, so muß man sie wieder in den Ofen stellen, damit sie heiß und dadurch wieder weich werden. Unterdessen hat man ein zweites Blech bestrichen, womit man ebenso verfährt und wenn das erste Blech kalt ist, so kann es auch wieder gebraucht werden. — Diese Masse giebt sehr viel aus, die Hobelspäne halten sich lange und sind sehr beliebt.

464. Himbeer-Plätzchen. 500 Gramm feinstes Mehl, 500 Gramm Zucker, 4 Eßlöffel eingemachte Himbeeren, 4 Eier.

Man rühre Zucker und Eier eine halbe Stunde lang und verarbeite dann die Himbeeren und das Mehl damit, setze kleine Plätzchen auf ein Backblech und backe sie bei mäßiger Hitze.

465. Himbeer-Bälle. 100 Gramm Mehl, 100 Gramm Zucker, 7 Eier, Himbeersaft, Zucker zur Glasur.

Man rühre den Zucker mit den Eidottern, dann den Schnee von sechs Eiweiß und zuletzt das Mehl daran, setze dann runde Kuchen über Papier auf ein Backblech, lasse sie bei mäßiger Hitze backen und übergieße sie zuerst auf der einen und hiernach auf der andern Seite mit Himbeerglasur, zu der man Himbeersaft mit gesiebtem Zucker zu dickem Brei verrührt und über dem Feuer schmelzen, jedoch nicht kochen läßt.

466. Hagebutten-Makronen.

300 Gramm fein gesiebter Zucker, 250 Gramm recht fein gestoßene Mandeln, 2 Eßlöffel Hagebuttenmarmelade, abgeriebene Schale einer Citrone, 4 Eiweiß, Oblaten.

Man rühre den Zucker mit den zu steifem Schnee geschlagenen Eiweiß eine halbe Stunde lang und lasse dann vier Eßlöffel davon zum Bestreichen zurück. Nehme nun Mandeln, Citronenschale und Marmelade in eine Schüssel, rühre es mit der Zuckermasse langsam an, setze länglich runde Häufchen auf die Oblaten, streiche von der zurückbehaltenen Masse darauf und backe sie in nicht zu warmem Ofen.

Ebenso von Aprikosenmarmelade.

467. Hagebutten-Confect.

Man verrühre drei Eßlöffel Hagebuttenmarmelade und die fein geschnittene Schale einer halben Citrone mit dem Schnee von einem Eiweiß und vermische es dann mit soviel gesiebtem Zucker, daß man es kneten könne. Rolle es nun messerrückendick aus und steche es mit kleinen Formen aus, lege es über mit Zucker besiebtes Papier auf ein Backblech und trockne es in ganz kühlem Ofen.

Ebenso von Aprikosenmarmelade.

468. Haselnuß-Confect I.

125 Gramm Haselnußkerne, 60 Gramm Mandeln, Beides abgezogen, 180 Gramm gesiebter Zucker, 4 Eiweiß.

Man stoße Nüsse und Mandeln mit einem zu Schaum geschlagenen Eiweiß fein und rühre sie dann mit dem Zucker und dem Schnee von drei Eiweiß eine Viertelstunde lang. Setze mit einem Löffel kleine Häufchen auf weißes Papier, übersiebe sie mit feinem Zucker und backe sie in nicht mehr heißem Ofen, kann dies angenehme Confect auch blos von Nüssen bereiten.

469. Haselnuß-Confect II.

100 Gramm feinstes Mehl, 100 Gramm Vanillezucker, 100 Gramm geröstete, geschälte und geriebene Haselnüsse.

Man rühre die Eidotter mit dem Zucker schaumig und gebe dann das Mehl, die Nüsse und den Schnee der Eiweiß dazu, setze mit einem Theelöffel Häufchen auf ein mit Wachs bestrichenes Backblech und backe sie wie Biscuit.

J.

*470. Jelänger Jelieber.

375 Gramm Mehl, 125 Gramm fein gestoßener Zucker, 125 Gramm ungesalzene Butter, 125 Gramm Schmelzbutter, 3 Eidotter, Confitüre.

Man rühre Butter und Schmelzbutter mit dem Zucker schaumig ab, gebe dann die Dotter und das Mehl daran, rühre es kräftig untereinander und thue es auf das Backbrett. Forme kleine Kugeln daraus, mache in die Mitte eine Vertiefung und fülle sie mit etwas Confitüre, am besten einer Kirsche, drücke sie mit den Fingern breit, bestreiche sie mit Wasser, bestreue sie mit Zucker und backe sie langsam. — Sehr haltbar.

K.

471. Wiener Kipfel I. 500 Gramm sehr feines trockenes Mehl, 250 Gramm zerlassene Butter, 4 Eßlöffel fein geriebener Zucker, ein halber Eßlöffel Salz, 45 Gramm Hefe, ⅛ Liter süßer Rahm, 8 Eidotter, Eingemachtes.

Man siebe das Mehl in eine tiefe irdene Schüssel, rühre Butter, Eidotter und Rahm gut durcheinander und dann nach und nach an das Mehl, schlage den Teig gut ab, gebe während des Schlagens Zucker, Salz und Hefe dazu und wenn er fertig geschlagen ist, so stelle man ihn, mit einem Tuche bedeckt, zum Aufgehen an einen warmen Ort, bis er um die Hälfte höher geworden ist, welches eine halbe Stunde lang andauern kann. Nehme nun die Hälfte des Teiges auf das mit Mehl bestäubte Backbrett und treibe ihn, erst mit den flachen Händen und hierauf mit dem Rollholz zu einer ½ Centimeter dicken Platte aus, schneide sie zu vier Finger breiten Streifen, theile diese auf lang verschobene Dreiecke und bestreiche sie mit verklopftem Ei. In die Mitte dieser Dreiecke wird nun ein kleines Häufchen Eingemachtes gethan, auf dieses der mittlere Spitz übergebogen, leicht zusammengerollt, halbrund gebogen und auf ein Backblech gelegt. Ebenso verarbeitet man auch die andere Hälfte des Teiges, thut sie auf ein Backblech, bedeckt alle mit einem feinen Tuch und setzt sie zum Aufgehen an warme Stelle und wenn sie wieder um die Hälfte höher gegangen sind, so bestreicht man sie mit verklopftem und mit Zucker vermischtem Ei — ein Eßlöffel Zucker auf drei Eier — und backt sie in einem etwas abgekühlten Ofen während einer starken Viertelstunde zu schöner lichtbrauner Farbe, giebt sie zum Auskühlen auf ein Sieb und richtet sie auf einer flachen Schüssel gehäuft an.

472. Wiener Kipfel II. 375 Gramm feines Mehl, 250 Gramm gesiebter Zucker, 180 Gramm frische, in kleine Stückchen geschnittene Butter, ein Theelöffel Zimmet, 8 gestoßene Gewürznelken, abgeriebene Schale einer halben Citrone, 2 Eier, 3 Eidotter, Eingemachtes.

Man bereite daraus einen Teig, knete ihn auf dem Backbrett glatt und verfahre übrigens wie bei dem vorhergehenden.

473. Nuß-Kipfel. Mürbteig Nr. 11. Dann zur Fülle 125 Gramm abgezogene, fein geschnittene Wall- oder Haselnüsse, die man mit 90 Gramm Zucker und etwas Milch dicklich einkocht und mit Rum verdünnt, bis es sich streichen läßt.

Man rollt dann den Teig messerrückendick aus, rädelt ihn zu stark fingerlangen und vier Finger breiten Streifen, streicht die noch warme, aber nicht heiße Fülle darauf und rollt sie zusammen, bestreicht sie mit Eidotter und backt sie in mäßiger Hitze. — Aus dem Schottenkloster in Wien und sehr gut.

*474. Vanille-Kipfel. 200 Gramm Mehl, 150 Gramm Butter, 50 Gramm geriebener Zucker, 88 Gramm fein geriebene Mandeln, Vanillezucker.

Man verarbeite dies zu einem Teige, mache fingerdicke Rollen daraus und schneide sie in 10 Centimeter lange Stückchen; forme sie zu Hörnchen, deren schwächere Enden man hübsch abrundet und biege sie eng zusammen, wie ein nur wenig geöffnetes Kränzchen. Lege sie dann auf ein mit Butter bestrichenes Backblech, backe sie bei gelinder Hitze hellgelb und wende sie, noch heiß, in Vanillezucker um. — Sehr fein und haltbar.

475. Kolatschen.

Man rolle Kipfelteig, Nr. 491, zwei Messerrücken dick aus, schneide viereckige Plättchen in Größe der Handfläche daraus und lege in die Mitte jeden Plättchens ein Häufchen Eingemachtes oder Zwetschenmarmelade (s. Böhmische Kolatschen I) oder Milchtopfen (Quarkkäse), biege die vier Endspitzchen der Plättchen darüber und setze die Kolatschen auf ein Backblech, bedecke sie mit einem leichten Tuch und lasse sie an einem warmen Orte gehen. Bestreiche sie dann mit verklopften und mit etwas Milch vermischten Eiern, bestäube sie mit feinem Zucker und backe sie bei Mittelhitze.

Der Milchtopfen wird gut verrührt und 250 Gramm davon, mit 125 Gramm Butter, vier Eidottern, 90 Gramm fein geriebenem Zucker und 125 Gramm Korinthen gut vermengt und reichlich davon in die Kolatschen gefüllt, mehr als von anderer Fülle.

476. Böhmische Kolatschen I.

Auch dazu nimmt man den Kipfelteig Nr. 491, rollt ihn aber halbfingerdick aus und schneidet Platten von 15 Centimeter Durchmesser daraus, thue sie auf ein Backblech und bestreiche sie zwei Messerrücken dick mit nachfolgender Zwetschenmarmelade. Biege dann den Rand auf, aber in kleinen Theilchen, so daß es wie eine Schnur ist, bestreue die ganze Oberfläche mit grob gehackten Mandeln und bestäube sie mit feinem Zucker, lasse sie gehen, backe sie bei Mittelhitze und stelle beim Serviren immer ein halbes Dutzend übereinander.

Zu der Marmelade koche man 500 Gramm getrocknete Zwetschen in reichlich Wasser vier Stunden lang sehr langsam, so daß sie recht aufgelaufen und weich sind und nur noch $\frac{1}{8}$ Liter Saft haben. Steine sie nach einigem Abkühlen dann aus, schneide sie sehr fein und vermische sie während des Schneidens mit 180 Gramm Zucker, 15 Gramm fein geschnittenem Zimmet und acht gestoßenen Gewürznelken.

477. Böhmische Kolatschen II.

Man drehe aus dem Kipfelteige 491 eigroße, runde recht glatte Kuchen, setze sie auf ein erwärmtes Backblech und lasse sie gehen. Nehme dann ein Ei, tauche dieses unten in Mehl und drücke in jeden Kuchen eine kleine Vertiefung ein, die man je mit drei eingemachten, gut abgetropften Kirschen füllt. Schlage nun drei Eiweiß zu einem ganz leichten Schnee, menge drei Eßlöffel gesiebten Zucker darunter und gebe davon mit einem Theelöffel über die Kirschen, so daß sie ganz damit bedeckt sind; streue hierauf noch fein geschnittene Mandeln darauf, bestreiche die Kolatschen außen herum mit Ei und backe sie blaßgelb.

478. Einfache Kolatschen.

Man setze die nach der vorigen Nummer gedrehten Kuchen auf das erwärmte Backblech und stelle sie zum Gehen warm. Bestreiche sie, nachdem sie gehörig gegangen sind, mit Ei, bestreue sie mit Hagelzucker und backe sie lichtbraun.

479. Holländische Kräckerlinge. 250 Gramm Mehl, 250 Gramm Zucker, 250 Gramm Butter, abgeriebene Schale einer Citrone, ein Eßlöffel pulverisirter Ingwer, 1 Eßlöffel saurer Rahm.

Man knete daraus einen Teig und breche ihn in kleine Stückchen, rolle sie länglich aus, forme kleine Bretzeln oder Ringe daraus und backe sie bei gelinder Hitze goldbraun.

480. Schweizer Kröpfli. 250 Gramm Mehl, 200 Gramm Butter, 50 Gramm Zucker, drei Eßlöffel französischer Branntwein, ein Eßlöffel Wasser, eingemachte Früchte oder Marmelade zur Fülle.

Man rolle den gut vermengten Teig aus und steche mit einem großen Wasser= glase Böden daraus, fülle sie mit beliebigem Eingemachten, nur kein Gelee, und schlage sie einmal zusammen, drücke sie etwas an, bestreiche sie mit Ei und lasse rasch backen.

481. Marseiller Krapfen. Teig. 250 Gramm feines Mehl, 125 Gramm Butter, zwei gehäufte Eßlöffel gesiebter Zucker, 6 Eßlöffel weißer Wein, 2 Eßlöffel Rosenwasser, 4 Eidotter; noch 125 Gramm Butter zum Bestreichen.

Man verarbeite dies Alles, mit Ausnahme der Butter zum Bestreichen, zu einem Teige und forme ihn zu kleinen Kugeln, deren jede, dünn ausgerollt, ein teller= großes Blättchen geben muß, dann jedes, mittels eines Pinsels, mit der zerlassenen Butter überstreicht und alle auf einander legt, wobei die Butter mit den Blättchen aufgehen muß. Rolle sie nun fest zusammen und stelle sie einige Stunden lang oder über Nacht in den Keller.

Will man sie nun fertig machen, so schneide man zwei messerrückendicke Rädchen davon ab, rolle sie, mit halb Mehl, halb Zucker, zwei Mal der Länge und ein Mal der Quere nach, zu halb messerrückendicken Blättchen und lege die gerollte Seite nach unten hin, gebe auf jedes von nachstehender Fülle, schlage es zum Dreieck zusammen und drücke es etwas an die Fülle an, rädele die Kräpfchen mit dem Backrädchen ab, thue sie auf ein mit Mehl bestreutes Backblech und backe sie in mittelheißem Ofen eine Viertelstunde lang schön gelb, wo sie dann wie lauter Reise aufgesprungen sein müssen, nicht bestrichen werden dürfen und nach dem Backen mit Zucker übersiebt werden.

Zur Fülle reibe man die Schale von zwei schönen, saftigen feinschaligen Citronen am Reibeisen ab und entferne die Haut; schneide das Mark zu Bröckchen und vermenge es mit 90 Gramm gesiebtem Zucker, 125 Gramm zart gestoßenen Mandeln, 30 Gramm Succade, 30 Gramm candirte Pomeranzenschale, beides fein geschnitten und ein wenig Zimmet, lasse das Ganze auf gelindem Feuer abtrocknen und hierauf erkalten. -- Sehr fein.

*482. Wiener Kletzenbrot. 280 Gramm Kletzen (getrocknete Birnen), 560 Gramm getrocknete Zwetschen, 210 Gramm entfernte und zerschnittene Datteln, 210 Gramm gröblich geschnittene Feigen, 35 Gramm zerschnittene Succade, 35 Gramm zu Streifchen geschnittene Mandeln, 140 Gramm gröblich geschnittene Wallnußkerne, 140 Gramm Sultanini, 35 Gramm Korinthen, fein geschnittene Schale und Saft einer Orange, 15 Gramm Zimmet und 4 Gramm Gewürznelken, Beides fein gestoßen, 7 Eßlöffel Rum, menge dies Alles in einer tiefen irdenen Schüssel gut untereinander und decke es zu.

Dann habe man 280 Gramm Brotteig und vermische den vierten Theil davon sorgfältig mit obiger Masse, wobei man noch eine kleine Handvoll Mehl hinzu= fügen kann, wenn es vielleicht nicht zusammenhalten wollte. Den Rest des Teiges verknete man mit 35 Gramm Butter, theile ihn in drei Stücke und rolle jedes Stück länglich und messerrückendick aus. Forme nun von der Masse drei längliche Brötchen, lege je eins auf jedes Stück Teig, schlage es rund herum zusammen und lasse es etwas gehen. Lege die Brötchen auf ein mit Butter bestrichenes Backblech, bestreiche sie mit Milch und backe sie langsam zwei Stunden lang. — Aeußerst haltbar und wird, zu Scheiben geschnitten, servirt. — Originalrecept.

483. Kleine französische Kuchen (Gâteaux Fadette).

Man rolle von Linzer Teig, nach Größe des Backblechs, ein viereckiges Stück strohhalmdick aus, lege es auf das Blech und überziehe es, nachdem man die Seiten fingerbreit mit Ei bestrichen hat, ziemlich dünn mit Marmelade; gebe dann ein gleich großes, aber möglichst dünn ausgerolltes Stück Teig darauf und drücke die Ränder zusammen. Theile es nun mit dem Rücken eines in heißem Wasser er= wärmten Messers in zwei Querfinger breite, fingerlange Stückchen, schneide aber nicht durch. Zuletzt bepinsele man den Kuchen mit leichtem Eiweißschnee, besiebe ihn mit Hagelzucker, backe ihn goldgelb und trenne nach dem Erkalten die einzelnen Stückchen. — Sehr gut.

*484. Kleine englische Kuchen (Cakes).

Man knete aus 1/2 Liter gutem, dicken Rahm und feinem Mehl einen Teig, rolle ihn sehr dünn aus und steche mit einem Glase kleine Kuchen daraus, die man gleichmäßig mit einer Gabel durchsticht, damit sie nicht aufgehen, dann schnell und ziemlich braun backt und mit frischer Butter dabei servirt. — Sie halten sich sehr lange und können auch aus feinstem Hafermehl bereitet werden, wo sie sehr gesund und besonders Kindern sehr zuträglich sein sollen.

485. Knappkuchen. 250 Gramm feines Mehl, 125 Gramm Butter, 1 Eßlöffel Zucker, 1 Eßlöffel Rum, 1 Ei.

Man verknete dies rasch zum Teige, rolle ihn blattdünn aus und steche ihn mit einem Weinglas zu Platten; lege sie auf ein mit Wachs bestrichenes Backblech, bestreiche sie mit Butter, bestreue sie mit Zucker und backe sie zehn Minuten lang zu lichtbrauner Farbe.

486. Karten. 125 Gramm feines Mehl, 125 Gramm gesiebter Zucker, 125 Gramm Butter, 4 Eier.

Man rühre die Butter zu Schaum, dann die Eidotter, Zucker und zuletzt das Mehl langsam darunter und gebe hierauf den Schnee der Eiweiß dazu. Streiche diese Masse auf ein langes, mit Butter bestrichenes und mit Mehl bestreutes Back= blech, backe sie und schneide dann Stücke wie Spielkarten daraus, die man mit weißer Glasur überzieht. Einen kleinen Theil der Glasur färbt man mit Johannis= beergelee roth, einen andern mit Chocolade schwarz und legt damit die Aß von Coeur, Carreau, Trefle und Pique auf die Karten, welche beim Serviren fächer= förmig arrangirt werden.

487. Kameruner. 180 Gramm feinstes Mehl, 250 Gramm Zucker, 6 Eier, Rahmschnee oder Marmelade, Chocoladeglasur.

Man rühre Zucker und Eidotter recht schaumig, dann den Schnee von fünf Eiweiß und das Mehl dazu und backe daraus runde Plätzchen in Größe eines Weinglases. Bestreiche sie nach dem Erkalten mit Chocoladeglasur, lege je zwei und zwei aufeinander und fülle Rahmschne (Schlagsahne) oder eine beliebige Marme= lade dazwischen, kann aber auch zwei Kuchen daraus backen, füllen und den oben aufliegenden glasiren.

488. Kartöffelchen.

Man schlage acht Eiweiß zu steifem Schnee, gebe 500 Gramm gesiebten Zucker und einen Theelöffel gestoßene und durchgesiebte Vanille dazu und setze nun von dieser Masse, mittelst einer Backspritze mit kleinfingerdick weiter Röhre, muskatnuß= große Häufchen auf ein mit Wachs bestrichenes Backblech, besiebe sie mit Zucker und backe sie zu hellgelber Farbe.

489. Kräpschen.

Man steche von stark messerrückendick ausgerolltem Blätter= oder Mürbteig Plättchen in Größe einer Untertasse aus und bestreiche sie am Rande mit Eigelb;

lege dann auf die Hälfte eines jeden Plätzchens einen Theelöffel Eingemachtes, schlage die andere Hälfte darüber und drücke sie an oder rädele sie mit dem Back= rädchen ab. Thue sie auf ein mit Mehl besiebtes Backblech, bestreiche sie mit Eigelb und backe sie in frischer Hitze, kann sie auch mit fein geschnitzelten Aepfeln, Zucker, Zimmet, Citronenschale und Korinthen füllen.

*490. Kränzchen I. 500 Gramm Mehl, 250 Gramm geriebener Zucker, 9 hart gekochte Eidotter, 1 rohes Ei.

Man rühre die Dotter mit dem Ei durch ein Sieb in die Butter, dann den Zucker und das Mehl dazu und forme nun kleine Kränze daraus, die man bei ge= linder Hitze backt.

*491. Kränzchen II. 500 Gramm Mehl, 125 Gramm Zucker, 180 Gramm Butter, 4 Gramm Zimmet, 1 halbe Tasse (1/16 Liter) süßer Rahm, eben so viel Anisette, drei Eßlöffel Wasser. Zum Bestreuen fein geschnittene Mandeln, grob gestoßener Zucker, Ei.

Man verarbeite dies zum Teige, rolle ihn aus und steche ihn zu Kränzchen, bestreiche sie mit Ei, bestreue sie mit Zucker und Mandeln und backe sie gelb. — Kräftig und haltbar.

492. Gefüllte Kränze. Blätterteig aus 500 Gramm Mehl. 250 Gramm geriebene Mandeln, 250 Gramm Zucker, die abgeriebene Schale einer Citrone, 4 Gramm Zimmet, 1 Ei.

Man bereite aus diesen Ingredienzen einen Teig, den man halbfingerdick aus= rollt und in schmale Streifen schneidet. Rolle auch den Blätterteig aus und schneide ihn ebenfalls zu Streifen, aber um soviel breiter, daß sie den Mandelteig ein= schließen, rolle sie zusammen und fahre so fort, bis aller Teig gerollt ist, aus dem man nun Kränze formt, mit Ei bestreicht und in grob gestoßenem Zucker umwälzt, auf ein Backblech legt und bei einem Grad Hitze schnell gelb backt.

493. Kastanien=Küchel. 1 Kilo schöne Kastanien, 90 Gramm gesiebter Zucker, 90 Gramm sehr frische Butter, 90 Gramm fein geriebene Mandeln.

Guß. 125 Gramm gesiebter Zucker, 30 Gramm fein geriebene Choco= lade, etwas Citronensaft, etwas Arak, 1 Eiweiß.

Man koche die eingekerbten Kastanien in Wasser weich, schäle sie und streiche sie durch ein Sieb. Verrühre sie nun über dem Feuer mit Butter und Zucker, thue zuletzt die Mandeln dazu und verrühre es abermals gut. Forme aus der noch warmen Masse Küchel in Gestalt großer Kastanien (Maronen), lasse sie er= kalten und fest werden und bestreiche sie dann recht glatt mit der Glasur, die man eine Viertelstunde gerührt hat.

494. Kastanien=Brötchen. 560 Gramm schöne Kastanien, 140 Gramm Butter, 140 Gramm Mehl, 100 Gramm Zucker, ein wenig Salz, 1 Ei.

Man treibe die weich gebratenen, geschälten Kastanien durch ein feines Haarsieb und gebe davon 280 Gramm auf das Backbrett, menge es mit dem übrigen zu einem Teig und forme wallnußgroße Brötchen daraus, mache einen Einschnitt in die Mitte, bestreiche sie mit Ei, backe sie langsam und servire sie vorzugsweise zum Thee.

495. Kaffee-Brötchen. 60 Gramm hellgelb gerösteter Kaffee, 60 Gramm Zucker, ein Stückchen Zimmet, 250 Gramm feines Mehl, 180 Gramm frische Butter, 1 Liter Milch, 8 Eier.

Man lasse Kaffee, Zucker, Zimmet und Milch zehn Minuten lang kochen und gebe es durch ein feines Haarsieb. Bringe es dann mit der Butter wieder auf mäßiges Feuer, rühre, so wie es kocht, das Mehl hinein und rühre so lange, bis sich der Teig von der Casserole löst. Thue ihn nun in eine Schüssel und füge, wenn er erkaltet ist, nach und nach und stets rührend die Eier hinzu. Setze von dieser Masse eigroße Brötchen auf ein mit Butter bestrichenes Backblech, bestreiche sie mit Ei, bestreue sie mit grob gestoßenem Zucker und backe sie in nicht zu heißem Ofen. — Sehr gut und besonders passend, um sie zu Rahmschnee (Schlagsahne) zu serviren.

496. Korinthen-Brötchen. 250 Gramm Zucker, 125 Gramm Mehl, 150 Gramm Korinthen, 2 Eiweiß.

Man schlage die Eiweiß zu steifem Schnee und rühre nach und nach den Zucker hinein, dann die Korinthen und hierauf das Mehl. Forme mit einem Theelöffel wallnußgroße Brötchen daraus, die man auf ein mit Butter bestrichenes Backblech setzt und bei guter Hitze rasch backt.

497. König-Brötchen. 140 Gramm Mehl, 50 Gramm Zucker, eigroß Butter, etwas Citronenschale, $\frac{1}{4}$ Liter weißer Wein, 4 Eier, 8 Eidotter.

Man koche den Wein mit Butter und Citronenschale auf, rühre dann Mehl und Zucker hinein und noch so lange, bis der Teig sich von Casserole und Löffel löst. Gebe, wenn er halb ausgekühlt ist, Eier und Eidotter nach und nach hinein und setze davon Häufchen wie eine große Nuß auf ein leicht mit Butter bestrichenes Backblech, drücke sie ein wenig breit, lege in die Mitte eine eingemachte Kirsche und lasse bei gelinder Hitze backen.

498. Kaiser-Brötchen.

Man schneide dünn ausgerollten Blätterteig zu kleinen Stücken, wie Spielkarten, bestreiche sie auf einer Seite mit nachstehendem Guß und backe sie. Nehme sie dann heraus, bestreiche sie auf der andern Seite mit Obstmarmelade, lege immer zwei Stücke aufeinander und lasse sie erkalten. Ist der Blätterteig aus 250 Gramm Mehl gemacht worden, so nimmt man zum Guß das ungeschlagene Weiß von zwei Eiern und ebensoviel staubfeinen Zucker, vermengt es gut zusammen und streicht es mit einem Messer glatt und gleichmäßig auf.

499. König-Schnitten. 125 Gramm Weizen- und ebensoviel Kartoffel-mehl, 180 Gramm Butter, 180 Gramm Zucker, 30 Gramm fein geschnittene Succade, 30 Gramm Sultanini, 30 Gramm Korinthen, die auf Zucker abgeriebene Schale einer Citrone, 6 Eier.

Man kläre die Butter ab, rühre sie, wenn sie nicht mehr heiß ist, zu Schaum und die Eidotter hinein; dann nach und nach das Mehl, Citronenschale, Succade, Korinthen und Sultanini und zuletzt den Schnee der Eiweiß. Streiche die Masse zwei Strohhalm dick auf ein mit Butter gut bestrichenes Backblech, backe sie langsam bei gelinder Hitze und schneide sie, so wie sie aus dem Ofen kommt, zu Streifen.

500. Königin-Kuchen. 9 Eier und so schwer diese sind, an Zucker und Mehl; ferner 6 Eier schwer Butter und 250 Gramm Korinthen.

Man rühre Butter und Zucker zu einer glatten, cremeartigen Masse, füge dann nach und nach die Eier hinzu und wenn dies gut geschlagen ist, Mehl und Korinthen. Streiche nun kleine Kuchenformen mit Butter aus, fülle jede zu drei Viertel mit der Masse an, siebe Zucker darüber und backe sie in einem mäßig heißen Ofen.

501. Königin-Mundbisser (Bouchées à la Reine). 125 Gramm Zucker, 90 Gramm Kartoffelmehl, eine Prise Vanille, ein wenig Salz, 6 Eier.

Man rühre dies wie Biscuit, bestreiche dann eine flache Form mit Butter, gieße die Masse hinein, breite sie leicht auseinander und backe sie eine Viertelstunde lang bei gelinder Hitze im Ofen, wonach man sie mit einem Ausstecher zu Stückchen in Größe eines Fünfmarkstücks schneidet, mit Glasur überzieht und im Ofen antrocknen läßt.

502. Kaiser-Brot. 3 Eier und soviel diese wiegen, an Mehl, Zucker, Mandeln und Sultanini; dann etwas Zimmet und Citronenschale.

Man rühre Zucker und Eier eine halbe Stunde lang und gebe dann die Mandeln — nur abgerieben und gespalten —, die Rosinen, Zimmet und Citronenschale und zuletzt das Mehl hinein. Bestreiche dann zwei längliche Blechkapseln mit Butter und fülle die Masse hinein, lasse backen, schneide sie andern Tags, der Quere nach, zu dünnen Scheiben und röste sie im Ofen ganz leise, doch kann es auch frisch gegessen werden.

503. Kirschen-Confect.

Man entsteine schöne Kirschen, zuckere sie gut ein und lasse sie zudeckt einige Stunden lang stehen, dann abtropfen und lege sie in kleine runde Papierkapseln, bestreue sie dick mit Zucker und beträufle sie mit etwas Kirschengeist; fülle dick geschlagenen Rahm darüber und stelle die Kapseln vor dem Serviren eine halbe Stunde lang auf Eis oder über sehr kaltes Wasser, so daß der Rahm erstarrt.

Zu den Kapseln schneide man runde Blättchen von Papier aus, stelle ein rundes Holz von dem Umfang, den die Kapseln haben sollen, in die Mitte und lege den vorstehenden Rand um das Holz herum, in feine Fältchen.

504. Kapuziner-Confect. 60 Gramm Mehl, 250 Gramm Zucker, 250 Gramm nicht abgezogene Mandeln, 2 Eßlöffel Wasser, 2 Eiweiß.

Man röste die fein gestoßenen Mandeln mit Zucker und Wasser über schwachem Feuer, bis es sich von der Pfanne löst. Vermische es dann mit dem Mehl und dem Schnee der Eiweiß, rolle den Teig mit dem Zucker aus und forme ihn mit einem kleinen Glase zu Plätzchen, backe sie bei gelinder Hitze und gebe eine weiße Glasur darüber.

505. Käse-Stengel (Cheese-Straws).

Man bereite mit ein wenig Wasser aus sechs Theilen Mehl, vier Theilen sehr frischer Butter, vier Theilen geriebenem Parmesahnkäse, Salz und Cayennepfeffer nach Geschmack, einen Teig, den man messerrückendick ausrollt, mit Eidotter bestreicht und in 18 Centimeter lange und 1/2 Centimeter breite Streifen schneidet, sie auf einem mit Wachs bestrichenen Backblech in mäßig heißem Ofen backt und ganz heiß servirt. Beim Abnehmen vom Blech muß man vorsichtig sein, weil sie leicht zerbrechen. — Man giebt sie beim Schluß des D i n e r s , an Stelle von B u t t e r und K ä s e und sind sie besonders bei H e r r e n sehr beliebt.

506. Käse-Röhrchen. Blätterteig und die Fülle aus 60 Gramm schaumig gerührter, sehr frischer Butter, 125 Gramm geriebenem Parmesahnkäse, Salz, Pfeffer, 4 Eidottern, 3 zu Schnee geschlagenen Eiweiß.

Man schneide den dünn ausgerollten Teig zu Blättchen in Größe einer Spiel=
karte und bestreiche sie mit der Fülle: wickele sie, nachdem man die Ränder mit
Ei bestrichen, röhrenförmig zusammen und backe sie lichtbraun. — Sehr gut
und feiner als die Käsestengel.

507. Kümmel=Stangen. 125 Gramm Butter, 15 Gramm Hefe,
Mehl, 2 Eier, Kümmel, Salz.

Man wirke in Butter und Eier so viel Mehl, als der Teig annimmt, bröckele
die Hefe ganz fein darauf und arbeite sie gut unter den Teig, welcher nicht auf=
zugehen braucht, sondern man schneidet ihn gleich in fingerdicke, 10 Centimeter
lange Streifen, bestreue sie mit Kümmel und ein wenig Salz und backe sie bei
guter Hitze hellbraun. — Sehr gut zum Bier.

L.

508. Liebesgrübchen.

Man rolle Blätterteig messerrückendick aus und schneide 24 Plättchen von
5 Centimeter Durchmesser daraus, lege sie auf ein Backblech und bestreiche sie mit
verklopftem Ei. Dann werden 24 andere solcher Plättchen mit einem um 12 Milli=
meter kleineren Ausstecher ausgestochen und genau über die ersteren gelegt und
wieder bestrichen und endlich abermals 24 kleinere Plättchen, die dann mit einem
ebenfalls um 12 Millimeter kleineren Ausstecher durchbrochen werden und so nur
Ringchen bilden, welche man genau in die Mitte über die andern Plättchen legt
und bestreicht, wonach man sie in frischer Hitze etwa 8 Minuten lang backen läßt,
sie aber nach etwa 5 bis 6 Minuten, wenn sie schon in die Höhe gegangen sind,
an der Mündung der Röhre zieht, stark mit Zucker bestäubt und wieder in die
Röhre schiebt, so daß der Zucker schmilzt und sie glasirt. Nach einigem Auskühlen
nimmt man sie dann vom Blech, giebt in das oben befindliche Grübchen eine schöne
eingemachte Kirsche oder etwas feine Marmelade und richtet sie gehäuft an.

509. Liebesbriefchen.

Man rolle Blätter= oder Mürbteig ganz dünn aus, schneide ihn zu viereckigen,
etwa 16 Centimeter großen Stücken und bestreiche sie auch ganz dünn mit
Confitüre, wozu man Reste gut verwenden kann, da verschiedene Confitüren ganz
passend sind. Biege nun die vier Spitzen in der Mitte aneinander, drücke sie ein
wenig an, lege die Briefchen auf ein Backblech und backe sie bei Mittelhitze. Ueber=
ziehe sie nach dem Erkalten mit recht weißer Glasur und gebe eine eingemachte
Kirsche oder ein rund geschnittenes Stückchen von eingemachten Hagebutten darauf.

*510. Laubhütten=Küchel. 500 Gramm Mehl, 250 Gramm Zucker,
250 Gramm Butter, etwas Zimmet und Gewürznelken.

Man menge dies gut untereinander und füge, wenn der Teig etwa nicht zu=
sammenhalten wollte, einen Eßlöffel Wasser hinzu. Rolle ihn dann stark ½ Centi=
meter dick aus, steche mit einem Weinglas kleine Kuchen daraus und backe sie schön
gelb, kann sie auch noch glasiren. — Jüdisches Festgebäck, sehr gut, kräftig
und haltbar.

511. Linzer Pfannkuchen.

Man rolle Blätter= oder Mürbteig aus, setze auf die Hälfte desselben kleine
Häufchen von Eingemachtem, schlage die andere Hälfte darüber und steche die
Kuchen mit einem Weinglas aus. Bestreiche sie mit verklopftem und mit zwei

Eßlöffeln Wasser vermischtem Ei und übersiebe sie stark mit Zucker, backe sie in sehr gut geheiztem Ofen und servire kalt.

*512. Linzer Kränzchen. 125 Gramm feines Mehl, 125 Gramm gesiebter Zucker, 125 Gramm Butter, 100 Gramm fein geriebene Mandeln, abgeriebene Schale einer halben Citrone, ein Guß Rum, 4 Eidotter.

Man verarbeite Mehl, Zucker und Butter mit den flachen Händen auf dem Backbrett, gebe dann das Uebrige dazu und arbeite den Teig abermals gut ab, bis er nicht mehr klebt. Rolle ihn nun federkieldick aus und forme ihn mit einem Ausstecher zu Kränzchen. Bestreiche sie mit eingemachten Johannisbeeren, bestreue sie mit Hagelzucker und backe sie schön dunkelgelb. — Sie halten sich drei Wochen lang.

*513. Linzer Törtchen.

Man rolle Linzerteig (siehe Linzer Torte I.) stark messerrückendick aus, steche ihn mit einem Weinglas zu kleinen Kuchen und reihe sie über ein mit Butter bestrichenes Papier auf ein Backblech, stippe sie hie und da ein wenig mit einer Messerspitze, damit sie beim Backen keine Blasen bekommen und bestreiche sie leicht mit verklopftem Ei, bestäube sie mit fein geriebenem Zucker und backe sie in einem abgekühlten Ofen. Sind sie dann erkaltet, so legt man immer drei übereinander, indem man Gelee oder Marmelade dazwischen streicht und bestreut sie oben mit Zucker.

*514. Braune Lebkuchen. 2 Kilo Mehl, 250 Gramm Zucker, 125 Gramm lang geschnittene Mandeln, 30 Gramm Succade, 30 Gramm candirte Pomeranzenschale, beides klein geschnitten, zwei Eßlöffel Cognac, ⁹/₈ Liter Honig, eine Messerspitze Pottasche.

Man mache den Honig heiß und rühre die Zuthaten hinein, menge das Mehl damit an, gebe, wenn es nicht mehr heiß ist, die Pottasche hinzu und lasse es so über Nacht stehen. Am andern Morgen werden dann drei lange Brote daraus gemacht, dicht nebeneinander auf ein stark mit Mehl bestreutes Backblech gelegt und braun gebacken. — Aus Hohenheim.

*515. Weiße Lebkuchen. 500 Gramm feines Mehl, 500 Gramm gesiebter Zucker, 60 Gramm Succade, 60 Gramm Mandeln, Schale einer Citrone, Alles länglich zart geschnitten, 4 Eier.

Man rühre Zucker und Eier eine Stunde lang und dann alles Andere — das Mehl zuletzt — daran, nehme den Teig auf das Backbrett, mache lange, schmale Brötchen daraus, lege sie auf ein mit Mehl bestäubtes Backblech und backe sie langsam. — Aus Hohenheim und besonders gut.

*516. Nürnberger Lebkuchen. Mehl, ³/₄ Liter Honig, 250 Gramm Zucker, 250 Gramm überquer geschnittene Mandeln, 60 Gramm candirte Pomeranzenschale, 30 Gramm Succade, die Schale von zwei Citronen, Alles klein geschnitten, 30 Gramm Zimmet, 8 Gramm Gewürznelken, 4 Gramm Cubeben, 4 Gramm Cardemonen, eine ganze Muscatnuß — jedes dieser Gewürze für sich gröblich gestoßen — ein paar Messerspitzen Pottasche und ein halbes Glas (¹/₁₆ Liter) Kirschengeist oder Cognac.

Man setze den Honig in einer Messing-Casserole aufs Feuer, thue wenn er zu kochen beginnt, den Zucker hinein und lasse es so lange zusammen kochen, bis ein Tropfen, den man auf einen Teller fallen läßt, trocken wird. Nehme es dann vom

Feuer und gebe sämmtliche Zuthaten hinein und hierauf, während der Honig noch etwas warm ist, so viel Mehl, daß es ein starker Teig wird, rolle ihn zwei Messerrücken dick aus und forme die Lebkuchen, indem man sie in Größe einer Spielkarte aussticht. Bestreue nun die Backbleche gut mit Mehl, lege die Lebkuchen darauf, backe sie bei mäßiger Hitze und bestreiche sie noch warm mit Zuckerwasser. — Ganz vorzüglich, aber in den ersten Tagen meistens zu hart.

*517. Feinste Nürnberger Lebkuchen. 500 Gramm feinstes Mehl, 625 Gramm gesiebter Zucker, 275 Gramm fein geschnittene und etwas geröstete Mandeln, 125 Gramm candirte Pomeranzenschale, 125 Gramm Succade, Schale einer Citrone, Alles fein geschnitten, 15 Gramm Zimmet, 4 Gramm Gewürznelken, 4 Gramm Cardemomen, eine Muscatnuß, Alles fein gestoßen, 10 Eier, große Backoblaten.

Man verrühre die Eidotter und schlage das Eiweiß zu Schnee, vermische dann Beides und rühre es mit dem Zucker eine Stunde lang; nun die andern Ingredienzen und zuletzt das Mehl hinein, streiche, wenn auch dies gut verrührt ist, die Masse auf die Oblaten und lasse in gut geheiztem Ofen backen. — Giebt acht große, ganz ausgezeichnete Kuchen.

*518. Basler Lebkuchen (Leckerli). 500 Gramm Honig, 500 Gramm gesiebter Zucker, 500 Gramm nicht abgezogene, der Länge nach fein geschnittene Mandeln, 500 Gramm feinstes Mehl, 70 Gramm Succade, Schale einer Citrone, Beides klein geschnitten, eine geriebene halbe Muscatnuß, etwas Gewürznelken, ein halbes Glas ($^1/_{16}$ Liter) Arak oder Rum.

Man lasse den Honig auf dem Feuer zergehen, gebe Zucker und Mandeln hinein und rühre es gut untereinander, verarbeite das Ganze kräftig zum Teige, den man zudeckt und 8 Tage lang stehen läßt. Rolle ihn dann halbfingerdick aus und lege ihn auf ein mit Wachs bestrichenes Backblech, backe ihn bei starker Hitze und schneide ihn, noch warm, in fingerlange und zwei Querfinger breite Stücke. — Vorzüglich.

*519. Französische Lebkuchen. 2 Kilo Syrup, 1 Kilo Zucker $^3/_4$ Kilo länglich geschnittene Mandeln, 375 Gramm candirte Pomeranzenschale, 160 Gramm Succade, Beides würflich geschnitten, 50 Gramm Coriander, 30 Gramm Zimmet, 30 Gramm Gewürznelken, 80 Gramm Pottasche, zwei Liqueurgläschen Cognac, $2^1/_2$ Kilo Mehl.

Man koche Syrup und Zucker auf, füge dann alles Uebrige — das Mehl zuletzt — hinzu und lasse den Teig acht Stunden lang stehen, drücke ihn hiernach in mit Mehl bestäubte Formen (s. Springerle), backe ihn bei guter Hitze, glasire sie mit Zuckersyrup und lasse sie trocknen.

*520. Russische Lebkuchen. 750 Gramm feinstes Mehl, 625 Gramm gesiebter Zucker, 1 Citrone, 2 Theelöffel Zimmet, 2 Theelöffel Cardemomen, $^3/_4$ Liter Wasser.

Man bringe Zucker und Wasser zu Feuer, gebe, wenn es abgeschäumt ist, die fein geschnittene Schale der Citrone dazu und koche es, bis es Fäden zieht. Gieße es nun in ein Geschirr von Steingut, thue, wenn es etwas abgekühlt ist, die Gewürze hinein, rühre sie gut hindurch und füge jetzt das Mehl hinzu, welches man zwei Stunden lang mit den Händen durchknetet, Plätzchen daraus macht, sie über mit Mehl bestreute Papierbogen auf Backbleche legt, backt und mit weißer Glasur überzieht.

*521. Eier=Lebkuchen. 750 Gramm Mehl, 500 Gramm Zucker, 2 Eßlöffel Honig, 60 Gramm fein gehackte, candirte Pomeranzenschale, 15 Gramm Zimmet, 8 Gramm Pottasche, 4 Eier.

Man verrühre Zucker und Eier gut, gebe dann Honig, Pomeranzenschale, Zimmet und Pottasche dazu und knete zuletzt das Mehl hinein. Rolle den Teig zwei Messerrücken dick aus, schneide ihn zu viereckigen Stückchen und backe sie bei ziemlich starker Hitze.

M.

*522. Marcipan. 500 Gramm süße, 20 Stück bittere Mandeln, 500 Gramm Zucker, Rosenwasser.

Man gebe die Mandeln, so wie sie abgezogen sind, sogleich in kaltes Wasser, damit sie weiß bleiben, wasche sie mehrmals ab, breite sie auf weißem Papier aus und lasse sie an einer erwärmten Stelle sehr vorsichtig trocknen, denn sie müssen schneeweiß bleiben und während des Trocknens öfters mit den Händen umgerührt werden, wonach man sie auf einer Mandelreibe, noch besser auf einem feinen Reib= eisen, mehlfein reibt, mit dem fein gesiebten Zucker vermischt und nach und nach, indem man die trockene Masse immer recht kräftig mit den Händen verarbeitet, soviel recht frisches Rosenwasser daran gießt, bis der Teig sich mit dem Rollholz ausrollen läßt, muß sich aber mit dem Rosenwasser sehr in Acht nehmen, weil durch das lange und starke Kneten Zucker und Mandeln Feuchtigkeit entwickeln und der Teig leicht zu naß werden kann. Ein kleines Liqueurglas voll Rosenwasser wird für obige Portion genügen und schlimmsten Falles kann man besser einige Tropfen nachgießen.

Aus dem gut gearbeiteten Teige mache man nun eine feste Kugel, schlage ihn in ein Tuch und lasse ihn wenigstens einige Stunden lang ausruhen. Rolle dann drei Viertel der Masse auf dem mit gesiebtem Zucker bestreuten Backbrett messer= rückendick aus und steche oder schneide beliebige Figuren davon aus. Der zurück= behaltene Teig wird dann ebenso ausgerollt und zu 1 Centimeter breiten Streifen geschnitten, die man um den äußersten Rand der Figuren aufstellt und mit s e h r w e n i g Rosenwasser, da alle Feuchtigkeit möglichst vermieden werden muß, be= festigt, sodaß dadurch 1 Centimeter tiefe Kästchen entstehen, deren Inneres man mit weißem, genau passenden Papierstückchen belegt und die oberen Ränder der Streifen mit einer kleinen Zange zackig kneift.

Nun setze man diese Kästchen dicht nebeneinander über mit Zucker bestäubtes weißes Papier auf das Backbrett, einen 10 Centimeter hohen Rand von Eisenblech darum und über diesen ein etwas größeres Blech mit glühenden Holzkohlen, so lange, bis die obersten Zäckchen der Ränder sich bräunlich zu färben beginnen; alles Uebrige muß weiß bleiben. Unterdessen hat man folgenden Guß bereitet und giebt davon eine zwei Messerrücken dicke Lage in jedes Kästchen, wobei man sich aber sehr hüten muß, etwas davon auf die Ränder zu bringen, stellt sie an einen luftwarmen, staubfreien Ort, läßt den Guß trocknen und belegt ihn zuletzt mit Confitüren.

Guß. Man rühre 250 Gramm staubfeinen Zucker mit einer halben Obertasse recht frischem Rosenwasser so lange nach einer Seite hin, bis es eine glänzende dickflüssige Masse ist und drücke während des Rührens den Saft einer Citrone hinein. Auch hierbei muß man mit dem Rosenwasser behutsam sein, weil die Masse durch das Rühren eher dünner als dicker wird und man Zucker durchaus nicht nachgeben darf, eher ein wenig Rosenwasser. — O r i g i n a l r e c e p t a u s K ö n i g s b e r g.

*523. Französischer Früchte=Marcipan (Massepains aux Fruits).
Man kann ihn mit dem Safte von allen saftreichen Früchten bereiten, als Erdbeeren, Himbeeren, Johannisbeeren, Kirschen, Berberitzen, Apfelsinen, Ananas, Granatäpfel, und dieser Marcipan wird, des Fruchtgeschmackes wegen, häufig dem so berühmten Königsberger vorgezogen.

Man nehme 1½ Kilo Mandeln, ⁵/₄ Kilo Zucker und ½ Kilo von der gewählten Frucht, ziehe die Mandeln wie gewöhnlich ab, lasse sie wieder recht trocken werden und stoße sie aufs feinste, indem man hin und wieder ein wenig Eiweiß beifügt. Dann läutere man den Zucker und koche ihn zum kleinen Flug, setze die Casserole ab, thue die Mandeln und den Saft der gewählten Frucht, welche man zerdrückt und durch ein Sieb gegeben hat, hinein und verrühre es gut, stelle die Casserole über heiße Asche und fahre mit dem Rühren ohne Unterlaß fort, bis der Teig seine gehörige Consistenz hat, welches man erkennt, indem man ein wenig davon auf die Hand nimmt und man es dann abnehmen kann, ohne daß es klebt. Nun bringe man den Teig auf das mit Zucker bestäubte Backbrett, lasse ihn erkalten und treibe ihn in der Dicke eines Fünfmarkstücks aus, gebe ihm mit einem Ausstecher beliebige hübsche Formen, lege ihn über Papier auf Backbleche, backe ihn bei gelinder Hitze und überziehe ihn, wenn er kalt geworden, messerrückendick mit weißer Glasur.

*524. Chocolade-Marcipan.
250 Gramm fein gesiebter Zucker, 250 Gramm abgezogene, hierauf getrocknete und fein geriebene Mandeln, 250 Gramm geriebene Vanille-Chocolade, 6 Eßlöffel Wasser.

Man koche den Zucker in dem Wasser klar und füge dann Mandeln und Chocolade hinzu; knete es gut untereinander und presse die Masse in eine oder mehrere, mit Mandelöl ausgestrichene Formen, nehme nach dem Erkalten den Marcipan heraus und lasse ihn, je nach Größe der Formen, ganz oder schneide ihn in zierliche Streifen.

*525. Anis-Marcipan.
250 Gramm feinstes Mehl, 225 Gramm gesiebter Zucker, 2 Eier, Anis.

Man rühre Zucker und Eier eine halbe Stunde lang recht stark, gebe dann das Mehl dazu und mache es recht untereinander. Rolle nun den Teig 7 Millimeter dick aus und binde ein wenig Mehl in ein Stückchen Musselin, bestäube damit die Formen (wie zu den Springerle), drücke den Teig hinein und stürze die Form um, schneide das Ueberstehende ab, lege die Stücke auf ein mit Mehl bestreutes Brett und lasse sie über Nacht stehen. Andern Tags bestreiche man ein Backblech mit Butter, überstreue es mit Anis, lege die Stücke darauf und backe sie in einem kühlen Ofen, so daß sie oben ganz weiß bleiben. Hat man keine Formen, so kann man den Teig auch in beliebige Stückchen schneiden oder mit einem Weinglas ausstechen.

*526. Marcipan-Schüsselchen.
Man wasche 500 Gramm abgehäutete schöne Mandeln und reibe sie, wenn sie wieder ganz trocken geworden sind, Stück für Stück auf einem Reibeisen recht fein, gebe sie dann mit 500 Gramm gesiebtem Zucker und einem Eßlöffel Rosenwasser in eine Messingcasserole und rühre es über schwachem Feuer, bis es sich von der Casserole ablöst, wobei man aber wohl Sorge tragen muß, daß es nirgends anhänge und ganz weiß bleibe und wenn man dann mit dem in Wasser getauchten Finger die Masse berührt und sie nicht klebt, so ist sie gut und man läßt sie nun auf dem mit Zucker bestreuten Backbrett und mit weißem Papier bedeckt, kalt werden; knetet sie hierauf fest zusammen und rollt sie messerrückendick aus. Aus der einen Hälfte des Teiges sticht man jetzt mit einem gewöhnlichen Weinglase kleine Böden und schneidet aus der andern zwei Querfinger breite Streifen; bestreicht den Rand jeden Bodens mit Eiweiß und stellt ringsherum einen Teigstreifen darauf, dessen Enden man ebenfalls mit Eiweiß befestigt und die Schüsselchen bei schwacher Ofenhitze im Ofen nur trocknen läßt. Hiernach bestreicht man den oberen Rand mittelst eines Pinsels mit Eiweiß, bestreut ihn mit rothem Hagelzucker und füllt die

Schüsselchen beim Gebrauche mit Citronen=, Apfelsinen= oder Wein = Crême oder mit Rahmschnee (Schlagsahne). — An g e f ü l l t kann man diese zierlichen Schüsselchen l ä n g e r e Z e i t aufbewahren und so zur Verfügung haben.

*527. Magen=Brot. 500 Gramm Zucker, 250 Gramm Mehl, 180 Gramm gestoßene, nicht abgezogene Mandeln, 2 Theelöffel gestoßene Gewürz= nelken, 12 Eidotter.

Man rühre Zucker und Eidotter eine Stunde lang und dann das Uebrige dazu, gebe die Masse in eine gut bestrichene und bestreute längliche Kapsel, backe sie in guter Hitze und schneide sie beim Gebrauche in hübsche Schnitten. — S e h r g u t z u L i q u e u r u n d G l ü h w e i n.

528. Mandorletti. 70 Gramm gesiebter Zucker, an dem die Schale einer Citrone abgerieben worden, 70 Gramm in Streifchen geschnittene Mandeln, 2 Eiweiß, Backoblaten.

Man schlage die Eiweiß zu sehr steifem Schnee, rühre das Uebrige dazu und vermische es gut. Schneide dann aus den Oblaten 2½ Centimeter breite und 12 Centimeter lange Streifen, bestreiche je einen davon 1 Centimeter dick mit der Masse lege einen andern Streifen darauf und backe die Mandorletti in mäßig heißem Ofen, denn sie müssen weiß und weich bleiben. — S e h r b e l i e b t e s I t a l i e n i s c h e s N a t i o n a l g e b ä c k.

529. Maronen=Croquetten. Drei Dutzend gebratene Maronen, 130 Gramm Mehl, 100 Gramm mit etwas Vanille gestoßener Zucker, 130 Gramm Butter, etwas Salz, 1 Ei.

Man schäle die Maronen, stoße oder reibe sie fein und gebe 200 Gramm davon mit den übrigen Ingredienzen in eine Schüssel und knete es kräftig unter= einander, forme fingerlange und fingerdicke Croquetten daraus und lege sie auf ein mit Wachs bestrichenes Backblech, bestreiche sie mit Eidotter, backe sie im Ofen und überziehe sie mit Vanilleglasur oder auch mit Zimmetglasur, wo man dann aber auch Zimmet zum Teig nehmen muß.

530. Mocken. 250 Gramm gesiebter Zucker, 60 Gramm zerlassene, abgekühlte Butter, 7 Eier.

Man rühre Zucker und Eier recht schaumig und dick und füge dann die Butter hinzu, setze davon Häufchen auf ein mit Speckschwarte bestrichenes Backblech und backe sie zu schöner gelber Farbe.

531. Marschalls=Törtchen I.

Man rolle Blätterteig federkieldick aus, steche mit einem Weinglas Plättchen daraus und vermische 125 Gramm Zucker mit 90 Gramm geriebenen Mandeln und dem Schnee von zwei Eiweiß; streiche dies mit einem Messer über die Plättchen und backe sie bei gelinder Hitze.

532. Marschalls=Törtchen II.

Man verfahre wie bei dem vorigen Recepte, aber wenn die Plättchen aus= gestochen sind, so mache man die Abfälle zusammen, rolle sie ebenfalls aus und steche sie zu Ringchen, gerade groß genug, um eine eingemachte Kirsche aufnehmen zu können, lege sie in die Mitte der mit Ei bestrichenen Plättchen, bestreiche sie auch mit Ei und backe die Törtchen schön gelb, bestäube sie aber einige Minuten vor dem Garbacken mit Zucker und setze sie nochmals in den Ofen, bis der Zucker geschmolzen ist und die Törtchen schön glasirt sind, lasse sie erkalten und gebe in die Ringchen eine eingemachte Kirsche.

*533. Mürbteig=Plätzchen.

Man rolle beliebigen Mürbteig, doch ist Nr. 10 besonders zu empfehlen, federfieldick aus und steche ihn mit einem Weinglase zu Plätzchen, drücke den Außenrand etwas dünner, damit jedes Plätzchen in der Mitte etwas erhöht ist, backe sie dann in mäßig heißem Ofen hellgelb und überziehe sie danach mit einer weißen oder farbigen Glasur, kann statt deren die Plätzchen aber auch vor dem Backen mit Eiweiß bestreichen, mit gesiebtem Zucker bestreuen und hiernach recht langsam backen, wo sie sich dann recht glänzend glasiren.

*534. Mürbteig=Küchel.

625 Gramm feines Mehl, 300 Gramm Zucker, an dem die Schale einer Citrone abgerieben worden, 375 Gramm Butter, ein wenig Zimmet, 8 hart gekochte Eidotter. Um darauf zu geben: Ei und Mandeln.

Man rühre die Butter zu Schaum und füge dann unter starkem Rühren Zimmet und Salz und abwechselnd Zucker und Eidotter hinzu, indem man einen Löffel Zucker verrührt, hierauf ein zuvor feinzerdrücktes Eidotter und so fort, bis Beides verbraucht ist. Zuletzt wird das Mehl nach und nach darunter gegeben und kräftig geschlagen und man rollt nun den Teig auf dem mit Mehl bestäubten Backbrett zu einem nicht zu dünnen Kuchen aus, deckt das ebenfalls mit Mehl bestäubte Backblech darüber, faßt Beides zusammen und dreht es um. Rädelt den jetzt auf dem Backblech liegenden Kuchen, ohne ihn aus seiner Lage zu bringen, kreuzweise in verschobene Vierecke (Rauten), aber nicht durch, bestreicht ihn mit verklopftem Ei, bestreut ihn mit fein gehackten Mandeln, backt ihn in wohl durchheiztem Ofen unten und oben gelb und bricht dann die Rauten auseinander.

535. Marmelade=Plätzchen.

Man rühre 90 Gramm Zucker mit dem Schnee von einem Eiweiß eine Weile und dann einen Eßlöffel Mehl darunter. Lege nun auf kleine Oblaten etwas Obstmarmelade, etwas von dem Teig darüber und backe es bei mäßiger Hitze. — Zu empfehlen.

536. Marmelade=Küchel.

180 Gramm feines Mehl, 180 Gramm Zucker, 180 Gramm ungesalzene feine Butter, eine Citrone, fünf Eidotter, zwei Eiweiß, Marmelade. — Guß. 250 Gramm gesiebter Zucker, Saft einer Citrone, 1 Eßlöffel Rum.

Man reibe die Citrone an dem Zucker ab, stoße ihn fein und rühre ihn mit dem Mehl und den Eidottern kräftig durch. Lasse dann die Butter in einer Casserole zergehen, gebe obige Masse nach und nach hinzu und rühre immer stark, bis es heiß ist, aber ja nicht mattig wird; ziehe den Schnee der zwei Eiweiß darunter, streiche die Masse nicht zu dünn auf ein mit ungesalzener Butter gut bestrichenes Backblech und backe sie ganz hellbraun. Stürze den Kuchen nun auf das Backbrett, steche, wenn er erkaltet ist, kleine runde Kuchen daraus und bestreiche immer einen mit Marmelade, während man einen andern mit dem Guß überzieht und damit den ersten bedeckt. — Sehr gut.

537. Marien=Kuchen.

Man rolle Blätter= oder Mürbteig zu zwei Platten fein aus und belege die eine mit kleinen Häufchen von dicker Marmelade, doch so, daß zwischen jedem

Häufchen ein zwei Finger breiter Raum bleibt, decke die andere Platte darüber und schneide mit dem in kochendes Wasser getauchten Backrädchen runde Kuchen daraus, wobei man natürlich sorgen muß, daß sich die Marmelade genau in der Mitte befinde. Bestreiche die Kuchen nun mit geschlagenem Eiweiß, bestreue sie mit grob gestoßenem Zucker und backe sie goldbraun.

538. Magdalenen=Kuchen.
185 Gramm fein gesiebtes Mehl, 250 Gramm Zucker, 125 Gramm zerlassene Butter, etwas Citronenschale, 8 Eier.

Man schlage Zucker und Eier in einer nicht zu großen, irdenen Casserole über heißem Wasser so lange, bis die Masse dick ist. Nehme sie dann ab, vermische sie mit Mehl, Butter und Citronenschale, fülle sie in mit Butter leicht bestrichene und mit Zwieback leicht ausgestreute Förmchen und backe sie in nicht zu heißem Ofen.

539. Makronen I.
280 Gramm abgehäutete, etwas getrocknete Mandeln, 490 Gramm gesiebter Zucker, etwas Citronenschale, 5 Eiweiß.

Man stoße die Mandeln mit vier Eiweiß sehr fein, vermenge sie mit Zucker und Citronenschale und verdünne es dann noch etwas mit Eiweiß zu einer weichen, geschmeidigen Masse. Fülle davon in eine Spritze mit fingerstarkem Röhrchen, spritze kleine runde Kugeln über Papier auf ein Backblech und backe die Makronen bei langsamer Hitze. Sie müssen aufgehen und aufspringen, von innen noch weiß sein, unten lichtbraun, oben blaßgelb und glänzend.

540. Makronen II.
230 Gramm abgehäutete Mandeln, 230 Gramm gesiebter Zucker, 2 frische Eiweiß.

Man stoße die Hälfte der Mandeln gröblich und schneide die andere Hälfte der Länge nach fein; rühre Zucker und Eiweiß so lange, bis es Blasen wirft, füge dann die Mandeln hinzu, setze davon theelöffelweise auf ein mit Wachs abgeriebenes Backblech und lasse bei gelinder Hitze backen, kann nach Belieben auch noch etwas Citronensaft dazu geben.

541. Bittere Makronen.
Man bereite sie wie Nr. 560, nehme aber drei Viertel süße und ein Viertel bittere Mandeln und 375 Gramm Zucker.

542. Gewürz=Makronen.
Wie Nr. 560, mit Zusatz von abgeriebener Schale einer halben Citrone, 4 Gramm Zimmet und etwas Gewürznelken und Muscatblüthe.

543. Zimmet=Makronen.
Man mische unter die Makronenmasse Nr. 559 35 Gramm fein gestoßenen Ceylon=Zimmet und verfahre auch des weitern wie dort angegeben, nur daß man die Makronen noch mit Hagelzucker bestreut.

544. Gefüllte Makronen.
140 Gramm abgehäutete Mandeln, 210 Gramm gesiebter Zucker, Eiweiß, eingemachte Kirschen, Oblaten.

Man stoße die Mandeln mit Eiweiß fein, verarbeite sie mit dem Zucker und rühre sie mit Eiweiß etwas weich. Dressire sie gleich den Makronen Nr. 559, aber oval und nicht zu klein, auf Oblaten, lege über jede zwei bis drei gut abgetropfte eingemachte Kirschen, überdecke diese mit Makronenmasse, lasse langsam backen und glasire mit Citronenglasur.

545. Gekochte Makronen.

125 Gramm süße und 60 Gramm bittere Mandeln, 250 Gramm fein geriebener Zucker, 15 Gramm beste, ganz fein gestoßene und durchgesiebte Stärke, Eiweiß, Oblaten.

Man stoße die Mandeln mit etwas Wasser und rühre sie mit Zucker und Eiweiß über gelindem Feuer, bis es zu kochen beginnt, füge dann die Stärke hinzu, setze kleine Häufchen auf Oblaten und schneide die Makronen, wenn sie trocken sind, heraus.

546. Makronen-Schnitten.

Man schneide fingerlange und zwei Querfinger breite Streifen aus Oblaten, bestreiche sie messerrückendick mit einer beliebigen Makronenmasse und backe sie schön gelb.

*547. Mandel-Brot.

250 Gramm Mehl, 250 Gramm Zucker, 250 Gramm nicht abgezogene, fein geriebene Mandeln, 60 Gramm geriebene Chocolade, ein gehäufter Theelöffel Zimmet, eine kleine Messerspitze doppeltkohlensaures Natron, 4 Eier.

Man rühre Zucker und Eier eine Viertelstunde lang und dann auf dem Heerde noch so lange, bis die Masse lauwarm ist, gebe nun Mandeln, Chocolade, Zimmet und Mehl hinein und rühre und knete es kräftig untereinander, füge zuletzt das Natron hinzu und forme zwei längliche Wecken daraus, bestreiche sie mit Eiweiß, backe sie auf einem mit Speckschwarte bestrichenem Backblech goldbraun und schneide sie mit einem recht scharfen Messer zu 1½ Centimeter dicken Scheiben, doch muß das Brot dann durch und durch kalt und womöglich drei Tage alt sein.

548. Croquante Mandelkuchen.

250 Gramm gesiebtes, feinstes Mehl, 125 Gramm kalte Butter, 3 Eßlöffel fein geriebener Zucker, 2 Eßlöffel Rum, 1 Ei, 2 Eidotter.

Zum Bestreuen. 250 Gramm Mandeln, 125 Gramm Zucker, Butter.

Man knete davon mit der Hand schnell einen Teig, der sich gut bearbeiten und ausrollen läßt, aber im Ganzen doch fest ist und wenn er glatt vermengt ist, so daß man beim Durchschneiden keinen Streifen sieht, so wird er ganz dünn zu einem großen Kuchen ausgerollt, ein Backblech darüber gelegt, mit dem Backbrett zusammen umgelegt und das Brett abgehoben. Nun bepinselt man den ganzen Kuchen mit zerlassener, aber nicht zu warmer Butter und wenn sie ein wenig fest geworden ist, so durchrädelt man den ganzen Kuchen erst schief, in langen, drei Querfinger breiten Streifen, ohne sie zu trennen, dann von der entgegengesetzten Seite ebenso, wodurch verschobene, länglich viereckige Kuchen entstehen. Zum Bestreuen vermischt man die ganz fein gehackten Mandeln mit dem fein geriebenen Zucker und streut dies dick auf den Kuchen, überspritzt ihn mit Butter und backt ihn, hochgestellt, in dem gut geheizten Ofen während 20 bis 25 Minuten gelb und hart, begießt ihn, so wie er aus dem Ofen kommt, sogleich und reichlich mit abgeklärter, heißer Butter und trenne dann die kleinen Kuchen von einander, welches durch das Durchrädeln ganz leicht geht. — Sehr beliebt zu Thee und Wein.

549. Mandel-Ringe.

250 Gramm Mandeln, 250 Gramm gesiebter Zucker, 50 Gramm feines Mehl, 1 Citrone, 4 Eiweiß.

Man stoße die Mandeln mit etwas Eiweiß sehr fein und rühre sie dann mit dem Zucker, an dem man die Schale der Citrone abgerieben hat, eine halbe Stunde lang. Mische nun das Mehl und den Schnee der Eiweiß darunter, streiche von dieser Masse auf ein mit Mehl leicht bestäubtes Backblech 4 Centimeter breite und

16 Centimeter lange Streifen und lasse sie in heißem Ofen rasch backen, worauf man sie gleich und schnell um ein rundes, in Zucker getauchtes Holz legt, welches so dick sein muß, daß die Enden der Streifen sich berühren und um den Stock zu einem Ring schließen.

Diese Ringe sind besonders zu Crème's sehr beliebt und wenn von Beiden etwas übrig bleibt, so kann man die Crème in die Ringe füllen und so eine neue hübsche Speise herstellen, doch darf dies natürlich erst eben vor dem Serviren geschehen, damit die Ringe nicht weich werden.

550. Mandel-Hippen.
125 Gramm Zucker, 125 Gramm länglich geschnittene Mandeln, ein wenig fein geschnittene Citronenschale, 2 Eiweiß.

Man schlage das Eiweiß zu Schnee und gebe Mandeln, Zucker und Citronenschale hinein, setze davon, ziemlich weitläufig, kleine Häufchen auf ein mit Butter bestrichenes Backblech und streiche sie mit einem Messer so weit auseinander, daß sie die Größe eines Weinglases erreichen, backe sie in abgekühltem Ofen gelb und krümme sie warm über ein kleines rundes Holz.

551. Mandel-Schnitten.
125 Gramm fein geriebene Mandeln, 125 Gramm gesiebter Zucker, 4 Eiweiß.

Man verrühre dies, gieße es auf ein mit Butter bestrichenes Backblech und backe es hellgelb; schneide es noch heiß in schmale Schnitten und biege sie über ein rundes Holz.

552. Mandel-Schnitten mit Johannisbeer-Gelee.
125 Gramm Mehl, 250 Gramm Zucker, 275 Gramm abgehäutete, fein stiftförmig geschnittene, gelb getrocknete Mandeln, Eiweiß, Oblaten, Johannisbeer-Gelee, noch etwas Zucker und fein gehackte Mandeln für die Einfassung.

Man bereite aus Mehl, Zucker, Mandeln und so viel Eiweiß, daß es eine dickflüssige Masse giebt, einen Teig, den man stark messerrückendick über Oblaten streicht und stark mit Zucker überstäubt und schneidet nun daraus fingerlange und zwei Daumen breite Schnitten, legt sie über Papier auf ein Backblech und backt sie langsam hellgelb. Taucht dann die vier Kanten in zerlassenen dicken Zucker und hierauf in fein gehackte Mandeln, wonach der Zucker sogleich hart wird und mit den Mandeln einen Rahmen um die Schnitten bildet, in deren innere Fläche man nun erwärmte, flüssige Johannisbeergelee gießt, die kalt geworden, spiegelglatt wird. — Sehr gut.

553. Mandel-Ringel.
420 Gramm Mehl, fein geriebene Mandeln, Zucker, Butter, von jedem 250 Gramm, 2 Eidotter, 2 Eiweiß, Grobzucker.

Man vermenge Mehl, Mandeln, Zucker und Butter auf dem Backbrett mit den Eidottern und verarbeite es zu einem feinen, glatten Teig, aus dem man Ringel formt, sie in den Schnee der Eiweiß und danach in Grobzucker taucht und in frischer Hitze backt.

554. Mandel-Nüsse.
1 Kilo Zucker, 250 Gramm Mehl, 250 Gramm Butter, 250 Gramm abgehäutete, fein gestoßene Mandeln, etwas feiner Zimmet, 4 Eier.

Man rühre Butter und Eier schaumig, dann Mandeln, Zucker und Mehl dazu, streiche es messerrückendick auf ein rundes Kuchenblech und backe sie schön gelb. Die Kuchen werden aufeinander gelegt und beim Gebrauche nicht geschnitten, sondern abgebrochen.

555. Mandel=Croquetten. 180 Gramm feinstes Mehl, 125 Gramm Zucker, an dem die Schale einer Citrone abgerieben worden, 125 Gramm ganz fein gestoßene Mandeln, unter denen fünf bittere, 15 Gramm ungesalzene Butter, eine Prise Salz, 1 Ei.

Man thue das Mehl auf das Backbrett, das Uebrige dazu und mache einen festen Teig daraus, den man mit den Handballen einige Mal von sich ab fein streicht. Dann rolle man ihn zu fingerlangen Würstchen, schneide sie in Stückchen wie eine große Erdbeere und drehe sie rund; bestreiche sie mit Ei, lege sie auf ein mit Butter leicht bestrichenes Backblech, backe sie bei Mittelhitze und richte sie beim Serviren, über Spitzenpapier, gehäuft an.

556. Mandel=Confect.

Man stoße 60 Gramm abgehäutete und getrocknete Mandeln mit drei Eiweiß ganz fein und gebe sie durch ein feines Haarsieb. Mische dann 500 Gramm aufs feinste gesiebten Zucker (Staubzucker) darunter, rolle es auf dem mit Zucker bestäubten Backbrett fingerdick aus, steche es zu beliebigen Formen aus, lasse sie, über Papier auf das Backblech gesetzt, langsam backen und bestreiche sie danach recht glatt mit weißer Glasur.

557. Englische Milchbrötchen. 250 Gramm bestes Mehl, 30 Gramm Butter, 30 Gramm Hefe, 1 Theelöffel gestoßener Zucker, ein halber Theelöffel Salz, 3/8 Liter lauwarme Milch.

Man nehme das Mehl in eine mäßig große Schüssel, mache in die Mitte eine Grube und gebe alle Zuthaten hinein, mit Ausnahme der Milch, welche man darüber gießt und das Ganze allmählig mit der Hand zusammenarbeitet, indem man noch ein wenig Mehl hinzufügt, bis man einen ziemlich steifen Teig hat, den man zu einem runden Ballen macht, mit einem Tuch bedeckt und eine halbe Stunde lang zum Gehen an einen warmen Ort stellt. Dann streue man etwas Mehl auf das Backbrett, schneide den Teig in eigroße Stücke, forme sie zu runden oder ovalen Brötchen, lege sie auf ein Backblech und lasse sie wieder gehen, bestreiche sie mit Ei, welches man mit ein wenig Wasser gut verklopft hat, backe sie in nicht zu heißem Ofen, wozu wenige Minuten genügen und servire sie warm oder kalt. — Sehr gut.

558. Rheinische Milchbrötchen. 5/4 Kilo Mehl, 60 Gramm Butter, 60 Gramm Hefe, Milch, 2 Eier, ein wenig Zucker.

Man mache mit der Hefe und etwas lauwarmer Milch in der Mitte des Mehls einen kleinen Vorteig, füge, wenn er gegangen ist, Butter, Eier und ein wenig Zucker hinzu und menge es mit Milch zu einem flotten Teig, den man mit der Hand kräftig schlägt, bis er Blasen wirft. Lasse ihn dann wieder gehen, forme ihn zu runden Brötchen, die abermals gehen müssen, bestreiche sie mit verklopftem Ei und backe sie eine Viertelstunde lang. — Sehr gut.

N.

559. Nougats.

Man hacke 400 Gramm süße, abgezogene, dann getrocknete Mandeln ziemlich gröblich und stelle sie zu leichtem Bräunen auf einem Backblech in einen mäßig heißen Ofen. Lasse dann 300 Gramm fein gesiebten Zucker in einer Messingpfanne unter fleißigem Rühren zergehen und wenn er beginnt gelb zu werden, so thue man die heißen Mandeln hinein und verrühre sie damit. Habe dann kleine, halb=

runde, mit Mandelöl dick ausgestrichene Formen und gebe in jede Form etwas von der Masse, welche von einer andern Person mittelst einer in Mandelöl getauchten Citrone an der Form dünn auseinander gestrichen wird. Ganz erkaltet, stürzt man die Nougats aus und füllt sie beim Gebrauche mit Rahmschnee (Schlagsahne), Crème oder Gefrorenem.

560. Weiße Nougats (Nougats de Montbéliard). 1 Kilo Honig, 1 Kilo abgezogene, gut getrocknete, in dünne Streifchen geschnittene Mandeln, etwas Orangeblüthwasser, 4 Eiweiß, Backoblaten.

Man koche den Honig unter häufigem Umrühren bis beinahe zum Bruch, vermische ihn mit dem steifen Schnee der Eiweiß und rühre dann auf mäßigem Feuer die Masse beständig mit einem Holzspatel um, bis der Honig wieder bis zum Bruch geläutert ist, worauf man die Mandeln und etwas Orangeblüthwasser darunter mengt, die Masse nun rasch, weil sie schnell hart wird, 1 Centimeter dick auf Oblaten streicht und vor dem Erkalten in länglich viereckige Streifen schneidet. An Stelle von Mandeln kann man Pistazien oder Haselnüsse nehmen, die aber gröblich gestoßen werden.

561. Nußkuchen. 8 eingemachte, ganz fein geschnittene Nüsse, 125 Gramm Zucker, 250 Gramm Mehl, 4 Eier.

Man rühre Eier, Zucker und Nüsse drei Viertelstunden lang und nachdem man das Mehl hinzu gefügt hat, noch eine Viertelstunde, setze davon Häufchen auf ein mit Butter bestrichenes Backblech und backe sie hellbraun.

*562. Nonnen-Kräpflein. 1½ Liter Honig, 60 Gramm Gewürznelken, 30 Gramm Zimmet, 8 Gramm Ingwer — das Gewürz gröblich gestoßen — 125 Gramm Mehl, 60 Gramm gesiebter Zucker, 1 großer guter Lebkuchen, 2 Eiweiß.

Man läutere den Honig, bis er Fäden zieht, thue ihn in ein Geschirr von Steingut und füge, so lange er noch warm ist, das Gewürz hinzu, binde, wenn er kalt ist, das Geschirr zu und lasse ihn so drei Tage lang stehen. Reibe dann den Lebkuchen auf dem Reibeisen und gebe ihn zu dem Honig, welcher nun wieder zehn Tage lang stehen muß. Nun mache man aus Mehl, Zucker und einem Eiweiß einen Teig — sollte er sich nicht gut rollen lassen, so nehme man noch etwas Eiweiß dazu —, rolle ihn ganz dünn aus und lege von der Honigmasse Kugeln in Größe einer Wallnuß auf die Hälfte des Teiges, schlage die andere darüber und forme mit dem Backrädchen kleine Krapfen daraus, lege sie auf ein mit Mehl bestäubtes Backblech und backe sie bei sehr gelinder Hitze hellgelb. — Aus Klosterküche und sehr gut, kräftig und haltbar.

563. Nasenschneller. 125 Gramm feinstes Mehl, 140 Gramm fein geriebener Zucker, eine halbe Schote fein gestoßene Vanille, 2 Eiweiß.

Man schlage die Eiweiß zu steifem Schnee und knete damit das Andere zu einem festen Teige. Nehme nun mit der Spitze eines Messers so viel Teig wie eine Mandel mit der Schale, thue es auf einen Theelöffel, streiche es mit dem Messer recht glatt und lege so eins nach dem andern, in Zwischenräumen, auf ein mit Wachs bestrichenes Backblech, stelle sie, die man Abends vorher machen muß, über Nacht in eine ganz laue Röhre, backe sie andern Tages bei ganz weniger Hitze und nehme sie warm vom Bleche, kann statt Vanille auch abgeriebene Citronenschale dazu geben.

O.

*564. Oblaten. 250 Gramm Mehl, 125 Gramm fein gesiebter Zucker, etwas Salz, süßer Rahm, 4 Eier.

Man verrühre dies zu einem dünnen flüssigen Teig, benetze dann beide Hälften des Hippeneisens mit Butter, thue einen guten Eßlöffel Teig hinein und streiche ihn mit einem Löffel breit, jedoch nicht ganz an den Rand, klappe das Eisen zu und backe die Oblate auf beiden Seiten, indem man das Eisen einmal umdreht, ganz hellbraun. Mache nun das Eisen auf, lege ein stark fingerdickes Hölzchen, welches ein wenig länger als die Oblate ist, auf dieselbe und drehe sie schnell darum, so daß eine kleine Rolle entsteht. Die Oblate muß so dünn wie Papier sein.

Man kann sie aber auch ungerollt und beim Gebrauche im Ofen wieder hart werden lassen, bestreicht sie dann mit recht weicher Butter, bestreut sie mit Zucker und Zimmet und legt eine andere Oblate, auch etwas mit Butter bestrichen, darüber, drückt sie ein wenig aufeinander, schneidet sie einmal entzwei und servirt sie zum Thee.

565. Gefüllte Oblaten. 500 Gramm Mehl, 125 Gramm Zucker, auf dem die Schale einer Citrone abgerieben worden, 1 Theelöffel Salz, 1 Liter Milch.

Man vermische Alles gut, backe die Oblaten wie die vorigen hochgelb und so wie eine fertig ist, so lege man sie unter einen, natürlich ganz geruchlosen Holzdeckel, damit sie gerade bleibt.

Zur Fülle trockne man 125 Gramm abgezogene Mandeln im Ofen, reibe sie in der Mandelreibe oder in deren Ermangelung auf dem Reibeisen und vermische sie mit 125 Gramm recht fein geriebenem Zucker; streue davon auf eine der Oblaten, gebe eine andere darüber und lege sie wieder in das heiße Eisen, presse sie zusammen und lasse sie so weit heiß werden, daß der Zucker schmilzt, aber ja nicht verbrennt, worauf man jede fertige Oblate sogleich zwischen zwei weiße Holzdeckel legt, bis sie kalt ist. Haben die Oblaten ungleiche oder zu braune Ränder, so muß man sie mit einer Scheere abschneiden.

566. Oblaten-Kuchen. 500 Gramm feines Mehl, 375 Gramm gesiebter Zucker, 125 Gramm Mandeln, ganz fein gewiegte Schale einer Citrone, 60 Gramm Succade, 30 Gramm candirte Orangeschale, Beides in kleine Würfel geschnitten, 40 Gramm geriebener Ingwer, 8 Gramm Zimmet, 4 Gramm Cardemomen, 2 Gramm Gewürznelken, Alles fein gestoßen, 4 Eier, 5 Eidotter. Die abgehäuteten Mandeln werden am Tage vor dem Backen in lange Streifchen geschnitten und in der Röhre recht spröde geröstet.

Nun rühre man Eier, Eidotter und Zucker in einer tiefen Schüssel drei Viertelstunden lang und gebe dann die Gewürze nach und nach dazu, hierauf die Mandeln und zuletzt das Mehl. Die Masse muß sehr steif sein, so daß sie sich zuletzt sehr schwer rührt. Jetzt schneidet man aus Backoblaten zwei Dutzend Stücke wie Spielkarten, streicht von der Masse fingerdick recht gleichmäßig darauf, legt sie auf ein Backblech und läßt sie über Nacht stehen; bestreicht sie am andern Morgen, ehe sie in den Ofen kommen, mit Rosenwasser und backt sie bei mäßiger Hitze. — Vorzüglich.

567. Othello's. 60 Gramm feinstes Weizenmehl, 75 Gramm Kartoffelmehl, 180 Gramm Zucker, etwas fein gestoßene Vanille, 7 Eier.

Man rühre Zucker und Eidotter eine halbe Stunde lang, füge Vanille, Kartoffelmehl und Weizenmehl hinzu und ziehe den Schnee der Eiweiß darunter. Dann habe man kleine runde, etwas vertiefte Förmchen, bestreiche sie mit Butter, bestreue sie mit gesiebtem Zwieback und fülle sie mit der Masse, backe sie in mäßig heißem Ofen und stürze sie, wo sie dann das Ansehen von etwas platt gedrückten Kugeln in Größe eines Weinglases haben müssen, zwei und zwei aufeinander gelegt, mit Rahmschnee (Schlagsahne) gefüllt und mit einer Chocoladeglasur bestrichen werden, zu der man 125 Gramm gesiebten Zucker mit zwei Eiweiß eine Viertelstunde lang rührt und hierauf 45 Gramm geriebene Chocolade, etwas Citronensaft und etwas Arak daran giebt.

568. Französische Obstkuchen (Tartelettes).

Man rolle von Mürbteig Nr. 10 eine große, messerrückendicke Teigplatte aus und steche mit einem gewöhnlichen Wasserglase Scheiben daraus, biege den Rand 12 Millimeter hoch auf und befestige ein Papierband in Höhe des Randes darum. Lege nun auf jede Tartelette zwei Hälften von gut reifen Aprikosen, bestreue sie gut mit Zucker, thue sie über mit Butter bestrichenes Papier auf ein Backblech und backe sie in ziemlich warmem Ofen eine Viertelstunde lang; löse sie dann gleich von dem Papier, bestreue sie nochmals mit Zucker und richte sie über zierlich gefalteter Serviette pyramidenförmig an.

Ebenso von anderen Steinfrüchten.

569. Französische Obst=Pastetchen (Petits Patés Macédoine).

Man rolle Mürb= oder Bröselteig halbfingerdick aus, belege damit kleine Blech= formen und fülle sie mit eingemachten Kirschen, Aprikosen (in Stückchen geschnitten) und Johannisbeeren, bedecke die Fülle mit einer runden Teigplatte, bestreiche diese mit Ei und backe die Pastetchen bei mittler Hitze. Schlage unterdessen drei Eiweiß mit vier Eßlöffeln gesiebtem Zucker zu Schnee, bestreiche die gebackenen Pastetchen damit, stelle sie zum Trocknen nochmals in den Ofen und servire kalt über einer gefalteten Serviette: kann diese sehr angenehmen Pastetchen natürlich auch nur mit einer Sorte Obst füllen.

570. Obstwurst. 250 Gramm Zucker, 210 Gramm sehr fein ge=
schnittene, getrocknete Zwetschen, 150 Gramm länglich geschnittene Mandeln, 60 Gramm Succade, Schale einer Citrone, Beides fein gehackt, Zimmet und Ge= würznelken.

Man tauche den Zucker in Wasser und koche ihn so lange, bis er spinnt, menge dann sämmtliche Zuthaten darunter und forme, wenn die Masse abgekühlt ist, auf dem stark mit Zucker bestreuten Backbrett Würste von beliebiger Größe daraus, lege sie auf ein Backblech und lasse sie an einem warmen Ofen stehen, bis sie trocken sind. Hat man eine große Wurst gemacht, so wird sie aufgeschnitten servirt.

P.

*571. Französischer Pfefferkuchen. 1½ Kilo feinstes Weizenmehl,
1 Kilo fein geriebener Zucker, 500 Gramm fein geriebene süße und 125 Gramm bittere Mandeln, 1 Stange Vanille, 15 Gramm Zimmet, 8 Gramm Gewürz= nelken, 4 Gramm Cardemomen — Jedes für sich gestoßen — fein geschnittene Schale einer Citrone, ¾ Kilo Honig, 30 Gramm in Wasser aufgelöste Pottasche.

Man vermenge Mandeln und Mehl und mische die Gewürze und Citronen= schale darunter; koche Honig und Zucker, bis Beides sich völlig vermischt hat und gieße dies kochend in das Gemenge, füge die Pottasche hinzu und knete mit den Händen noch so viel Mehl hinein, daß der Teig sich ausrollen läßt. Rolle ihn nun messerrückendick aus, steche ihn mit einem Weinglas zu Kuchen, lege sie auf ein mit Mehl bestreutes Backblech und backe sie bei mäßiger Hitze, doch so, daß sie schnell braun werden, denn wenn sie länger als sieben Minuten im Ofen bleiben müssen, ehe sie gar sind, so werden sie hart und trocken, während sie inwendig klebrig und zähe sein sollen. Auch muß man sie, sowie sie aus dem Ofen kommen, vom Blech los schneiden, weil sie kalt geworden, wie Glas brechen. — Aus Berlin, ganz vorzüglich und sollen von den Réfugiés (1685) herstammen.

*572. Englischer Pfefferkuchen I. 500 Gramm Mehl, 250 Gramm Butter, 125 Gramm Zucker, 250 Gramm brauner Syrup, 16 Gramm gestoßener Ingwer, 6 Gramm Cayennepfeffer, 3 Citronen, $\frac{1}{4}$ Liter guter Cognac.

Man zerlasse die Butter in dem Syrup, rühre den Saft der Citrone und den Cognac darunter und vermische dies mit Mehl, Zucker, an dem die Schale der Citronen abgerieben worden, und dem Gewürz. Steche den nicht zu dünn ausgerollten Teig mit einem Weinglas aus und lasse die Kuchen auf einem gebutterten Backblech drei Viertelstunden lang backen. — Syrup aus Runkelrüben darf zu Pfefferkuchen nicht gebraucht werden.

*573. Englischer Pfefferkuchen II (Ginger-Bread). 1 Kilo Mehl, 125 Gramm Zucker, 125 Gramm Butter, $\frac{3}{4}$ Kilo Syrup, 15 Gramm Ingwer, 8 Gramm Kümmel — Beides gemahlen — reichlicher Theelöffel in ein wenig kochendem Wasser aufgelöstes kohlensaures Natron.

Man vermische Mehl, Zucker und Gewürz, gebe dann die Butter, den Syrup — Beides erwärmt — und das Natron dazu und arbeite Alles gut untereinander; thue die Masse in eine mit Butter ausgestrichene, länglich viereckige Form, backe sie zwei Stunden lang in nicht zu heißem Ofen und schneide beim Gebrauche zu Scheiben. — Kräftig und hält sich ein halbes Jahr.

*574. Amerikanischer Pfefferkuchen. 1 Kilo Mehl, 500 Gramm Zucker, 375 Gramm Butter, 500 Gramm gehackte Sultanini oder ausgekernte Rosinen, 500 Gramm Korinthen, 2 Eßlöffel Ingwer, 1 Theelöffel Zimmet, 1 Theelöffel Gewürznelken, 1 gehäufter Theelöffel in heißem Wasser aufgelöste Soda, 2 Tassen ($\frac{1}{4}$ Liter) Melasse, eine halbe Tasse saurer Rahm, 6 Eier.

Man schlage Butter und Zucker recht schaumig, dann die etwas erwärmte Melasse dazu und hierauf Alles zusammen gut ab; gebe nun die verklopften Eidotter, den Rahm und die Gewürze, die Soda, das Mehl und den steifen Schnee der Eiweiß daran und zuletzt die mit Mehl gut bestäubten Früchte und schlage den Teig noch eine Weile recht kräftig, fülle ihn in zwei weite Formen und backe die Kuchen in einem mäßig heißen Ofen. — Sehr lange haltbar.

*575. Chocolade=Pfefferkuchen I. Teig. 1 Kilo Mehl, 625 Gramm geriebene Chocolade, eine Stange fein gestoßene Vanille, Zimmet, Gewürznelken, Muscatblüthe nach Geschmack, $\frac{1}{2}$ Liter Honig, 15 Gramm gereinigte Pottasche, 4 Eier.

Guß. 250 Gramm fein gesiebter Zucker, 2 Eier.

Man koche den Honig auf, vermische ihn, wenn er etwas abgekühlt ist, mit den angegebenen Zuthaten und lasse den Teig zwölf Stunden lang stehen. Bestreiche dann ein Backblech ganz dünn, am besten mit Schmelzbutter, sonst mit Butter, bestreue es mit Mehl und breite die Masse gleichmäßig darauf aus, backe sie bei gelinder Hitze und bestreiche sie noch warm mit dem Guß, zu welchem man

Zucker und Eier eine halbe Stunde lang rührt, den Kuchen nun zum Trocknen noch einmal in den Ofen stellt und ebenfalls noch warm in beliebige Stücke schneidet. — Hält sich Monate lang vorzüglich.

*576. Chocolade-Pfefferkuchen II. 500 Gramm nicht abgezogene, fein geriebene Mandeln, 500 Gramm geriebener Zucker, 100 Gramm geriebene Chocolade.

Man verrühre dies mit etwas Wasser auf dem Feuer zu Brei und rühre es so lange, bis es sich von der Casserole löst. Rolle es dann auf dem mit Mehl bestreuten Backbrett aus, steche mit einer Form längliche, abgerundete Vierecke daraus, bestreiche sie mit Eiweiß, besiebe sie mit Zucker und backe sie in mäßig heißem Ofen.

*577. Feine Pfefferkuchen. 1 Kilo Honig, 1 Kilo Mehl, 1/2 Kilo Zucker, 1/4 Kilo gröblich gehackte Mandeln, 25 Gramm feiner Zimmet, 7 Gramm Cardemomen, 4 Gramm in Milch geweichte, gereinigte Pottasche, 4 Eier.

Man lasse am Tage vor dem Backen den Honig etwas kochen, dann etwas abkühlen und rühre nach und nach Mehl und Zucker daran. Knete dann am anderen Tag den Teig mit den Eiern kräftig durch, füge Pottasche, Zimmet, Cardemomen und Mandeln hinzu und knete es abermals eine Viertelstunde lang, bestreiche die Backbleche mit Schweineschmalz, bestreue sie mit Mehl und streiche den Teig dünn darauf, backe ihn im Ofen goldgelb, bestreiche ihn mit Zuckerwasser und schneide ihn, noch warm, in beliebige Stücke.

*578. Gewöhnliche Pfefferkuchen. 500 Gramm Mehl, 500 Gramm gelber Farinzucker, 60 Gramm Mandeln, 15 Gramm Zimmet, 20 Stück Gewürznelken und 20 Stück Cardemomen — Alles fein gestoßen —, abgeriebene Schale einer Citrone, 4 Eier.

Man rühre dies Alles gut zusammen, rolle es aus und forme die Kuchen mittelst eines Weinglases oder eines Ausstechers wie ein Kartenblatt, lege sie auf ein mit Butter bestrichenes Backblech und backe sie bei mäßiger Hitze.

*579. Pfeffernüsse. 625 Gramm Mehl, 500 Gramm Zucker, 40 Gramm Succade, 30 Gramm candirte Pomeranzenschale — Beides fein geschnitten —, 16 Gramm Zimmet, eine Messerspitze Gewürznelken. ebensoviel Pfeffer, eine Messerspitze gereinigte Pottasche, 6 Eier.

Man rühre die Eier eine Viertelstunde lang, gebe dann nach und nach Zucker und Gewürze hinzu und zuletzt löffelweise das Mehl. Der Teig muß so steif sein, daß der Löffel darin steht und man setzt nun auf ein mit Speckschwarte abgeriebenes und mit Mehl dünn besiebtes Backblech wallnußgroße Kügelchen und backt sie langsam. Halten sich lange.

580. Englische Pfeffernüsse. 500 Gramm Mehl, 100 Gramm frische Butter, eine halbe Citrone, 1 Eßlöffel gestoßener Ingwer, 2 Eßlöffel Honig, 125 Gramm Syrup.

Man pflücke die Butter in das Mehl und vermenge dies mit der fein gehackten Schale und dem Safte der halben Citrone; erwärme dann Syrup mit Honig, verrühre es gut und gieße es zu dem Mehl. Arbeite den Teig durcheinander und rolle ihn auf dem mit Mehl bestreuten Backbrett 1 Centimeter dick aus. Steche mit einem Liqueurglas Kuchen daraus und backe sie bei ziemlicher Hitze recht spröde. Der Teig muß wenigstens zwei Stunden vor dem Backen bereitet werden.

581. Pomeranzennüsse.

250 Gramm gesiebter Zucker, 250 Gramm feines Weizenmehl, 50 Gramm Succade, 50 Gramm candirte Pomeranzen=schale — Beides kleinwürfelig geschnitten — 3 Eier.

Man rühre den Zucker mit den Eiern recht schaumig, dann das Uebrige kräftig dazu und mache kleine Kugeln daraus, denen man durch Drücken die Gestalt von Nüssen giebt, sie nebeneinander auf ein mit Wachs bestrichenes Backblech setzt und in mäßig heißem Ofen goldgelb backt.

582. Pomeranzen=Brötchen.

250 Gramm gesiebter Zucker, 250 Gramm feines Mehl, 30 Gramm Succade, 30 Gramm candirte Pomeranzen=schale, Schale einer Citrone — Alles klein geschnitten — 2 Eier, 2 Eidotter.

Man rühre den Zucker mit Eiern und Eidottern eine Stunde lang, gebe dann das Mehl und die anderen Ingredienzen dazu und forme daumenlange und andert=halb Daumen dicke Brötchen daraus, lege sie, nicht zu nahe aneinander, auf ein mit Mehl bestreutes Backblech, mache mit dem Messerrücken ein paar leichte Quer=schnitte darüber und backe sie langsam. — Sehr gut.

583. Prinzeß=Brötchen.

175 Gramm gesiebter Zucker, 175 Gramm Mandeln, 50 Gramm Pistazien — Beides abgehäutet und fein gerieben — 50 Gramm fein gehackte Succade, 6 Eidotter.

Man vermische dies gut und setze auf ein mit gebuttertem Papier belegtes Backblech kleine Häufchen, forme sie zu Brötchen und bestreiche sie mit Eiweiß, bestreue sie mit Zucker und backe sie bei gelinder Hitze.

584. Punsch=Törtchen.

375 Gramm Weizenmehl, 125 Gramm Kar=toffelmehl, 125 Gramm fein gesiebter Zucker, 500 Gramm Butter, 2 Eier, 4 Eidotter.

Man bereite aus diesen Ingredienzen rasch einen Teig, rolle ihn strohhalmdick aus und forme kleine Kuchen davon, biege den Rand um und bestreiche ihn mit verklopftem Ei. Lege dann die Kuchen auf ein mit Butter bestrichenes Backblech und backe sie in gelinder Hitze. Zerkrümele nun, wenn sie erkaltet sind, einige derselben und streue diese Krümeln strohhalmdick auf die andern, besprenge sie ziemlich stark mit Rum, den man mit etwas Citronensaft vermischt hat, giebt fein gestoßenen Zucker, an dem Citronenschale abgerieben worden, darüber und stellt sie nebeneinander. Der Zucker zieht in kurzem die Feuchtigkeit des Rums an sich, ohne deshalb zu zerfließen und bildet eine Art von sandigem Guß über die vor=trefflichen Törtchen.

585. Pfirsich=Tarteletten.

Man lege kleine Tartelettenformen mit mürbem Teige aus und fülle sie mit Erbsen, backe sie zu schöner Farbe und schütte die Erbsen aus. Halbire dann ein Dutzend Pfirsiche, klopfe die Steine auf, tauche die Kerne einige Minuten lang in heißes Wasser und thue sie, nachdem man die Haut abgezogen, in eine Casserole, worin man 500 Gramm Zucker mit wenig Wasser aufgelöst hat, füge die Pfirsiche hinzu, lasse sie einige Mal überkochen und hierauf in der fest zugedeckten Casserole erkalten. Die Pfirsiche läßt man nun auf einem Sieb ablaufen und kocht den Saft ein, bis er breit vom Löffel fällt; giebt jetzt in jede Tartelette eine Pfirsichhälfte, begießt sie mit etwas von dem eingekochten Safte und richtet auf einer runden Schüssel an. Wenn die Pfirsiche wollig sind, so muß die Haut abgezogen werden. — Sehr fein.

*586. Pflastersteine. Mehl, 500 Gramm Syrup, 30 Gramm fein gehackte, bittere Mandeln, Zimmet, Gewürznelken, Cardemomen, von jedem 4 Gramm, fein geschnittene Schale einer Citrone, 15 Gramm Salmiak, $^1/_8$ Liter Wasser.

Man koche den Syrup mit dem Wasser, gieße es aus und rühre es mit so viel Mehl an, daß es wie eine recht dicke Suppe wird, füge das Gewürz hinzu und nach 6 bis 8 Stunden Salmiak, Citronenschale, Mandeln und noch etwas Mehl, doch darf der Teig nicht so fest wie zu Pfefferkuchen sein, damit man mit einem Löffel kleine Häufchen auf ein Backblech setzen könne, die man bei gelinder Hitze backt und wenn sie aus dem Ofen kommen, mit Eiweiß bestreicht und mit Zucker übersiebt.

587. Pogatscherl. 250 Gramm Mehl, 250 Gramm geriebener Zucker, 250 Gramm Butter, ein wenig gestoßene Vanille, 4 Eier.

Man rühre die Butter gut ab und die Eidotter einzeln hinein, dann Zucker und Vanille, den Schnee der Eiweiß, zuletzt das Mehl. Rolle den Teig nun fingerdick aus, steche mit einem Weinglas Kuchen davon und drücke in der Mitte mit dem Finger eine kleine Höhlung hinein; bestreiche sie mit Eiweiß und bestreue sie mit gehackten Mandeln, backe sie und gebe nach dem Erkalten eingesottene Weichseln oder Ribisel (Johannisbeeren) darauf. — Ungarn.

588. Bayerische Prügelkrapfen.

Man hat dazu aus Kirschbaumholz gedrehte runde Hölzchen von 12 Centimeter Länge und 2 Centimeter Dicke, die man mit Butter bestreicht und zur Hand legt. Dann rolle man Blätterteig zu einer messerrückendicken Platte aus, schneide sie der Länge nach in fingerbreite Streifen und umwinde damit schneckenartig die Hölzchen, besiebe sie mit fein geriebenem Zucker, lege sie, nicht zu nahe an einander, auf ein naß gemachtes Backblech und backe sie langsam. Nach dem Garbacken, welches länger als bei anderm Backwerk gleicher Größe andauert, weil die Hitze nur von außen wirken kann, werden die Hölzchen behutsam herausgezogen, die Krapfen nach einigem Abkühlen mit Marmelade gefüllt und erhaben über einer hübsch gefalteten Serviette auf einer runden Schüssel angerichtet.

*589. Pumpernickel. 700 Gramm Mehl, 560 Gramm dicker Syrup, candirte Pomeranzenschale, Succade, Mandeln, von jedem 100 Gramm und ziemlich grob geschnitten, ein halber Theelöffel Zimmet, eine Messerspitze Gewürznelken, 17 Gramm Pottasche, 2 Eier.

Man koche den Syrup auf, rühre, wenn er halb ausgekühlt ist, das Mehl hinein und stelle es 6 bis 7 Stunden lang an einen kühlen Ort. Gebe dann das Uebrige dazu und forme eine dreifingerbreite Rolle daraus, backe sie bei ziemlich starker Hitze und schneide sie, noch warm, quer durch in fingerdicke Scheiben.

Q.

590. Quitten-Baisers. 250 Gramm fein gesiebter Zucker, eine Citrone, 6 Eiweiß, etliche Quitten.

Man koche diese in Wasser weich, schäle sie, reibe das Fleischige auf einem Reibeisen ab und thue 750 Gramm davon in eine Schüssel; schlage die Eiweiß zu steifem Schnee und gebe nun nach und nach immer einen Eßlöffel Schnee und einen Eßlöffel Zucker an das Quittenmark, rühre dies eine Weile, gebe dann wieder einen Eßlöffel von jedem hinein und fahre so fort, bis Zucker und Schnee auf=

gebraucht sind. Füge nun noch die abgeriebene Schale und den Saft der Citrone hinzu, setze von der Masse kleine Häufchen auf weißes Papier und trockne sie langsam in sehr kühlem Ofen, der offen stehen muß, denn die Baisers müssen hart sein, aber weiß bleiben. — Sehr gut und fein.

R.

*591. Russisches Brot (Patience-Bäckerei).

Man rühre den festen Schnee von 2 Eiweiß mit 140 Gramm gesiebtem Zucker und 140 Gramm feinstem Mehl recht glatt, mische etwas Vanillezucker darunter und streiche die Masse auf ein mit Wachs abgeriebenes Backblech, steche mit entsprechenden Blechformen Buchstaben und Zahlen aus, lasse sie eine Weile stehen und dann bei sehr geringer Hitze backen. Sind sie hierauf erkaltet, so erwärmt man das Blech unten ein wenig, um sie abnehmen zu können.

592. Rauten.

560 Gramm Mehl, 210 Gramm zerlassene Butter, 280 Gramm feste, gut abgearbeitete Butter, etwas Zimmet, fein gewiegte Citronenschale und Salz, 45 Gramm Hefe, $^1/_4$ Liter lauwarmer Rahm, 2 Eier, 2 Eidotter. Zum Bestreuen: Korinthen, grob gehackte Mandeln, Hagelzucker.

Man bereite aus obigen Ingredienzen, mit Ausnahme der festen Butter, einen etwas festen Hefenteig, den man fingerdick ausrollt, dann die feste Butter darauf legt, den Teig darüber schlägt und ihm, gleich einem Blätterteig, drei Touren giebt, hierauf wieder fingerdick ausrollt. Dann schneide man drei Finger breite Streifen davon und aus diesen verschobene Vierecke (Rauten), lege sie auf ein Backblech und bestreiche sie mit Ei, bestreue sie mit den Korinthen, Mandeln und Hagelzucker, stelle sie zum Gehen warm und backe sie langsam lichtgelb.

593. Rosinen-Schnitten.

750 Gramm Mehl, 750 Gramm Zucker, 360 Gramm länglich geschnittene Mandeln, 500 Gramm Rosinen (Sultanini), 8 Eier.

Man rühre Zucker und Eier recht schaumig und menge das Uebrige dazu. Forme längliche Laibchen daraus und backe sie auf bestrichenem Backblech in mäßiger Hitze, schneide sie erkaltet in Scheiben und röste sie schön gelb.

594. Rahm = Küchel I.

420 Gramm Mehl, 280 Gramm Butter, eine Tasse ($^1/_8$ Liter) süßer Rahm, etwas Muscatblüthe, 4 Eier, 4 Eidotter. Zum Bestreichen: Eidotter und süßer Rahm.

Man rühre die Butter mit Eiern und Dottern zu Schaum, füge Muscatblüthe, Rahm und nach und nach das Mehl hinzu und lasse die Masse eine Stunde lang an einem kühlen Orte stehen, damit sie kalt und steif werde. Rolle sie dann messerrückendick aus, steche sie zu runden Kuchen in Größe eines Weinglases und bestreiche sie mit zusammen verklopftem süßen Rahm und Eidottern; lege sie über mit Butter bestrichenem Papier auf ein Backblech, backe sie in guter Hitze und bestreue sie hiernach mit Zucker und Zimmet oder mit Vanillezucker. Sie müssen aufgelaufen und innen hohl sein.

595. Rahm = Küchel II.

250 Gramm Mehl, 200 Gramm Butter, 70 Gramm Zucker, 2 Eßlöffel Rahm, 1 Ei.

Man mache hieraus einen Teig, rolle ihn aus und steche ihn zu kleinen Plättchen, die man mit gelbbrauner Butter bestreicht und mit grob gestoßenem Zucker bestreut.

596. Reis = Küchel. 125 Gramm feinstes Reismehl, 125 Gramm Zucker, 4 Eier.

Man verrühre Zucker und Eidotter, füge dann den Schnee der Eiweiß hinzu und zuletzt das Reismehl. Setze, nachdem es noch etwas gerührt worden, runde Häufchen davon auf ein mit Butter leicht bestrichenes Backblech und backe sie bei mäßiger Hitze, besonders von oben, damit die Küchel hell bleiben, kann, nach Belieben, dem Teige auch noch Citronensaft beigeben.

*597. Rest = Küchel.

Man stoße die Reste von altem, hart gewordenem Backwerk, deren sich wohl überall vorfinden, die aber natürlich noch keinen übeln Geschmack haben dürfen, sein und gebe sie durch ein Sieb. Füge etwas gestoßenen Zimmet, Gewürznelke und klein geschnittene candirte Pomeranzenschale oder Succade hinzu und vermenge es mit Eiweiß zu einer Masse, die sich ausrollen läßt; rolle sie federkieldick aus und steche kleine Kuchen davon, lege sie über mit Butter bestrichenes Papier auf ein Backblech und backe sie bei mäßiger Hitze hellgelb. Bestreiche sie, wenn sie aus dem Ofen kommen mit einer Glasur aus Wasser und Zucker und lasse sie dann noch etwas abtrocknen. Sollte das Backwerk noch nicht völlig trocken sein, so muß man es in der Röhre noch etwas trocknen lassen, ehe man es stößt. — Recht wohlschmeckend und haltbar.

*598. Röst = Brötchen. 375 Gramm feinstes Mehl, 150 Gramm ungesalzene Butter, 30 Gramm Zucker, ein kleiner Theelöffel Salz, 30 Gramm Hefe, $1/8$ Liter leichter Rahm, 4 Eidotter. Alles muß lauwarm sein. — Zum Begießen der gebackenen Brötchen 150 Gramm ungesalzene Butter.

Man bereite hieraus in gewöhnlicher Weise einen Hefenteig den man schlägt, bis er Blasen wirft und weich ist, wonach man ihn zu 8 Centimeter breiten und 16 Centimeter langen Brötchen formt, diese sehr dicht aneinander auf ein mit Butter gut überpinseltes Backblech legt und wenn sie gut aufgegangen und ziemlich noch einmal so hoch geworden sind, so bestreicht man sie mit verklopftem Ei und backt sie in einer wohl durchheizten Röhre; trennt sie, falls sie aneinander hängen, und läßt sie erkalten. Zum Gebrauch spaltet man sie, begießt das Innere jeder Hälfte mit zerlassener Butter, streut einige Körnchen Salz darauf und kappt sie wieder zusammen, macht sie in der Röhre heiß, ohne sie weiter zu backen, schneidet sie der Quere nach in fingerdicke Scheiben und servirt heiß. Da es nicht schadet, wenn die ungerösteten Brötchen altbacken werden, so kann man einen kleinen Vorrath davon backen und dann nur immer so viel davon spalten, begießen und rösten, als man gerade braucht. Drei Stück reichen für acht Personen und sie sind besonders angenehm zum Thee. — Aus Sachsen.

599. Rhabarber = Törtchen.

Man bereite sie in kleinen Förmchen, wie die Rhabarber = Torte Nr. 264 und sind sie, die man schon im April haben kann, als das erste Frische der Art, außerordentlich beliebt.

S.

600. Schwedisches Brot. 125 Gramm mit etwas Rosenwasser gröblich gestoßene Mandeln, 250 Gramm gesiebter Zucker, 60 Gramm Mehl, Zimmet, Muscatnuß, Gewürznelken — fein gestoßen — von jedem 4 Gramm, 4 Gramm gröblich gestoßene Cardemomen, 1 Ei.

Man mische sämmtliche Ingredienzen und rühre sie mit dem Ei untereinander, verknete es auf dem Backbrett zu einem Teig, rolle ihn halbfingerdick aus und steche ihn mit einem kleinen Glase zu Küchlein. Lege sie auf ein mit Mehl bestäubtes Backblech, backe sie im Ofen und streiche, wenn sie ein wenig erkaltet sind, folgende Glasur darüber: Man schlage ein halbes Eiweiß zu Schaum, thue 60 Gramm fein gesiebten Zucker und einige Tropfen Citronensaft dazu und rühre es eine Viertelstunde lang recht kräftig, überstreiche die Küchlein damit, bestreue sie mit grob gestoßenem Candiszucker und lasse in gelinder Wärme trocknen.

601. Streußelkuchen. Teig. 3 große frische Eier, so schwer diese wiegen Zucker und Mehl, 3 Eßlöffel zerlassene Butter.

Streußel. 2 Eßlöffel Mehl, 2 Eßlöffel Zucker, 66 Gramm Butter. 2 Gramm Zimmet.

Man rühre den Teig eine Viertelstunde lang und streiche ihn dann messerrückendick auf ein mit Speckschwarte gut abgeriebenes Backblech, reibe die Ingredienzen des Streußels mit der Hand zu Krümeln. bestreue den Kuchen damit, backe ihn bei nicht zu großer Hitze und schneide ihn, noch warm, zu hübschen Schnitten.

602. Croquante Sandkuchen. 250 Gramm feinstes Mehl, 250 Gramm Zucker, 250 Gramm Butter, eine halbe Schote Vanille, 2 Prisen Salz, 8 Eier.

Man kläre die Butter, rühre sie zu Schaum und dann abwechselnd ein Ei und löffelweise Mehl und Zucker hinein, schlage es gut und würze zuletzt mit Vanille und Salz. Bestreiche nun ein Backblech mit Rand ganz leicht mit zerlassener Butter und gieße von dem Teig so viel darauf, daß der Kuchen halbfingerdick recht gleichmäßig aufgestrichen ist, stelle ihn sogleich in den recht durchheizten Ofen auf einen Dreifuß, backe ihn fünfzehn bis zwanzig Minuten lang und schneide ihn sofort noch am Ofen in verschobene Vierecke (Rauten).

*603. Syrupplätzchen. 1½ Kilo Syrup, 1½ Kilo Mehl, ½ Kilo Zucker, ⅛ Liter geschmolzene Butter, 60 Gramm fein würfelig geschnittene Succade, Zimmet, Gewürznelken, Cardemomen, von jedem 8 Gramm, 8 Gramm gereinigte, in einer Untertasse Rosenwasser aufgelöste Pottasche.

Man lasse Syrup und Zucker oben aufkochen und ein wenig erkalten, gebe dann nach und nach Mehl nebst Butter und Gewürz dazu und rühre zuletzt die Pottasche hindurch. Die Masse muß mehrere Tage vor dem Backen eingerührt werden, kann aber auch drei Wochen lang stehen und wird dann auf dem mit Mehl bestreuten Backbrett messerrückendick ausgerollt, mit Blechformen ausgestochen und auf einem mit Mehl besiebten Backblech gebacken. — Lange haltbar.

*604. Einfache Syrupkuchen. 1 Kilo Syrup, 1 Kilo Mehl, 125 Gramm gutes Schweine- oder Gänseschmalz, 8 Gramm Zimmet, 8 Gramm Nelkenpfeffer, 24 Gramm gereinigte, in Milch aufgelöste Pottasche.

Man mache den Syrup auf dem Feuer heiß, menge dann Alles zusammen. gebe jedoch die Pottasche zuletzt hinein, lasse das Ganze einmal aufkochen und hierauf erkalten, rolle es nun ziemlich dick aus, schneide es zu beliebig großen Kuchen und backe bei guter Hitze. — Haltbar.

*605. Spekulatius I. 1 Liter Mehl, 500 Gramm bester Farinzucker, 125 Gramm Butter, 1 großes Glas Branntwein, etwas Zimmet und Gewürznelken, 4 Eier, ein wenig Wasser.

Man verknete dies gut zusammen und steche es nach dem Ausrollen mit kleinen Figurenformen aus, lasse sie über Nacht liegen und backe sie andern Tages ganz langsam.

*606. Spekulatius II (Holländisch). 500 Gramm Mehl, 250 Gramm Zucker, 180 Gramm Butter, die Schale einer Citrone, eine Muscatnuß, etwas Gewürznelken und Salz, 3 Eier, und werden wie die vorigen fertig gemacht.

607. Vier Spezies.

Mehl, Zucker, Butter und nicht zu fein gestoßene Mandeln, von jedem 250 Gramm, verknete man gut, rolle den Teig zu einer dicken Wurst und lasse sie bis den andern Tag stehen. Schneide sie dann zu Scheiben und klopfe diese flach, backe sie hellbraun und biege sie noch warm über die Kuchenrolle. Sollte sich der Teig nicht gut kneten lassen, so kann man 1 bis 2 Eier hinzufügen. — Dänemark.

*608. Salami. 140 Gramm fein gestoßener Zucker, 140 Gramm sehr fein gestoßene und 35 Gramm kleinwürfelig geschnittene Mandeln, Schale einer halben Citrone, 45 Gramm Succade, Beides fein gewiegt, ein Theelöffel Zimmet, etwas Gewürznelken, 1 Eßlöffel Wasser, 5 Eßlöffel Alkermeßsaft, 1 Eiweiß, geriebene Chocolade.

Man lasse Zucker und Wasser in Messingcasserole einmal aufkochen, gebe die gestoßenen Mandeln hinein und koche es zusammen. Füge dann Mehl, Succade, Citronenschale, Gewürz und das zu Schnee geschlagene Eiweiß dazu und rühre dies auf dem Feuer gut ab, bis es sich von Casserole und Löffel löst und man nun die würfelig geschnittenen Mandeln und den Alkermeßsaft darunter mischt, Alles wohl untereinander mengt und auf dem Backbrett zu einer Wurst formt, die man in fein geriebener Chocolade wälzt und drei Tage lang an einem warmen Orte trocknen läßt. Beim Gebrauche schneidet man feine Scheiben daraus und giebt gern Butterbrötchen (s. Nr. 281) dazu.

609. Sandwichs.

Man rolle Blätter= oder Mürbteig dünn aus, lege die Hälfte davon auf ein Backblech und bestreiche sie gleichmäßig mit beliebiger Confitüre, gebe die andere Hälfte des Teiges darüber, drücke die Ränder fest zusammen und backe den Kuchen 20 bis 30 Minuten lang. Kurz vor dem Garbacken bestreicht man ihn mit einem Eiweiß, bestreut ihn mit gesiebtem Zucker und wenn er dann eine schöne goldbraune Farbe erhalten hat, so nehme man ihn heraus, lasse ihn erkalten und schneide ihn zu 5 Centimeter langen und 2½ Centimeter breiten Streifen.

Besonders gut dazu und überhaupt zur Fülle sind nachstehende Zwetschen. Man schäle recht reife, an den Stielen gerunzelte Zwetschen und schneide sie an der Seite soweit auf, daß man den Stein herausnehmen könne; läutere dann zu 500 Gramm davon 375 Gramm Zucker und gebe die Zwetschen nebst der Schale einer Citrone, 30 Gramm Succade und ebenso viel candirte Pomeranzenschale, Alles klein geschnitten, hinein, schäume, sowie sie zu kochen beginnen, sehr sorgfältig ab und lege sie, wenn sie eine Weile gekocht haben, mit einem Löffel vorsichtig in eine Terrine, lasse sie, mit Papier bedeckt, bis den andern Tag stehen und koche sie dann noch einmal und etwas stärker. Sollten sie sich nicht gut schälen lassen, so halte man sie in einem Seiher über kochendes Wasser, thue sie aber nicht etwa in das Wasser.

610. Schwanenhälse. 275 Gramm feines Mehl, 250 Gramm Butter, ½ Liter Wasser, 6 Eier.

Man kläre die Butter ab, lasse sie mit dem Wasser kochen, rühre das Mehl hinein und die Masse hernach noch so lange, bis sie sich löst. Schlage dann, wenn sie abgekühlt aber noch warm ist, die Eier nach und nach hinein, wobei jedes Mal ein Ei gut verrührt sein muß, ehe ein anderes dazu kommt und füge etwas abgeriebene Citronenschale hinzu. Breche nun Stückchen davon ab, rolle sie mit grob gestoßenen Mandeln und Zucker fingerdick und fingerlang, drehe sie in Form eines ∽ und backe sie, auf ein Backblech gelegt, bei guter Hitze.

611. Sterne I.

250 Gramm gesiebter Zucker, 250 Gramm fein gestoßene Mandeln, 1 Citrone, 3 Eiweiß.

Man schlage die Eiweiß zu Schnee, vermische sie mit Zucker, Mandeln, abgeriebener Schale der Citrone und Saft der halben und verrühre es, bis es hart und weiß wird. Schneide nun aus Oblaten Sterne in Größe eines Weinglases, bestreiche sie mit der Masse und gebe in die Mitte eine eingemachte Kirsche, lege die Sterne auf ein mit Butter leicht bestrichenes Backblech und backe sie lichtgelb.

612. Sterne II.

250 Gramm feinstes Mehl, 60 Gramm gesiebter Zucker, 80 Gramm Butter, $1/2$ Tasse ($1/16$ Liter) Wasser, 5 hart gekochte Eidotter.

Man treibe die Eidotter durch ein feines Sieb, füge Mehl und das Uebrige dazu und verarbeite es zu einem Teig, den man messerrückendick ausrollt und mit einer Sternform so groß wie ein Weinglas aussticht, auf einem mit Butter leicht bestrichenen Backblech backt und dann mit einer Citronenglasur bestreicht.

613. Gebackene S S.

500 Gramm Mehl, 150 Gramm Butter, 125 Gramm fein geriebener Zucker, 3 Eier, 3 Eidotter.

Man thue das Mehl in eine Schüssel, schneide die Butter in Scheiben darauf und stelle es unter den Heerd, bis die Butter weich ist. Gebe dann Zucker, Eier und Eidotter daran, mache fingerdicke und fingerlange Rollen davon und forme sie zu S S, lege sie auf ein Backblech, bestreiche sie mit zu Schnee geschlagenem Eiweiß, bestreue sie dick mit Zucker und backe sie dunkelgelb.

614. Spritzgebackenes auf dem Backblech.

270 Gramm feines Mehl, 270 Gramm Butter, 230 Gramm Zucker, Saft und halbe Schale einer Citrone, 4 Gramm Zimmet, 5 Eidotter.

Man rühre die Butter zu Schaum und danach mit Zucker, Gewürz und Eidottern noch recht kräftig, mische nun das Mehl darunter, bringe die Masse mittelst einer Spritze in Form von kleinen Kränzen auf das Backblech und backe sie bei guter Hitze eine halbe Stunde lang goldgelb.

*615. Springerle (Schwäbisches Weihnachtsgebäck).

Es gehören dazu hölzerne Formen, etwa so groß wie Spielkarten und mit eingeschnittenen Bildern aller Art, oft sehr hübsch und welche man sich mit Kerbschnitt vielleicht selbst anfertigen könnte.

Zu dem Teig nimmt man 500 Gramm feinstes Mehl, 500 Gramm fein gesiebten Zucker, vier Eier und stellt Mehl und Zucker einige Tage lang in ein warmes Zimmer, damit beides austrocknet. Rühre den Zucker dann mit den Eiern eine Stunde lang und hierauf nach und nach das Mehl hinein, nehme den Teig auf das Backbrett, wirke ihn leicht und stelle ihn zugedeckt zwei Stunden lang in die Kälte, so wie er auch immer, selbst während dem Verfertigen der Springerle, mit einer Schüssel zugedeckt sein muß. Ist der Teig nun ausgeruht und recht kalt, so schneidet man ein Stück davon ab, rollt es zwei Messerrücken dick aus und bestäubt jede Form mit Mehl und Zucker, welches man in ein Mulläppchen eingebunden hat, drückt die ausgerollte Seite hinein, schneidet mit scharfem Messer den Teig pünktlich ab, dreht die Form um und legt das Ausgestochene oder vielmehr Aus= gedrückte sogleich auf Backbleche, die mit Butter überstrichen und mit Anis übersäet worden sind, stellt sie einen halben Tag lang oder über Nacht in ein erwärmtes Zimmer und backt sie in abgekühltem Ofen, denn sie dürfen fast gar keine Farbe haben, sondern müssen weißlich sein. Nach Belieben kann man die an Zucker ab= geriebene, getrocknete, fein gestoßene und durchgesiebte Schale einer Citrone beifügen oder dementsprechend Vanille mit etwas Zucker fein gestoßen und gesiebt.

*616. Steinsfelder Brötle. (Spezialität eines Dorfes bei Heilbronn am Neckar.) 250 Gramm Mehl, 250 Gramm Zucker, etwas Vanille, 3 Eier.

Man rühre dies eine halbe Stunde lang und forme fingerdicke Rollen daraus schneide sie in fingerlange Stücke und lege sie auf ein mit Wachs bestrichenes Back= blech, mache mit einem breiten Messerrücken drei Quereinschnitte darüber und backe sie langsam, denn gleich den Springerle dürfen sie fast gar keine Farbe haben. — Sehr gut und haltbar.

617. Succade-Brötchen. 400 Gramm Mehl, 300 Gramm Butter, 300 Gramm Zucker, 50 Gramm fein geschnittene Succade, 5 Gramm feinen Zimmet, 1 Citrone, 5 Eier.

Man rühre die Butter zu Schaum und nach und nach Eier, Zucker, Succade, Zimmet und die am Zucker abgeriebene Schale der Citrone dazu und wenn die Masse recht schaumig ist, das Mehl leicht, doch gut darunter, setze davon Brötchen auf ein gebuttertes Backblech, bestreue sie mit Zucker und Zimmet und backe sie bei guter Hitze goldgelb. — Sehr gut.

618. Wiener Spitzweckchen. 560 Gramm Mehl, 315 Gramm Butter, 45 Gramm Hefe, etwas gestoßener Zimmet, fein gewiegte Citronenschale und Salz, 1/4 Liter lauwarme Milch, 2 Eier, 2 Eidotter. — Zum Bestreuen Korinthen, grob gehackte Mandeln, Hagelzucker.

Man bereite aus Mehl, 125 Gramm zerlassener Butter, Eier und Eidottern, Hefe, Gewürz und Milch einen etwas festen Teig, den man fingerdick ausrollt, die übrige, etwas abgearbeitete Butter darauf legt, den Teig darüber schlägt und ihm, wie Blätterteig, drei Touren giebt. Dann rollt man ihn abermals fingerdick aus, schneidet drei Finger breite Streifen und aus diesen verschobene Vierecke (Rauten), die man über ein Backblech legt, mit Ei bestreicht, mit den Korinthen, Mandeln und Zucker bestreut, zum Gehen warm stellt und danach langsam lichtgelb backt.

619. Schmalz = Küchel. 750 Gramm Mehl, 500 Gramm Zucker, 500 Gramm gutes Schweineschmalz, eine halbe Stange fein gestoßene Vanille.

Man vermenge dies zu einem festen Teig, der so trocken sein muß, daß er sich kaum binden läßt, setze davon kleine Häufchen auf ein mit Mehl besiebtes Backblech und backe sie in nicht zu heißem Ofen. Die Kuchen müssen hoch auf= gehen und weiß bleiben.

620. Ungarische Schmalz = Pogatschen. 500 Gramm frisches Schweineschmalz, 1 Kilo Mehl, Salz, 3 Eier, weißer Wein.

Man stelle das Schmalz an einen kalten Ort, damit es hart werde und thue das Mehl auf das Backbrett; verreibe darin ein großes Stück von dem Schmalz, mache eine Grube in das Mehl und gebe die Eier hinein, füge Salz und so viel weißen Wein hinzu, daß es einen Teig zum Ausrollen giebt, knete Alles zusammen und schlage es, bis es Blasen wirft, wonach man den Teig eine halbe Stunde lang ruhen läßt. Hiernach nimmt man ihn auf das mit Mehl bestreute Backbrett, rollt ihn dünn aus und streicht mit einem Messer das übrige Schmalz darauf, schlägt die vier Enden zusammen, rollt ihn wieder aus, läßt ihn wieder eine halbe Stunde ruhen und wiederholt dies Ausrollen und Ausruhen noch drei Mal. Beim vierten Mal rollt man ihn fingerdick aus, sticht kleine Kuchen daraus, bestreicht sie mit Ei, legt sie auf ein Backblech und backt sie goldbraun.

621. Englischer Schnitt.

500 Gramm Mehl, 375 Gramm Zucker, 375 Gramm Butter, 7 Eidotter, 4 Eiweiß. Zum Bestreuen: Korinthen, gespaltene Mandeln, Zucker.

Man verrühre Butter und Zucker, gebe dann Eidotter, Mehl und den Schnee der Eiweiß dazu und streiche die Masse mit einem breiten Messer dünn auf ein gebuttertes Backblech; streue Korinthen und Mandeln darauf, Zucker darüber und lasse hellbraun backen, schneide es rasch, noch warm, zu viereckigen Stücken und nehme sie rasch ab.

622. Pariser Stangerl.

250 Gramm fein gesiebter Zucker, 250 Gramm fein geschnittene und hellgelb geröstete Mandeln, 3 Eiweiß.

Man vermische dies zu einer gut zusammen haltenden Masse, rolle sie auf dem mit Zucker bestreuten Backbrett aus und schneide fingerlange und daumenbreite Stangerln davon, bestreiche sie mit weißer Glasur, hebe sie vorsichtig auf ein mit Wachs bestrichenes Backblech und lasse sie bei sehr mäßiger Hitze langsam backen, denn sie dürfen keine dunkle Farbe haben.

623. Schrot-Stangerl.

500 Gramm Schrotmehl — aus dem das Grahambrot gebacken wird — 250 Gramm Zucker, 4 Eier.

Man schlage den Zucker mit den Eiern und füge dann das Mehl hinzu, streiche die Masse dünn auf das Backblech, backe sie schnell und schneide sie, noch warm, in fingerlange und fingerbreite Stangerl.

624. Salzstangen.

270 Gramm Mehl, 125 Gramm Butter, 30 Gramm Hefe, etwas Salz, $\frac{1}{2}$ Liter Wasser, 3 Eidotter.

Man knete Alles gut untereinander, forme es zu fingerlangen und fingerdicken Stangen und lasse sie gehen; bestreiche sie mit verklopftem Ei, bestreue sie mit Salz und backe sie rasch. — Zum Thee und mit Rettig oder Radieschen besonders gut zum Bier.

T.

*625. Tausendjahr-Kuchen.

250 Gramm feines Mehl, 250 Gramm fein gestoßener Zucker, etwas Vanille oder Zimmet, 7 Eidotter, 1 Eiweiß.

Man gebe den Zucker in eine Schüssel, schlage die Eidotter dazu und rühre es eine halbe Stunde; thue dann Gewürz, Eiweiß und Mehl daran und mische es gut untereinander; setze mit einem Theelöffel kleine Kuchen auf ein Backblech und backe sie langsam. — Halten sich Jahre lang.

626. Tourons.

Man setze von Brandteig kleine runde Kuchen auf ein Backblech, bedecke sie mit einer weißen Glasur und backe sie goldgelb. Lege je zwei und zwei übereinander und fülle sie mit einer halben eingemachten Aprikose oder mit Marmelade.

627. Thee=Kringel.

1 Kilo feines Mehl, 180 Gramm Butter, 60 Gramm gestoßener Zucker, 15 Gramm fein gestoßener Zimmet, 8 Gramm candirte gestoßene Orangeblüthe, etwas Salz, 8 Eier.

Man knete dies zu einem festen Teig und rolle ihn federkieldick aus, steche dann mit einem großen Bierglas runde Platten und diese mit einem kleineren Glase in der Mitte nochmals aus, so daß querfingerbreite Ringe bleiben, die man in kochendes Wasser legt und so wie dieses wieder aufkochen will, etwas kaltes Wasser zugießt, die Casserole vom Feuer hebt und die Kringel so lange im Wasser läßt, bis sie obenauf schwimmen, wonach man sie mit einem Schaumlöffel herausnimmt und über ein ausgebreitetes Tuch legt bis sie abgetrocknet sind. Thue sie jetzt auf ein mit Mehl besiebtes Backblech, bestreiche sie mit Ei und backe sie in einem mäßig heißen Ofen, wo sie dann von außen hellgelb und innen ganz hohl sein müssen.

628. Thee=Schnitten.

3 Eier und deren Gewicht an Mehl, Zucker und Butter, 100 Gramm Korinthen, etwas gehackte Citronenschale.

Man rühre die Eier mit dem Zucker dickschaumig und vermenge sie mit der ebenfalls zu Schaum gerührten Butter, Korinthen, Citronenschale und Mehl, fülle die Masse in eine mit Butter bestrichene, länglich viereckige Form, backe sie schön gelb und schneide sie am folgenden Tage in dünne Schnitten, die man auch rösten kann.

629. Thee=Plätzchen.

625 Gramm feines Mehl, 200 Gramm Zucker, 160 Gramm frische Butter, 40 Gramm Hefe, eine Messerspitze Salz, Schale einer halben Citrone, ¼ Liter Rahm. — Guß. 160 Gramm gesiebter Zucker, 5 Eiweiß.

Man koche den Rahm mit der Citronenschale zehn Minuten lang, nehme dann die Citronenschale heraus, gebe die Butter hinein und lasse es abkühlen und wenn es nur noch lauwarm ist, so gebe man die in etwas kaltem Wasser aufgelöste und klar gerührte Hefe und das Salz dazu, rühre dann nach und nach den Zucker und das Mehl hinein und schlage ihn mit einem Holzlöffel bis es nicht mehr klebt und Blasen wirft. Forme hierauf länglich schmale Plätzchen daraus, lege sie auf ein mit Butter bestrichenes Backblech, lasse sie an warmer Stelle nochmals aufgehen und backe sie in mäßig heißem Ofen, ohne sie Farbe nehmen zu lassen. Schlage nun die Eiweiß zu festem Schnee, ziehe den Zucker darunter, bestreiche die noch heißen Plätzchen federkieldick damit und schiebe sie zum Betrocknen wieder in den Ofen zurück, doch muß der Schnee ganz weiß bleiben. — S e h r g u t.

630. Thee=Kuchen.

Teig. 625 Gramm feines Mehl, 500 Gramm Butter, 200 Gramm Zucker, 4 Eidotter. — Guß. 100 Gramm fein geriebene, mit 50 Gramm Zucker und 20 Gramm Zimmet vermischte Mandeln, 4 Eiweiß.

Man verknete die Ingredienzen des Teiges und rolle ihn aus; lege ihn auf ein mit Butter bestrichenes Backblech und streiche die zu Schaum geschlagenen Eiweiß darauf, bestreue ihn mit Mandeln, Zucker und Zimmet, backe den Kuchen in nicht zu heißem Ofen goldbraun und schneide ihn noch heiß zu Rauten.

631. Französische Thee-Kuchen (Brelans). 780 Gramm Mehl, 325 Gramm Zucker, 325 Gramm Butter, 75 Gramm Succade, 1 Citrone, 8 Eier.

Man rühre Butter, Zucker und Eidotter 20 Minuten lang ganz gleichmäßig, dann die fein gehackte Succade, die am Zucker abgeriebene Citronenschale, den steifen Schnee der Eiweiß und jetzt erst das Mehl hinein. Nehme nun mit einem Löffel von dem Teig heraus, forme auf dem mit Mehl bestäubten Backbrett eine fingerdicke Rolle daraus und drehe sie zum Ring; lege die Ringe auf ein mit gebuttertem Papier überlegtes Backblech und backe sie bei mäßiger Hitze goldgelb.

*632. Ungarisches Theegebäck. 250 Gramm Mehl, 250 Gramm Zucker, 250 Gramm geriebene Mandeln, Eigroß Butter, etwas Zimmet und fein geschnittene Citronenschale, 8 Eidotter.

Man verknete es zu einem Teig, aus dem man kleine Bretzeln, Ringe, Herzchen, Rauten, Hufeisen und dergleichen formt, sie mit verklopftem Ei bestreicht und in grob gestoßenen Zucker taucht, auf ein mit Butter bestrichenes Backblech legt und in mäßig heißem Ofen backt. — Haltbar.

633. Ungarische Topfen-Fleckerl (Turós-lepény). Teig. 1 Kilo feines Mehl, 500 Gramm Butter, 30 Gramm in Milch geweichte Hefe, Milch, etwas Salz, 4 Eidotter.

Fülle. Ein Teller frischer Topfen (Quarkkäse), 200 Gramm feines Mehl, eine Messerspitze Zucker, etwas Salz, 1 Liter süßer Rahm, 10 Eidotter.

Man nehme das Mehl auf das Backbrett und menge es mit Butter, Hefe Zucker, Salz, Eidotter und soviel Milch an, daß man einen festen Teig erhält, den man gehen läßt. Dann drücke man den Topfen gut aus, treibe ihn durch ein Sieb, füge das Uebrige hinzu und verrühre es kräftig. Rolle nun den Teig halb-fingerdick aus, lege ihn in eine Form und streiche den Topfen glatt darauf, kneife einen Rand und lasse backen; schneide den Kuchen in viereckige Stücke, richte warm an und servire gestoßenen Zucker dazu. — Sehr beliebtes Nationalgericht.

634. Tarteletten. 500 Gramm Mehl, 100 Gramm Zucker, 125 Gramm Butter, 6 Eier.

Man siebe das Mehl auf das Backbrett, mache in die Mitte eine Grube und thue die gut ausgewaschene, in kleine Stückchen zerstückte Butter, den Zucker, 2 Eier und 4 Eidotter hinein, knete es möglichst rasch zu einem glatten Teige und lasse ihn bis zum Gebrauche an einem kühlen Orte ruhen. Rolle ihn dann stark messerrückendick aus, steche mit einem Glase kleine Böden daraus und rolle von den Abfällen des Teiges mit der Hand einen Streifen, von dem man um jeden Boden einen Rand legt. Bestreiche sie dann mit verklopftem Ei, backe die Tarte-letten in mäßig heißem Ofen zu goldgelber Farbe und belege sie beim Serviren mit Confitüre, Compot oder mit frischen, eingezuckerten Johannis-, Erd- oder Himbeeren.

*635. Haltbare Tarteletten. 500 Gramm Mehl, 500 Gramm Butter, 125 Gramm gesiebter Zucker, 6 Eidotter.

Man vermenge dies auf dem Backbrett rasch zum Teige und stelle ihn eine Stunde lang in den Keller. Rolle ihn dann ½ Centimeter dick aus, forme ihn mit einem Wasserglase zu Kuchen und lege sie über Papier auf das Backblech; bestreiche sie ringsum mit Eidotter, befestige einen 1 Centimeter dicken Teigrand darauf und backe sie in nicht zu heißem Ofen, wo man sie nun an einem trockenen Orte ziemlich lang aufbewahren kann und sie beim Gebrauche mit feinem Compot, Confitüre oder irgend einer Crême füllt und sich Reste manchmal gut benutzen lassen.

636. Gefüllte Törtchen. 375 Gramm feines Mehl, 160 Gramm Butter, 125 Gramm Zucker, abgeriebene Schale einer Citrone, ein hart gekochtes, fein geriebenes Eidotter, 2 Eier, 2 Eidotter.

Man thue das Mehl in eine tiefe, vorher recht kalt gestellte Schüssel und mache in die Mitte eine Vertiefung, gebe die Butter in kleinen Stückchen hinein und streue Zucker und Citronenschale darüber, füge Eidotter und Eier hinzu und verarbeite es mit der Hand rasch zu einem glatten Teig. Rolle ihn ganz dünn aus und belege kleine Tortenförmchen damit; backe die Törtchen blind ab (mit trockenen Erbsen gefüllt) und fülle sie, wenn sie erkaltet sind, eben vor dem Serviren mit eingezuckerten Walderdbeeren oder Himbeeren halbvoll und gebe Rahmschnee (Schlagsahne) mit Vanille- oder Citronenzucker gehäuft darüber.

637. Wiener Törtchen. 375 Gramm Butter, 250 Gramm Zucker, 250 Gramm mit 175 Gramm Kartoffelmehl vermischtem Weizenmehl, etwas abgeriebene Citronenschale, 4 Eier, 6 Eidotter.

Man rühre Butter und Zucker zu Schaum, dann nach und nach Eier und Eidotter und nachdem man dies eine halbe Stunde lang gerührt hat, Citronenschale und Mehl dazu. Streiche die Masse nun sogleich strohhalmdick auf ein mit Speckschwarte leicht überfahrenes Backblech, backe sie bei gelinder Hitze und sowie der Kuchen aus dem Ofen kommt, steche man gleich und so lang er noch warm ist, kleine Kuchen daraus, bestreiche die Hälfte mit Himbeer- oder anderer Gelee, lege auf jedes bestrichene Törtchen ein unbestrichenes und überziehe sie mit Glasur.

638. Französische Törtchen (Madelaines de Commercy). 125 Gramm Mehl, 125 Gramm ganz frische Butter, 125 Gramm Zucker, sehr fein geschnittene Schale einer halben Citrone, 4 Eier.

Man zerlasse die Butter in einer Casserole und füge dann Mehl, Zucker, Citronenschale, die Eidotter und den Schnee der Eiweiß dazu und verrühre das Ganze mit einem Löffel. Bestreiche nun kleine Förmchen mit Butter, fülle sie mit der Masse und lasse drei Viertelstunden lang backen.

639. Teufels-Pillen. 50 fein gestoßene Haselnüsse, 3 Eßlöffel Honig, abgeriebene Schale einer Citrone, Saft einer halben Apfelsine, 1 Theelöffel Zimmet, 1 Eßlöffel Rum, etwas geriebene Chocolade.

Man bringe Alles, die Chocolade ausgenommen, zu Feuer und lasse es eine halbe Stunde lang kochen, wo es dann die gehörige Dicke haben wird, daß man haselnußgroße Kügelchen daraus formen könne, die man nun in der Chocolade herum rollt und trocknen läßt.

640. Eßbare Tischkarten. 250 Gramm fein gesiebter Zucker, 250 Gramm sehr fein gestoßene Mandeln, 2 Eiweiß, Oblaten.

Man rühre Zucker und Mandeln mit dem steifen Schnee der Eiweiß leicht durcheinander und schneide aus den Oblaten 12 Centimeter lange und 4 Centimeter breite Karten, streiche von der Masse nicht zu dick und recht glatt darauf und lasse sie abtrocknen, doch müssen sie ganz weiß bleiben, wonach man mittelst farbiger Glasur und einer Conditorspritze (siehe Jägertorte Nr. 136) die betreffenden Namen darauf spritzt.

U.

*641. Ulmer Brot. 280 Gramm feinstes Mehl, 210 Gramm ge=
siebter Zucker, 17½ Gramm candirte Pomeranzenschale, 17½ Gramm Succade,
Beides fein geschnitten, 8 Gramm Anis, 8 Gramm Fenchel, etwas Salz, eine
halbe Tasse (¹⁄₁₆) Liter Rosenwasser, ½ Liter lauwarme Milch, 87½ Gramm Hefe.

Man mache in einer Schüssel aus Mehl, Milch und Hefe einen Vorteig und
lasse ihn gehen; füge dann das Uebrige und noch so viel Mehl hinzu, daß man
daraus einen festen, aber sehr feinen Teig arbeiten kann, den man so lang auf
dem Backbrett knetet, bis der Anis anfängt, heraus zu fallen. Forme aus diesem
Teige nun zwei gleich große, lange Laibchen, die man wieder gut aufgehen läßt,
hierauf mit Ei bestreicht, der Länge nach einen Einschnitt macht und sie in mittel=
heißem Ofen schön backt. Andern Tags wird es zu dünnen Scheiben geschnitten
und im Ofen leicht geröstet, wo es sich dann s e h r l a n g h ä l t, aber auch
frisch gegessen werden kann.

642. Ungarischer Kuchen (Pitè).

Man rolle Mürbteig dünn aus und schneide drei Stücke in Größe eines Tellers
daraus, lege eins in eine flache Form und fein geschnitzelte, säuerliche Aepfel darauf,
die man mit Zucker, Zimmet, Citronenschale, Sultanini und fein geschnittenen
Mandeln bestreut, über dieses ein zweites, ebenso bestreutes Stück, welches man
mit dem dritten bedeckt, mit Ei bestreicht und mit gestoßenen Mandeln bestreut,
backe, in längliche Stückchen schneidet, gehäuft anrichtet und mit Zucker besiebt.

V.

643. Vanille=Kuchen. 500 Gramm feines Mehl, 500 Gramm Zucker,
ein Stange fein pulverisirte Vanille, 6 Eier, 2 Eidotter.

Man verrühre Zucker, Eier und Eidotter eine halbe Stunde lang recht kräftig
zu einer recht dickschaumigen Masse und vermische sie dann mit der Vanille und dem
Mehl. Bestreiche nun ein Backblech mit Speckschwarte, setze von der Masse kleine
Häufchen nicht zu nahe aneinander darauf, breite sie ein wenig aus, damit sie
hübsch rund werden und backe sie gleich. Sie müssen blaßgelb und oben glatt
und gewölbt sein.

644. Wiener Vanille=Brot. 280 Gramm feinstes Mehl, 210 Gramm,
mit einer Stange Vanille gestoßener, durchgesiebter Zucker, 5 Eier.

Man schlage Zucker, Vanille und Eier über dem Feuer heiß und dick und
dann wieder kalt und rühre hierauf das Mehl hinein. Forme daraus auf dem
Backbrett eine runde lange Rolle, drücke sie mit der Hand drei Querfinger breit
auseinander, bestreiche sie mit Ei und backe sie bei Mittelhitze lichtbraun. Nehme
sie vom Backblech, lasse sie erkalten und schneide der Quere nach federkieldicke
Streifen davon, die man über einem Backblech auf beiden Seiten lichtgelb röstet.

645. Vanille = Brötchen. 320 Gramm Mehl, 125 Gramm Zucker,
160 Gramm zerlassene Butter, ein 10 Centimeter langes Stückchen Vanille,
4 Eidotter.

Man rühre Zucker und Eidotter recht schaumig und gebe dann Butter, Mehl
und Vanille dazu, setze mit einem Löffel kleine Brötchen auf ein mit Butter be=
strichenes und mit Mehl bestreutes Backblech und backe sie schön gelb.

*646. Vanille-Plätzchen I. 375 Gramm Weizenmehl, 125 Gramm Kartoffelmehl, 500 Gramm Zucker, eine mit Zucker fein gestoßene Stange Vanille — Alles durchgesiebt — 7 Eier.

Man rühre Zucker und Eier drei Viertelstunden lang recht kräftig und thue dann Vanille und nach und nach das Mehl daran. Bestreiche das Backblech mit Butter und bestäube es leicht mit Mehl, wodurch das Zusammenfließen der Plätzchen vermieden wird und setze mit einem kleinen Eßlöffel Plätzchen von der Masse darauf, lasse sie eine halbe Stunde lang stehen und hierauf bei Mittelhitze schön gelb backen. — Haltbar und besonders beliebt zum Wein.

647. Vanille-Plätzchen II. 250 Gramm süße, 125 Gramm bittere Mandeln, 750 Gramm mit einer Stange Vanille gestoßener und durchgesiebter Zucker, 7 Eiweiß.

Man stoße die Mandeln mit vier Eiweiß fein, verrühre sie dann gut mit dem Zucker und den übrigen Eiweiß, bringe davon längliche oder runde Plätzchen auf Papier oder Oblaten, bestreue sie mit Hagelzucker und backe sie schön hellgelb.

648. Vanille = Späne. 105 Gramm Mehl, 245 Gramm Zucker, 125 Gramm Mandeln, 1 Eßlöffel Vanille-Zucker, Orangeblüthwasser, Eiweiß,

Man stoße die Mandeln mit Eiweiß fein, gebe dann Zucker, Mehl und Vanille-zucker dazu und verdünne es mit Eiweiß und Orangeblüthwasser zu einer dünn fließenden Masse, die man in eine Spritze füllt und davon zwei Finger lange, federkieldicke Streifen in gleicher Entfernung auf ein mit Wachs bestriches Back-blech spritzt, in einem mäßig heißen Ofen backt und wenn sie an den Seiten gelb werden, vom Blech abzieht, schnell um einen Kochlöffelstiel wickelt und sowie sie steif sind, abzieht, denn werden sie erst hart, so brechen sie wie Glas und auch muß die Masse so gehalten sein, daß sie, federkieldick aufgespritzt, fingerdickbreit läuft.

649. Vanille-Busserl.

Man schlage 5 Eiweiß zu festem Schnee, ziehe 280 Gramm sehr fein ge-siebten Zucker und einen Eßlöffel Vanillezucker langsam darunter und fülle es in eine Spritze; spritze davon kleine Knöpfchen über ein mit Wachs bestriches Back-blech und backe sie in einem ausgekühlten Ofen blaßgelb.

W.

*650. Holsteiner Weihnachts-Kuchen. 2 Kilo Mehl, 2 Kilo guter Syrup, ½ Kilo Butter, ½ Kilo nicht zu fein gestoßener Candiszucker, ¼ Kilo fein gewiegte Mandeln, 125 Gramm fein geschnittene Succade, fein gehackte Schale von 4 Citronen, 15 Gramm Zimmet, 15 Gramm Cardemomen, 40 Gramm in Rosenwasser aufgelöste Pottasche.

Man koche Butter und Syrup zusammen auf, rühre, wenn dies erkaltet ist, nach und nach die übrigen Ingredienzen hinzu und lasse den Teig nun zwei bis vier Wochen lang unberührt stehen, ehe man zum Backen schreitet. Rolle ihn dann aus, steche mit beliebigen Formen — besonders beliebt sind Sterne — oder auch nur mit einem Weinglas Kuchen daraus und backe sie in mäßiger Hitze. — Sehr gut und haltbar, doch muß man sie an einem trockenen Orte bewahren, sonst werden sie weich.

651. Weihnachts-Backwerk. 500 Gramm Mehl, 250 Gramm Butter, 125 Gramm Zucker, 2 Eier und, wenn nöthig, ein wenig Milch.

Man knete dies zu einem festen Teig und rolle ihn ½ Centimeter dick aus, steche ihn mittelst Blechformen in verschiedenen Figuren oder in deren Ermangelung mit einem Weinglas aus und backe sie zu schöner goldbrauner Farbe. Dann rühre man zwei Eiweiß mit 125 Gramm gesiebtem Zucker eine Viertelstunde lang und drücke während des Rührens etwas Citronensaft hinein; streiche davon messerrückendick auf das erkaltete Backwerk und lasse es trocknen. Nach Belieben kann man nun einen Theil dieser Glasur weiß lassen und andere Theile mit Chocolade braun und mit Himbeersaft roth färben. Auch bunter Streuzucker sieht gut aus und sehr wohlschmeckend ist, wenn man die Kuchen vor dem Backen mit grob geschnittenen Mandeln und grob gestoßenem Zucker bestreut.

*652. Weihnachts-Plätzchen. 560 Gramm fein durchgesiebtes Mehl, 500 Gramm gesiebter Zucker, fein gehackte Schale einer Citrone, 8 Gramm Zimmet, 2 Gramm Gewürznelken, 4 Eier.

Man rühre Eier und Zucker recht kräftig und gebe dann die Gewürze, Citronenschale und das Mehl dazu; rolle den Teig kleinfingerdick aus und steche mit einem Weinglas Kuchen daraus, lege sie auf ein Backblech und lasse sie so lange liegen — ein bis zwei Tage — bis sie oben trocken geworden sind, drehe sie um und backe sie dunkelgelb. — S e h r w o h l s c h m e c k e n d u n d h a l t b a r.

653. Englische Weihnachts-Pastetchen (Mince-Pies).

Man nehme vier schöne, geschälte, kleinwürfelig geschnittene Aepfel, 90 Gramm Korinthen, 90 Gramm Sultanini, 90 Gramm aus der Haut gelöstes und fein gehacktes Nierenfett, 50 Gramm candirte Pomeranzenschale, 70 Gramm Mandeln, 180 Gramm gebratenes, erkaltetes Rindsfilet oder geräucherte Ochsenzunge — Alles fein geschnitten —, die abgeriebene Schale einer halben Citrone und das fein geriebene Drittel einer Muskatnuß, thue Alles zusammen in eine Porzellanschüssel, gieße ¼ Liter Kirschengeist oder Cognac und ¼ Liter Sherry oder Madeira darüber, menge es gut untereinander und lasse es, mit Papier überdeckt, bis den andern Tag stehen.

Eine Stunde vor dem Serviren wird dann die nöthige Anzahl von Tortenförmchen mit Butter ausgestrichen und mit messerrückendick ausgerolltem Blätterteig ausgefüttert und ein Eßlöffel voll von der Masse eingefüllt, mit einem Deckel von Teig geschlossen und in der Mitte eine Oeffnung in Größe eines Fünfpfennigstücks ausgestochen. Backe sie nun in ziemlich heißem Ofen zu schöner Farbe, richte sie über eine gebrochene Serviette auf einer Schüssel gehäuft an und servire warm, nachdem man in jedes Pastetchen etwas Cognac gegossen und diesen angezündet hat. In allen guten Häusern Alt-Englands werden diese Pastetchen in den Weihnachtstagen servirt.

654. Amerikanische Weihnachtspastetchen (Mince - Pies).

250 Gramm festes, aus der Haut gelöstes und fein gehacktes Nierenfett, 250 Gramm geschälte, kleinwürfelig geschnittene Aepfel, 250 Gramm Zucker, 250 Gramm Korinthen, 70 Gramm fein geschnittene Succade, 30 Gramm gehackte Mandeln, 16 Gramm gestoßenen Ingwer, 1 Theelöffel Salz, 1 Theelöffel gestoßenen Zimmet, eine Messerspitze gestoßene Gewürznelken, etwas Muskatnuß, gehackte Schale einer Citrone und deren Saft, ein kleines Glas Portwein oder Madeira, in welchem 30 Gramm Fleischextract aufgelöst werden, welch' Alles man gut vermischt.

Nun habe man Tortenförmchen von Blech, bestreiche sie mit Butter und belege sie mit zwei Messerrückendick ausgerolltem Blätterteig, fülle einen Eßlöffel von der Masse (Mince Mead) hinein, gebe einen mit verklopftem Ei bestrichenen, nach den Förmchen rund ausgestochenen Deckel darüber und backe die Pastetchen in stark geheiztem Ofen rasch gar.

Diese beliebten Pastetchen werden in Amerika während der Weihnachtszeit faßweise versandt, vor dem Gebrauche im Ofen erwärmt und nach der Suppe servirt. Die Masse kann längere Zeit aufbewahrt werden.

*655. Waffeln. 500 Gramm durchgesiebtes Mehl, 500 Gramm gestoßenen Zucker, 375 Gramm geschmolzene und abgeklärte Butter, abgeriebene Schale einer Citrone, 2 Eßlöffel Rum, 12 Eier.

Man rühre Butter, Eier und Zucker eine Viertelstunde lang, füge dann das Uebrige hinzu und backe die Waffeln in gewöhnlicher Weise. Diese Masse giebt, in einer fünftheiligen Herzform gebacken, dreißig Stück, die sehr gut und dabei haltbar sind.

656. Gefüllte Waffeln. 210 Gramm Mehl, 280 Gramm Zucker, 280 Gramm Butter, 5 Eier, 4 Eidotter, Aprikosenmarmelade.

Man rühre die Butter zu Schaum und dann Eier, Eidotter, Zucker und Mehl daran, backe die Waffeln in klein carrirten, sogenannten Portugieser-Eisen oder in dessen Ermangelung in einem Hippeneisen lichtgelb und bestreiche sie mit Aprikosenmarmelade, setze jedesmal zwei zusammen und bestäube sie mit Zucker.

657. Sandwaffeln. 500 Gramm Kartoffelmehl, 500 Gramm Butter, etwas abgeriebene Citronenschale, 8 Eier.

Man rühre die Butter zu Schaum und gebe dann nach und nach Mehl, Zucker, Eidotter und Citronenschale hinzu, zuletzt den Schnee der Eiweiß und rühre im ganzen eine halbe Stunde lang. Diese Masse ergiebt 50 Waffeln, die sich sehr lange halten.

*658. Holländische Waffeln. 300 Gramm Mehl, 200 Gramm Zucker, 140 Gramm Butter, abgeriebene Schale einer Citrone, 1 Eßlöffel Rum, eine Prise Salz, 1 Ei, 1 Eidotter.

Man menge dies zu einem schönen, glatten Teig und theile ihn in Stückchen, wie ein kleines Hühnerei; lege ein solches in ein gewöhnliches, breites, heißes, mit einer Speckschwarte überstrichenes Waffeleisen, drücke es vorsichtig zu, damit die Waffel eine gute Form erhalte und lasse sie auf beiden Seiten, während man sie einmal umdreht, goldgelb backen, thue sie auf ein Sieb und servire kalt.

659. Wiener Hörnlein. 1 Kilo Mehl, 100 Gramm ausgewaschene Butter, 1 Eßlöffel gestoßener Zucker, ein wenig Salz, 70 Gramm Hefe, $\frac{1}{4}$ Liter Milch, $\frac{1}{8}$ Liter dicker süßer Rahm, 4 Eier.

Man gieße die Milch lauwarm über die Hefe und wenn diese aufgelöst ist, so verrühre man es klar, thue den vierten Theil des Mehls dazu und lasse es, leicht bedeckt, aufgehen. Siebe nun das übrige Mehl auf das Backbrett, lege die Butter in die Mitte, gebe den Rahm, Salz, Eier, Zucker und das aufgegangene Hefestück daran und verarbeite es zu einem Teig, der sich von Brett und Händen löst und den man federkieldick ausrollt, dann in beliebig größere oder kleinere Dreiecke ausschneidet und mit der Schrägseite beginnend aufrollt, so daß der mittlere Zipfel den Beschluß der Rolle bildet, den man nun leicht andrückt und die Rolle halb-

mondförmig krümmt. Hierauf legt man sie nicht zu nahe aneinander auf ein ge=
buttertes Backblech, läßt sie gut aufgehen, bestreicht sie mit Eiweiß und backt sie
in guter Hitze lichtbraun und croquant.

*660. Wiener Brötchen. 625 Gramm Mehl, 500 Gramm brauner
Farinzucker, 250 Gramm grob gestoßene Mandeln, 60 Gramm geriebene Choco=
lade, 60 Gramm klein geschnittene Succade, 8 Gramm Zimmet, 4 Gramm
Gewürznelken, eine halbe Muskatnuß, 4 Eier.

Man vermenge und verarbeite dies mit den Händen, bis der Teig sich gut
formen läßt, breche dann Stücke davon und forme sie mit den Händen zu daumen=
dicken Rollen, drücke sie von oben etwas platt, kerbe sie mit einem Messer alle
fingerlang ein und backe sie auf einem Backblech, wonach man sie, so lange sie noch
ganz heiß sind, an den eingekerbten Stellen durchbricht und an einem trockenen Orte
aufbewahrt, wo sie sich sehr lange erhalten und äußerst wohlschmeckend
sind. — Aus dem geschriebenen Kochbuch meiner Urgroßmutter.

*661. Winzingrödchen. 500 Gramm gesiebtes Mehl, 250 Gramm
Butter, 150 Gramm Zucker, 2 Eier, Gelee oder Marmelade.

Man mache in das über dem Backbrett gehäufte Mehl eine Grube und gebe
die mit dem Zucker kräftig verklopften Eier und hierauf die in kleine Stückchen zer=
pflückte Butter hinein, verarbeite das Ganze gut und lasse es an einem kühlen Orte
etwas ruhen. Rolle den Teig nun messerrückendick aus, forme ihn mit einem öfters
in Mehl getauchten Weinglas zu Plätzchen und backe sie auf einem mit Speckschwarte
abgeriebenen Backblech goldbraun. Die untere Seite der Plätzchen wird dann mit
einer beliebigen Gelee oder Marmelade bestrichen und man legt je zwei überein=
ander und besiebt sie mit ein wenig sehr feinem Zucker. — Sehr gut und, un=
bestrichen aufbewahrt, lange haltbar.

662. Windbeutel I. 250 Gramm feines Mehl, 250 Gramm Butter,
1 Liter Wasser, 8 Eier, Citrone, Zucker, Rosenwasser.

Man bringe Butter und Wasser zu Feuer, streue, wenn es kocht, das Mehl
unter beständigem Rühren hinein und rühre es so lange, bis die Masse recht steif
ist und sich von Löffel und Casserole los schält, lasse sie ein wenig erkalten und
schlage dann nach und nach die Eier hinein, füge die abgeriebene Schale einer halben
Citrone dazu, verarbeite es kräftig und stelle es bis zum andern Morgen oder
wenigstens einige Stunden lang an einen kühlen Ort. Steche nun mit einem silbernen
Eßlöffel kleine Klöße davon ab und lege sie reihenweise auf ein mit Mehl besiebtes
Backblech, forme sie mit dem Löffel möglichst rund, backe sie etwa eine Viertelstunde
lang in mittelheißem Ofen, bis sie hoch und goldbraun geworden sind und bestreiche
sie zuletzt mit einem Guß aus gesiebtem Zucker, Citronensaft und Rosenwasser, kann
sie, nach Belieben, auch füllen, indem man sie, erkaltet, an der Seite aufschneidet
und einen Theelöffel Confitüre oder auch Chaud'eau (siehe Italienische Biscuit=
Torte Nr. 54) hinein giebt. Aus dieser Masse kommen vier bis fünf Dutzend
Stück, die vortrefflich sind und nie mißrathen.

663. Windbeutel II. 250 Gramm Mehl, 180 Gramm frische Butter,
60 Gramm Zucker, ³/₈ Liter Milch, 6 Eier, 3 Eiweiß, Hagelzucker.

Man gebe Milch, Butter und Zucker in eine Casserole, rühre, wenn es kocht,
das Mehl hinein und arbeite den Teig so lange, bis er glatt ist; nehme ihn hierauf
in eine Schüssel, lasse ihn kalt werden und schlage dann die Eier langsam dazu;

besiebe ein Backblech mit Mehl, setze von der Masse mit einem Löffel Küchlein darauf, überstreiche sie mit dem zu Schaum geschlagenen Eiweiß, bestreue sie mit dem Zucker und backe sie bei Mittelhitze.

*664. Wasser=Kuchen. 250 Gramm Butter, 2 Handvoll Zucker, $1/8$ Liter Wasser, halb so viel Rum, 2 Eier und so viel Mehl, daß man den Teig rollen könne.

Rolle ihn aus, steche ihn zu runden Plätzchen und bestreiche sie mit Butter, bestreue sie mit Zucker und backe sie bei gelinder Hitze. — Haltbar.

3.

*665. Zwieback. 1375 Gramm feines Mehl, 250 Gramm gesiebter Zucker, 200 Gramm Butter, 70 Gramm Hefe, etwas Muscatblüthe und Gewürznelken, $5/8$ Liter Milch, 3 Eier.

Man thue das erwärmte Mehl in eine Backmulde und mache in die Mitte eine Grube, gebe die ebenfalls erwärmte Milch nebst den Eiern, der mit etwas Milch zerrührten Hefe und dem Gewürz hinein, rühre einen weichen Vorteig damit an und lasse es zugedeckt etwa eine Stunde lang gehen. Füge nun den Zucker, die in Stückchen zerpflückte Butter und das übrige Mehl hinzu und werfe den Teig in der Mulde recht kräftig. Breche von demselben kleine Stücke, ungefähr 50 bis 60 Gramm schwer, ab und forme sie auf dem Backbrett mit der Hand recht rund und glatt, lege sie auf ein gut abgeriebenes, mit Butter bestrichenes Backblech und lasse sie an warmem Orte nochmals gut aufgehen, wonach man sie bei mäßiger Hitze 10 bis 15 Minuten lang backt und auf dem Blech erkalten läßt. Dann werden sie vorsichtig, mit einem scharfen Messer sägend, durchgeschnitten, wobei sie nicht im geringsten gedrückt werden dürfen und, die Schnittseite nach oben, abermals im Ofen gelb gebacken. Zuletzt und wenn er wieder erkaltet ist, kann man ihn noch einmal im Ofen erwärmen, wodurch er besonders spröde wird und sich länger frisch erhält.

666. Zwieback mit Guß.

Man bereite sie, wie bei vorstehendem Recepte angegeben, bestreiche sie aber, wenn sie durchgeschnitten sind, mit einem Guß aus drei Eiweiß, 125 Gramm gesiebtem Zucker und 125 Gramm gestoßenen, nicht abgezogenen Mandeln und stelle sie dann nur noch so lange in den Ofen, bis der Guß schöne Farbe genommen hat.

*667. Zucker=Zwieback. Teig. 500 Gramm feinstes Mehl, 180 Gramm Zucker, 180 Gramm frische Butter, 60 Gramm Hefe, etwas Salz, süßer Rahm, 2 Eier, 6 Eidotter.

Zum Bestreichen: 250 Gramm Zucker, 2 Eier, $1/8$ Liter Wasser.

Man bereite aus den oben angegebenen Ingredienzen einen feinen aber etwas festen Teig und forme runde Brötchen daraus, setze sie auf ein erwärmtes, mit Mehl besiebtes Backblech und stelle sie zugedeckt an einen warmen Ort zum Gehen. Backe sie dann lichtbraun und wenn sie erkaltet sind, so halbire man sie mit einem scharfen Messer. Koche nun den Zucker mit dem Wasser auf und verklopfe die Eier, gieße den Zuckersaft daran, verrühre es gut und bestreiche mittelst eines Pinsels die weiße Seite der Brötchen damit, thue sie auf ein Backblech und röste sie bei schneller Hitze.

*668. Gewürz=Zwieback. 250 Gramm feines, recht trockenes Mehl, 250 Gramm fein gesiebter Zucker, 180 Gramm fein stiftlich geschnittene Mandeln, 60 Gramm klein geschnittene Succade, abgeriebene Schale einer Citrone, gröblich gestoßene Gewürznelken, Zimmet und Vanille, von jedem eine Messerspitze voll, **4** Eier.

Man rühre Zucker und Eier eine halbe Stunde lang und dann Gewürz, Succade, Mandeln und Mehl darunter, fülle mit Butter bestrichene Papierkapseln — 8 Centimeter breit, 4 Centimeter hoch, 25 Centimeter lang — halbvoll damit an und backe in Mittelhitze, schneide, noch heiß, in Scheiben und lasse im Ofen auf beiden Seiten weißgelb rösten.

*669. Reichenauer Zwieback. 500 Gramm feines, nochmals durchgesiebtes Mehl, 500 Gramm fein gesiebter Zucker, 50 Gramm fein gestoßener und gesiebter Anis, 8 Eier.

Man rühre Zucker und Eier drei Viertelstunden langsam und gleichmäßig, bis es Blasen wirft und dicklich wird und gebe dann das Mehl und den Anis dazu. Der Teig darf nun, so wie das Mehl darin ist, nicht mehr gerührt werden, sondern man gießt ihn gleich in zwei etwa drei Finger breiten Streifen und nicht zu nahe aneinander auf ein mit Wachs bestrichenes Backblech. Der Ofen muß gut, jedoch nicht übermäßig geheizt sein und wenn das Gebäck eine schöne hellbraune Farbe hat und sich steif und fest anfühlt, so ist es fertig, wird nach dem Abkühlen zerschnitten und zum leisen Rösten nochmals in den Ofen gethan, aber ohne das Backblech zu bestreichen. — Sehr gut, Wochen lang haltbar und ein Lieblings=Backwerk der Kaiserin von Oesterreich.

*670. Ungarischer Zwieback. 560 Gramm feinstes Mehl, 140 Gramm Zucker, 140 Gramm Butter, 60 Gramm Hefe, $\frac{1}{8}$ Liter Milch.

Man siebe das Mehl in eine Schüssel, mache in der Mitte mit Hefe und der lauwarmen Milch ein leichtes Hefenstück, welches man zugedeckt warm stellt und gut gehen läßt, dann Butter und Zucker hinzufügt, es nöthigenfalls mit noch etwas lauwarmer Milch zu einem weichen Teig auswirkt und fein abschlägt. Aus diesem Teig formt man nun fingerlange und fingerdicke Stängchen, legt sie auf ein Backblech und wenn sie, zugedeckt, wieder gegangen sind, so bestreicht man sie mit Milch, durchsticht sie mit der Nadel und backt sie rasch. Nimmt sie jetzt vom Blech und schneidet sie, erkaltet, der Länge nach auseinander, bestreicht die Hälften auf der braunen Seite mit verklopftem Ei, vermengt grob gestoßene Mandeln und Hagelzucker zu gleichen Theilen, bestreut die Schnitten reichlich damit und röste sie im Ofen, bis die Mandeln gelb sind.

671. Russischer Zwieback.

Man rühre frische, ungesalzene, recht feine Butter zu Schaum, vermische sie dann, nach Geschmack, mit Vanillezucker und streiche sie, unmittelbar vor dem Serviren, auf Zwieback Nr. 685. — Zu Thee und Kaffee ausgezeichnet.

*672. Berliner Zuckerplätzchen. 250 Gramm Mehl, 180 Gramm Zucker, 125 Gramm Butter, 3 Eßlöffel süßer Rahm, 2 Eier, 1 Eidotter.

Man rühre die Butter zu Schaum und dann das Uebrige dazu, setze kleine Plätzchen davon auf ein gebuttertes Backblech und backe sie gelb. — Haltbar.

673. Zucker=Kuchen.

Man schlage 6 Eiweiß zu recht steifem Schnee, drücke den Saft von 2 Citronen daran und menge so viel gesiebten Zucker darunter, daß man die Masse gut aus= rollen könne. Theile sie nun in 3 Theile und vermische einen Theil mit 80 Gramm geriebener Chocolade, den zweiten mit etwas Vanille und den dritten mit der ge= riebenen Schale einer Citrone, worauf man jeden Theil ausrollt, mit hübschen Ausstechförmchen oder auch nur mit einem kleinen Glas aussticht und in sehr ge= linder Ofenwärme lichtgelb backt.

674. Zuckermondchen.
280 Gramm feinstes Weizenmehl, 180 Gramm ausgewaschene Butter, 60 Gramm Zucker, 5 hart gekochte, durch ein feines Sieb gestriebene Eidotter, eine halbe Tasse kaltes Wasser.

Man verarbeite Alles zu einem Teig, den man messerrückendick ausrollt und mit einem, nicht zu kleinen, halbmondförmigen Ausstecher aussticht, mit verklopftem Ei bestreicht, mit grob gestoßenem Zucker bestreut und auf einem leicht mit Butter bestrichenen Backblech backt.

675. Zuckerbrot zum Thee.
840 Gramm Mehl, 560 Gramm Zucker, 210 Gramm Wasser, 9 Eier.

Man schlage Zucker und Eier auf dem Feuer, bis es dick wird, thue dann das Wasser daran und menge, wenn dies gut verrührt ist, das Mehl darunter. Be= streiche nun ein Backblech mit Butter, setze mittelst eines Trichters kleine runde Plätzchen darauf und backe sie bei Mittelhitze goldbraun.

*676. Zucker=Ringe I.
200 Gramm Mehl, 100 Gramm Zucker, 65 Gramm ungesalzene oder ausgewaschene Butter, etwas Citronenschale, 3 Eidotter.

Man bereite hieraus einen Teig und forme fingerdicke und 16 Centimeter lange Röllchen daraus, lege sie ringförmig zusammen und befestige die Enden mit etwas Eiweiß aneinander. Bestreiche dann die obere Seite mit Ei, tauche sie damit in Hagelzucker und thue sie nun auf ein mit Papier belegtes Backblech, backe sie und lasse sie erkalten, ehe man sie vom Blech nimmt. — Sehr haltbar.

677. Zucker=Ringe II.

Man rolle Blätterteig messerrückendick aus, steche mittelst eines Weinglases und eines kleineren Glases Ringe daraus und lege sie auf ein mit Butter leicht be= strichenes Backblech. Bestreiche sie mit Ei, bestreue sie mit grob gestoßenen Mandeln und backe sie bei Mittelhitze blaßgelb. Nehme sie dann mit einem dünnen Messer ab, setze je zwei und zwei und mit Aprikosen=Marmelade bestrichen, zusammen und richte gehäuft an.

*678. Zimmet=Sterne.
500 Gramm gesiebter Zucker, 500 Gramm nicht abgezogene, mit etwas Eiweiß fein gestoßene Mandeln, klein geschnittene Schale einer Citrone, 8 Gramm Zimmet, 6 Eiweiß.

Man rühre Zucker und Citronenschale mit den zu Schaum geschlagenen Eiweiß eine Viertelstunde lang recht kräftig, füge den Zimmet hinzu und stelle einen kleinen Theil dieser Mischung bei Seite. Gebe dann unter die andern die Mandeln, rolle den Teig auf dem mit Mehl besiebten Backbrett dünn aus und forme ihn mit einem Stern-Ausstecher im Umfang eines Weinglases, bestreiche sie mit der zurück= behaltenen Zuckermasse und lasse sie, auf mit Wachs bestrichenem Backblech, langsam backen. — Ausgezeichnet und sehr haltbar.

679. Zimmet=Röhrchen.
125 Gramm feines Mehl, 70 Gramm ge= siebter Zucker, 70 Gramm zerlassene, lauwarme Butter, 20 Gramm gestoßener, feinster Zimmet, ½ Liter süßer Rahm, 1 Ei.

Man schlage dies mit einem Holzlöffel zu einem glatten Teig ab, backe hier= von in dem dünnsten Hohlhippen=Eisen blattdünne Kuchen zu hellbrauner Farbe und rolle sie gleich nach dem Backen über ein rundes Hölzchen, in Dicke eines starken Bleistiftes, auf. — Sehr angenehm zu Crême oder Rahmschnee und werden auch scherzweise als Cigarren, mit Cigarrenbändchen zusammen gebunden, zu Liqueur gegeben.

*680. Zwetschen=Tafeln.
250 Gramm Mehl, 45 Gramm gestoßener Zucker, 175 Gramm Butter, etwas fein geschnittene Citronenschale, 2 Eidotter, Zwetschen.

Man nehme das Mehl und das Uebrige, mit Ausnahme der Zwetschen, auf das Backbrett, verarbeite es zum Teig und rolle ihn messerrückendick aus; schneide ihn zu Tafeln, etwas größer als Spielkarten, lege rings herum ein abgerädeltes feines Teigstreifchen und backe sie auf einem Backblech ganz blaßgelb, wonach man sie mit halbirten Zwetschen, die offene Seite nach oben, ganz dicht belegt, mit Zucker und etwas Gewürznelken bestreut und nun fertig backt, kann sie aber auch nach dem ersten Backen mehrere Tage lang aufbewahren und dann erst mit den Zwetschen belegen und fertig backen, ohne ihrer Güte zu schaden.

Torten und Kuchen.

60. Biscuitroulade.
61. Braunschweiger Kuchen.
62. Bretagner Kuchen.
63. Blitzkuchen.
64. Beschamelkuchen.
65. Birnenkuchen.
66. Hannoverscher Butterkuchen.
67. Sächsischer Butterzopf.
68. Schlesische Bauernbissen.

C.

69. Columbustorte.
70. Cocosnußtorte.
*71. Cadettenkuchen.
72. Chocolade-Gugelhopf.
73. Chocolade-Torte I.
74. Chocoladetorte II.
75. Chocolade-Crême-Torte.
76. Crêmetorte.
77. Compottorte.
78. Citronentorte I.
79. Citronentorte II.
80. Citronentorte III.
81. Citronenkuchen.

D.

82. Deutsche Kaiser-Torte
*83. Altfranzösischer Dreikönigskuchen. (Gâteau desRois.)
84. Dortmunder Davidis-Kuchen.
85. Demi-Torte.
86. Doboschtorte.
87. Datteltorte I.
88. Datteltorte II.
89. Einfache Datteltorte.

E.

90. Eierschecke (Sächsischer Kirchweihkuchen.
91. Eiertorte.
92. Eierkästorte.
93. Amerikanischer Erdbeerkuchen (Strawberry Short-Cake)

94. Erdbeertorte I.
95. Erdbeertorte II.
96. Einfache Erdbeertorte.

F.

97. Frangipanetorte.
98. Französische Torte.
*99. Italienisches Früchtebrot. (Pane di Frutti)
100. Griechisches Früchtebrot.
101. Amerikanisches Frühstückbrot.

G.

102. Amerikanischer Gold- und Silberkuchen.
103. Giraffentorte.
104. Grillagetorte I.
105. Grillagetorte II.
106. Genfer Torte.
107. Grüne Torte.
108. Glockentorte.
109. Gewürztorte.
110. Gußtorte.
111. Gußkuchen.
112. Grahambrottorte.
113. Griestorte.
114. Grieskuchen mit Kirschen.
115. Schwäbischer Gugelhopf.
116. Gefüllter Gugelhopf.
117. Gugelhopf von Kartoffelmehl.

H.

*118. Amerikanischer Hochzeitkuchen. (Wedding-Cake.)
*119. Hundertjähriger Kuchen.
120. Hallorenkuchen.
121. Hotzeltorte.
122. Hohlkuchen mit Früchten.
123. Himbeertorte.
124. Einfache Himbeertorte.
125. Heidelbeerkuchen.
126. Hagebuttentorte.

127. Haselnußtorte.
128. Heidemehlkuchen.
129. Gefüllter Hefenkuchen.
130. Hefenkuchen in Fischform.
*131. Hutzelbrot.

J.

132. Italienischer Kuchen.
133. Italienischer Kuchen mit Früchten (Giardinetto).
134. Johannisbeertorte.
135. Johannisbeerkuchen.
136. Jägertorte.

K.

*137. Königskuchen.
*138. Englischer Königskuchen (Kings-Cake).
139. Königin von Preußen-Kuchen.
140. Knittelkuchen.
141. Ostfriesische Knüppeltorte. Butterbulle).
142. Schwäbischer Kirchweihkuchen.
*143. Kenziger Kuchen.
144. Korinthenkuchen.
145. Käsekuchen.
*146. Kartoffelmehltorte.
147. Kartoffeltorte.
148. Braune Kartoffeltorte.
149. Gewürzte Kartoffeltorte.
150. Englische Kartoffeltorte.
151. Kartoffel-Gugelhopf.
152. Kirschenkuchen I.
153. Kirschenkuchen II.
154. Kirschenkuchen III.
155. Englischer Kirschenkuchen.
156. Kirschen-Gugelhopf.
157. Kirschentorte I.
*158. Kirschentorte II.
159. Kastanientorte.
160. Krachtorte.
161. Krapftorte.
162. Spanischer Kaffeekuchen.

S.

267. Sandtorte.
268. KöniglicheSandtorte.
269. Französische Sand-torte (Gâteau de Sable.
270. Schnee-Baba.
271. Sagotorte.
272. Syruptorte.
273. Sterntorte.
274. Wiener Schmalz-torte.
275. Schmalztorte.
276. Sachertorte.
277. Schlangentorte.
278. Sonnenkuchen.
279. Spiegelkuchen.
280. Sächsischer Kuchen.
281. Schweizer Kuchen.
282. Breslauer Streußel-kuchen.
283. Schrotkuchen.
284. Savarin.
285. Gefüllter Savarin.
286. Türkisches Sultan-brot. (Rechatlocum Sutschuck.)
287. Süßer.
288. Stachelbeertorte I.
289. Stachelbeertorte II.

290. Stachelbeerkuchen.
291. Russische Sauer-krauttorte.

T.

292. Gelochte Torten.
293. Tausendblättertorte
294. Theekuchen.
*295. Englischer Thee-kuchen. (Plum-cake.)
296. Englisches Theebrot.
297. Tyroler Brot.
298. Traubenkuchen I.
299. Traubenkuchen II.
300. Topfkuchen.

U.

301. Ulmer Torte.
*302. Ulmer Brot.
303. Ungarischer Kuchen (Pité).

W.

304. Wiener Torte I
305. Wiener Torte II.
306. Wiener Kuchen.
*307. Weinsberger Torte.

*308. Washingtonkuchen.
309. Weißbrottorte.
*310. Altdeutscher Weih-nachtskuchen.
*311. Englischer Weih-nachtskuchen.
*312. Russischer Weih-nachtskuchen.
313. Elsasser Weihnachts-kuchen.
314. Sächsischer Weih-nachtsstollen.
315. Gelber Weihnachts-kringel.
*316. Weihnachtsstritzel.

Z.

*317. Zwiebacktorte I.
318. Zwiebacktorte II.
319. Zuckerkuchen.
320. Geläuterte Zucker-torte.
321. Zimmettorte.
322. Zimmetkuchen.
323. Zwetschentorte I.
324. Zwetschentorte II.
325. Zwetschentorte III.
326. Zwetschenkuchen I.
327. Zwetschenkuchen II
328. Zwetschenkuchen III

Backwerk.

A.

329. Apfelsinen-Küchel.
330. Apfelsinen-Dariolen
331. Ananas-Törtchen.
332. Anis-Brötchen.
333. Anis-Plätzchen.
334. Ausläuferchen I.
335. Ausläuferchen II.
336. Amerikanische Oblaten.
337. Aprikosen-Hohlhippen.

338. Aprikosen-Mirlitons.
339. Aprikosen-Schnitten.
340. Aprikosen-Brötchen.
341. Aprikosen-Confect.

B.

342. Heilbronner Bretzeln.
343. Uerdinger Bretzeln.
344. Reudnitzer Bretzeln.
345. Englische Bretzeln.
*346. Ungarische Jäger-Bretzeln.

*347. Kloster-Bretzeln.
348. Fasten-Bretzeln.
349. Heilbronner Fasten-Bretzeln.
350. Ingwer-Bretzeln.
*351. Eier-Bretzeln.
352. Zucker-Bretzeln.
*353. Biscotten.
354. Butter-Biscuits.
355. Hefen-Biscuits.
356. Kartoffel-Biscuits.
357. Reis-Biscuits.
358. Moos-Biscuits.

K.

471. Wiener Kipfel I.
472. Wiener Kipfel II.
473. Nuß=Kipfel.
*474. Vanille=Kipfel.
475. Kolatschen.
476. Böhmische
    Kolatschen I.
477. Böhmische
    Kolatschen II.
478. Einfache Kolatschen.
479. Holländische Kräcker=
    linge.
480. Schweizer Kröpsli.
481. Marseiller Krapfen.
*482. Wiener Kletzenbrot.
483. Kleine französische
    Kuchen (Gâteaux
    Fadette.)
*484. Kleine englische
    Kuchen (Cakes).
485. Knappkuchen.
486. Karten.
487. Kameruner.
488. Kartöffelchen.
489. Kräpschen.
*490. Kränzchen I.
491. Kränzchen II.
492. Gefüllte Kränze.
493. Kastanien=Küchel.
494. Kastanien=Brötchen.
495. Kaffee=Brötchen.
496. Korinthen=Brötchen.
497. König=Brötchen.
498. Kaiser=Brötchen.
499. König=Schnitten.
500. Königin=Kuchen.
501. Königin=Mundbisser
    (Bouchées à la
    Reine).
502. Kaiser=Brot.
503. Kirschen=Confect.
504. Kapuziner=Confect.
505. Käse=Stengel
    (Cheese-Staws).
506. Käse=Röhrchen.
507. Kümmel=Stangen.

L

508. Liebesgrübchen.
509. Liebesbriefchen.
*510. Laubhütten=Küchel.
511. Linzer Pfannkuchen.
512. Linzer Kränzchen.

*513. Linzer Törtchen.
*514. Braune Lebkuchen.
*515. Weiße Lebkuchen.
*516. Nürnberger
    Lebkuchen.
*517. Feinste Nürnberger
    Lebkuchen.
*518. Basler Lebkuchen
    (Leckerli).
*519. Französische
    Lebkuchen.
*520. Russische Lebkuchen.
*521. Eier=Lebkuchen.

M.

*522. Marcipan.
*523. Französischer
    Früchte=Marcipan
    (Massepains aux
    Fruits).
*524. Chocolade=Marcipan
*525. Anis=Marcipan.
*526. Marcipan=
    Schüsselchen.
*527. Magen=Brot.
528. Mandorletti.
529. Maronen=Croquetten
530. Mocken.
531. Marschalls=
    Törtchen I.
532. Marschalls=
    Törtchen II.
*533. Mürbteig=Plätzchen.
*534. Mürbteig=Küchel.
535. Marmelade=
    Plätzchen.
536. Marmelade=Küchel.
537. Marien=Kuchen.
538. Magdalenen=Kuchen.
539. Makronen I.
540. Makronen II.
541. Bittere Makronen.
542. Gewürz=Makronen.
543. Zimmet=Makronen.
544. Gefüllte Makronen.
545. Gekochte Makronen.
546. Makronen=
    Schnitten.
*547. Mandel=Brot.
548. Croquante Mandel=
    kuchen.
549. Mandel=Ringe.
550. Mandel=Hippen.
551. Mandel=Schnitten.

552. Mandel=Schnitten
    mit Johannis=
    beer=Gelee.
553. Mandel=Ringel.
554. Mandel=Nüsse.
555. Mandel=Croquetten.
556. Mandel=Confect.
557. Englische Milch=
    brötchen.
558. Rheinische Milch=
    brötchen.

N.

559. Nougats.
560. Weiße Nougats
    (Nougats de
    Montbéliard).
561. Nußkuchen.
*562. Nonnen=Kräpslein.
563. Nasenschneller.

O.

*564. Oblaten.
565. Gefüllte Oblaten.
566. Oblaten=Kuchen.
567. Othello's.
568. Französische Obst=
    kuchen (Tarte-
    lettes).
569. Französische Obst=
    pastetchen (Petits-
    Patès Macédoine)
570. Obstwurst.

P.

*571. Französischer Pfeffer=
    kuchen.
*572. Englischer Pfeffer=
    kuchen I.
*573. Englischer Pfeffer=
    kuchen II.
*574. Amerikanischer
    Pfefferkuchen.
*575. Chocolade=Pfeffer=
    kuchen I.
*576. Chocolade=Pfeffer=
    kuchen II.
*577. Feine Pfefferkuchen.
*578. Gewöhnliche Pfeffer=
    kuchen.
*579. Pfeffernüsse.
580. Englische Pfeffernüsse

9 783861 957621